“双循环”新发展格局下中国双向投资的发展

赵蓓文 等 著

目 录

第一章
导　论

“双循环”新发展格局下，中国进一步推动由商品和要素流动型开放向规则等制度型开放转变，从逐步适应国际规则向引领国际规则和整合国际规则转变。这一转变对中国的双向投资发展产生了积极影响：一方面，构建“双循环”新发展格局推动了中国与双向投资相关的制度型开放，包括政策调整与体制机制创新；另一方面，制度型开放的发展又进一步推动了中国双向投资在规模、质量等各个方面的发展，从而助推了中国的经济发展和对外开放。

第一节　制度型开放与构建“双循环”新发展格局

40 多年来，中国从要素流动型开放逐渐转向制度型开放。“双循环”新发展格局提出以后，中国将以制度型开放为重点，建设更高水平开放型经济新体制。

一、制度型开放在建设更高水平开放型经济新体制中的重要性

改革开放以来，中国从改革起步，坚定不移地扩大对外开放。2012 年 11 月，中共十八大报告提出“全面提高开放型经济水平”。2013 年，中共十八届三中全会提出“构建开放型经济新体制”。2015 年，中共十八届五中全会提出“坚持开放发展”。

2017 年 10 月，中共十九大报告指出，“推动形成全面开放新格局”，“促进自由贸易区建设，推动建设开放型世界经济”。2018 年底的中央经济工作会议进一步提出了“要推动由商品和要素流动型开放向规则等制度型开放转变”。2019 年 10 月，中共十九届四中全会公报指出“建设更高水平开放型经济新体制”，从“构建开放型经济新体制”到“建设更高水平开放型经济新体制”，表明中国已经从政策型开放转向了体制型开放，中国对外开放走向了新阶段。

2021年3月,《中华人民共和国国民经济和社会发展第十四个五年规划和2035年远景目标纲要》在第四十章“建设更高水平开放型经济新体制”中不仅纲领性地提出了建设开放型经济新体制与制度型开放之间的关系,而且在第一节就提出“加快推进制度型开放”,体现了制度型开放在建设更高水平开放型经济新体制中的重要性。

二、“双循环”新发展格局的提出

2020年4月10日,习近平总书记在中央财经委员会第七次会议上的讲话指出,国内循环越顺畅,越能形成对全球资源要素的引力场,越有利于构建以国内大循环为主体、国内国际双循环相互促进的新发展格局,越有利于形成参与国际竞争和合作新优势。5月14日,中央政治局常委会会议提出构建国内国际双循环相互促进的新发展格局。5月下旬,习近平总书记在全国两会期间进一步提出,逐步形成以国内大循环为主体、国内国际双循环相互促进的新发展格局,培育新形势下我国参与国际合作和竞争新优势。

2020年10月,中共十九届五中全会公报提出,形成强大国内市场,构建新发展格局。坚持扩大内需这个战略基点,加快培育完整内需体系,把实施扩大内需战略同深化供给侧结构性改革有机结合起来,以创新驱动、高质量供给引领和创造新需求。要畅通国内大循环,促进国内国际双循环,全面促进消费,拓展投资空间。

2021年3月,《中华人民共和国国民经济和社会发展第十四个五年规划和2035年远景目标纲要》明确提出,必须坚定不移扩大开放,持续深化要素流动型开放,稳步拓展制度型开放,依托国内经济循环体系形成对全球要素资源的强大引力场。必须强化国内大循环的主导作用,以国际循环提升国内大循环效率和水平,实现国内国际双循环互促共进。

2021年11月,中共十九届六中全会通过《中共中央关于党的百年奋斗重大成就和历史经验的决议》,指出党把对外开放确立为基本国策,从兴办深圳等经济特区、开发开放浦东、推动沿海沿边沿江沿线和内陆中心城市对外开放到加入世界贸易组织,从“引进来”到“走出去”,充分利用国际国内两个市场、两种资源。经过持续推进改革开放,我国实现了从高度集中的计划经济体制到充满活力的社会主义市场经济体制、从封闭半封闭到全方位开放的历史性转变。[①]

2022年10月,中共二十大报告明确提出加快构建新发展格局,着力推动高质量发展[②],并强调高质量发展是全面建设社会主义现代化国家的首要任务。必须完整、准确、全面贯彻新发展理念,坚持社会主义市场经济改革方向,坚持高水平对外开放,加快构建以国内大循环为主体、国内国际双循环相互促进的新发展格局。[③]这为中国加快构建"双循环"新发展格局提供了根本遵循。

2023年7月11日,中共中央全面深化改革委员会第二次会议审议通过了《关于建设更高水平开放型经济新体制促进构建新发展格局的意见》。习近平总书记在主持会议时强调,建设更高水平开放型经济新体制是我们主动作为以开放促改革、促发展的战略举措,要围绕服务构建新发展格局,以制度型开放为重点,聚焦投资、贸易、金融、创新等对外交流合作的重点领域深化体制机制改革,完善配套政策措施,积极主动把我国对外开放提高到新水平。习近平总书记的讲话清晰地勾勒出新发展格局、制度型开放以及建设更高水平开放型经济新体制之间的关系,是新发展格局下中国建设更高水平开放型经济新体制的根本遵循。

第二节　构建"双循环"新发展格局的重要意义

"双循环"新发展格局的提出,为中国畅通国内大循环,促进国内国际双循环,带动世界经济复苏,以制度型开放参与全球经济治理提供了条件。

一、应对全球经济格局发生的重大变化

当今世界面临百年未有之大变局,全球经济格局正在发生重大变化。以中国为代表的新兴经济体的崛起,无疑对于长期以来的全球经济格局带来变化。

同时,对于5G等高科技领域的争夺正在对中美产生压力,这一影响通过生产、贸易、流通等渠道逐渐渗透到其他经济领域。2020年以来经

---

① 中国共产党第十九届中央委员会.中共中央关于党的百年奋斗重大成就和历史经验的决议[EB/OL].(2021-11-11)[2021-11-12]. http://www.gov.cn/zhengce/2021-11/16/content_5651269.htm.

②③ 习近平.高举中国特色社会主义伟大旗帜　为全面建设社会主义现代化国家而团结奋斗——在中国共产党第二十次全国代表大会上的报告[M].北京:人民出版社,2022,10:28.

济全球化的发展遭遇前所未有的困境和障碍。在这种情况下,如果过度依赖国际市场,已经出现割裂的全球大市场将使中国的经济面临不确定性风险,无论是来自市场因素的干扰还是来自以美国为代表的西方国家的阻力,都将使中国面临风险,如果多重因素叠加,将使中国的国内经济遭受重创。

二、2020 年以来的经济变化

2020 年以来,不同国家之间在自然人流动方面出现一定障碍,进而产生经济、文化和政治的影响。同时,生产、贸易的变化,商品流通遇到的困难,不仅使国际贸易和跨国投资受到阻碍,也使得通货膨胀在全球盛行。发达经济体和新兴经济体之间公共卫生和医疗水平的差异直接影响到不同地区经济增长的表现,部分地区已出现明显的分化现象。

根据 2021 年 10 月 WTO 公布的贸易统计和前瞻报告显示,全球贸易有所反弹但地区之间存在显著差异,一些发展中地区远远落后于全球平均水平。数据表明,2020 年,最不发达国家的商品出口降幅低于全球平均水平,但进口降幅高于全球平均水平。特别是,中东、南美、非洲地区的出口复苏缓慢,中东、独联体、非洲地区的进口复苏缓慢。

三、以制度型开放破解供需矛盾

一方面,全球市场已经出现割裂,另一方面,经济全球化时代世界各国相互联系、相互依赖的内在特征并未发生改变。事实上,在经济全球化的时代,世界已经成为“地球村”,任何一个地方的风吹草动,都会影响到其他国家,更何况 2020 年世界经济增长下滑、大宗商品价格变化这样一些大的变化趋势,通过国际金融、国际贸易、国际投资等渠道,技术溢出、科技创新等因素,都会对“地球村”中的每一个国家产生影响。虽然各国本身的经济实力、制度保障、市场成熟度、国内企业创新程度和抗风险程度等因素,也会对其受到影响的大小、方向产生一定的作用,但是全球市场之间千丝万缕的内在联系不会发生根本性改变。这就产生了一对矛盾,即割裂的市场供给与相互依赖的市场需求之间的矛盾。

因此,中国在“双循环”新发展格局下,实施制度型开放,从供给侧和需求侧两个角度,以国内经济和国际经济相互促进的方式,更有利于促进中国经济的发展,建设更高水平开放型经济新体制。

第三节 “双循环”新发展格局与制度型开放的相关性

“双循环”新发展格局为制度型开放提供了条件;同时,制度型开放也将为中国充分利用国际国内两个市场、两种资源,畅通国内国际双循环增添助力。一方面,依托国内经济循环体系形成对全球要素资源的强大引力场;另一方面,通过国际经济循环体系加快要素在国内外之间的流动。因此,“双循环”新发展格局和制度型开放之间存在密切的相关性。

一、“双循环”新发展格局下制度型开放的政策实践

2018 年底的中央经济工作会议提出了要推动由商品和要素流动型开放向规则等制度型开放转变,中国对外开放进入新阶段。2019 年 10 月,中共十九届四中全会提出建设更高水平开放型经济新体制。进入制度型开放以后,中国在对接国际经贸规则、积极参与国际经贸规则制定以及向共建全球经济治理新规则方面取得了新的进展。

首先,在对接国际经贸规则方面。早在 2013 年,也就是中国从商品和要素流动型开放向制度型开放过渡阶段的第一年,中国就已经开始探索外商投资管理制度改革。《中国(上海)自由贸易试验区外商投资准入特别管理措施(负面清单)(2013 年)》包括 190 条管理措施,其中限制类 74 条,禁止类 38 条。7 年后的 2020 年,中国发布《外商投资准入特别管理措施(负面清单)(2020 年版)》和《自由贸易试验区外商投资准入特别管理措施(负面清单)(2020 年版)》。其中,全国外商投资准入负面清单减至 33 条,自贸试验区外商投资准入负面清单减至 30 条。同时,2020 年发布的《海南自由贸易港外商投资准入特别管理措施(负面清单)(2020 年版)》,相较于自贸区版负面清单,又减少了几条。

其次,在积极参与国际经贸规则制定方面。“一带一路”倡议这一中国方案的提出,通过践行共商、共建、共享原则,使中国与“一带一路”沿线国家共同构建人类命运共同体。以中欧班列为例,中欧班列的开通和发展不仅为高质量共建“一带一路”增添新动能,而且通过中欧班列的贯通运行,带动重庆、郑州等沿线地区的对外贸易和双向投资,推动沿海、内陆和中西部地区对外开放的协同发展。截至 2022 年 1 月底,中欧班列累计开行突破 5 万列,通达欧洲 23 个国家 180 个城市。中欧班列不仅打通了国内国际商品

和要素流动“双循环”的通道，还催生了许多新的物流和业态，催生了大量的就业机会。在一些全球多地出现物流障碍的时候，中欧班列突破海运、空运的物流瓶颈，为国际邮件疏运和全球货物贸易、全球产业链的稳定起到了重要的通道作用，成为连接“一带一路”沿线国家物资传送的纽带，为构建“人类命运共同体”做出重要贡献。同时，中欧班列的运行不仅有利于稳定全球供应链，而且较之空运节约了运输成本，较之海运节约了时间成本，成为贸易便利化的又一范例，为国内国际“双循环”的互促共进提供了助力。

最后，在向共建全球经济治理新规则拓展方面。中国积极参与全球气候治理和全球公共卫生治理，勇于承担国际责任。2020 年 9 月，习近平总书记在第 75 届联合国大会上发表讲话，承诺力争在 2030 年前实现碳达峰、2060 年前实现碳中和。2021 年 4 月，习近平总书记在北京以视频方式出席“领导人气候峰会”，提出了全球应对气候变化的中国方案。

二、制度型开放下“双循环”新发展格局的内涵

从 2020 年 4 月习近平总书记首次提出新发展格局，到 2020 年 10 月中共十九届五中全会公报提出畅通国内大循环，促进国内国际双循环，到“十四五”规划纲要中提出持续深化要素流动型开放，稳步拓展制度型开放，再到中共二十大报告提出依托我国超大规模市场优势，以国内大循环吸引全球资源要素，增强国内国际两个市场两种资源联动效应，提升贸易投资合作质量和水平。稳步扩大规则、规制、管理、标准等制度型开放[①]，制度型开放下“双循环”新发展格局的内涵进一步得到深化。在“双循环”新发展格局下的制度型开放，其最大的特点在于：不仅注重制度型开放对于“双循环”新发展格局的推动，也注重“双循环”新发展格局下制度型开放在国家战略与地方发展方面的战略协同。

一方面，“双循环”新发展格局的提出从制度型开放的视角对中国参与全球经济治理提出了新要求。围绕投资、贸易、金融等重点领域的规则、制度、事中事后监管等方面，中国正在通过主动对接、积极参与全球经贸规则逐步走向“参与＋引领”全球经贸规则。2020 年底中欧双边投资协定以及

---

① 习近平.高举中国特色社会主义伟大旗帜　为全面建设社会主义现代化国家而团结奋斗——在中国共产党第二十次全国代表大会上的报告[M].北京：人民出版社，2022，10：32—33.

《区域全面经济伙伴关系协定》(RCEP)的签署,标志着中国将进一步主动对接高标准国际经贸规则,打造制度规则型对外开放的新高地。“双循环”新发展格局的提出,将为中国畅通国内大循环,促进国内国际双循环,带动世界经济复苏,以制度型开放参与全球经济治理提供条件。

另一方面,制度型开放也将为中国构建“双循环”新发展格局增添助力。例如,在制度创新的地方实践方面,2019 年 2 月,中共中央、国务院印发《粤港澳大湾区发展规划纲要》;8 月,《中共中央国务院关于支持深圳建设中国特色社会主义先行示范区的意见》发布,指出要助推粤港澳大湾区建设;2020 年 10 月,中共中央办公厅、国务院办公厅印发《深圳建设中国特色社会主义先行示范区综合改革试点实施方案(2020—2025 年)》。中国特色社会主义先行示范区与粤港澳大湾区建设的协同互动,是中国主动对接国际通行规则的最佳范例。又如,《中共中央 国务院关于支持浦东新区高水平改革开放打造社会主义现代化建设引领区的意见》(2021 年 4 月 23 日)实施以来,上海新出台了《上海市浦东新区深化“一业一证”改革规定》等一系列新政策,进一步贯彻落实了制度型开放在“双循环”新发展格局下的新要求。

由此可见,制度型开放在“双循环”新发展格局中具有举足轻重的作用;在制度型开放下构建“双循环”新发展格局,也更加强调国内大循环的主导作用和国内国际双循环互促共进的重要性。

第四节 “双循环”新发展格局下中国双向投资的发展

中共二十大报告提出:合理缩减外资准入负面清单,依法保护外商投资权益,营造市场化、法治化、国际化一流营商环境。推动共建“一带一路”高质量发展。[①]2022 年,中国吸收外资以人民币计首次突破 1.2 万亿元,按可比口径同比增长 6.3%,引资规模保持世界前列。[②]同时,中国在对外投资方面也取得了一系列新进展。2022 年,中国对外非金融类直接投资 7 859.4

---

① 习近平.高举中国特色社会主义伟大旗帜 为全面建设社会主义现代化国家而团结奋斗——在中国共产党第二十次全国代表大会上的报告[M].北京:人民出版社,2022, 10:32—33.

② 冯其予.首次突破 1.2 万亿元! 中国市场吸收外资量质齐升[J/OL].(2023-02-08)[2023-03-10]. https://m.gmw.cn/baijia/2023-02/08/36353471.html.

亿元,增长 7.2%。[①]更令人欣喜的是,"双循环"新发展格局下,中国的双向投资不仅在规模和质量上有所提升,在制度创新、制度开放方面也取得了丰硕的成果。

一、以负面清单为核心的外商投资管理制度得到拓展提升

进入制度型开放阶段后,外商投资准入和全力打造改革开放新高地成为制度型开放的重要内容,因此,如何进一步完善以负面清单为核心的投资管理制度,如何使作为改革开放重要窗口和引领示范的自贸试验区体制机制创新的成果向全国其他地方复制和推广,就成为新阶段中国体制机制创新的方向和关键。秉承这一开放理念,中国的外商投资管理制度再一次取得了新的突破。在 2020 年 6 月,国家发展改革委、商务部联合发布了《外商投资准入特别管理措施(负面清单)(2020 年版)》和《自由贸易试验区外商投资准入特别管理措施(负面清单)(2020 年版)》,并且在当年的 12 月 31 日发布《海南自由贸易港外商投资准入特别管理措施(负面清单)(2020 年版)》。至此,中国的负面清单增加到 3 份。与 2020 年版全国和自贸试验区外资准入负面清单的 33 条、30 条相比,[②]2020 年版自由贸易港负面清单进一步缩减,总共才 27 条。

更进一步地,在 2021 年 7 月,商务部发布《海南自由贸易港跨境服务贸易特别管理措施(负面清单)(2021 年版)》,该负面清单共 70 条。《海南自由贸易港外商投资准入特别管理措施(负面清单)(2020 年版)》和《海南自由贸易港跨境服务贸易特别管理措施(负面清单)(2021 年版)》的出台,意味着海南自由贸易港在体制机制创新方面走在了全国改革开放的前沿。同年 12 月 27 日,国家发展改革委、商务部公布,自 2022 年 1 月 1 日起施行《外商投资准入特别管理措施(负面清单)(2021 年版)》和《自由贸易试验区外商投资准入特别管理措施(负面清单)(2021 年版)》。至此,全国和自贸试验区外资准入负面清单进一步缩减至 31 条和 27 条。2021 年版负面清单的陆续出台意味着,中国在外商投资管理制度方面的体制机制创新再一次取得突破。

---

① 数据来源:国务院新闻办公室 2023 年 2 月 2 日新闻发布会。

② 2019 年 6 月 30 日,国家发展改革委、商务部联合发布《外商投资准入特别管理措施(负面清单)(2019 年版)》,清单条目由 48 条减至 40 条。两部门同日发布的《自由贸易试验区外商投资准入特别管理措施(负面清单)(2019 年版)》,清单条目由 45 条减至 37 条。

二、中国同"一带一路"沿线国家的双向投资迅猛发展

"一带一路"以制度型开放践行共商、共建、共享新理念。"双循环"新发展格局下，中国制度型开放的双向特征，不仅表现在中欧班列作为国际疏运通道，增进了中国与"一带一路"沿线国家的"五通"建设，而且表现在中国与其他国家和地区以及国际组织多边和双边协定的签署。据统计，截至2023年1月，中国已经同151个国家和32个国际组织签署200余份共建"一带一路"合作文件。

根据商务部官网数据可计算整理出，在双向投资和贸易往来方面，2013年至2020年，"中国与'一带一路'沿线国家货物贸易进出口总额累计达9.2万亿美元""中国企业对沿线国家直接投资达到1 360亿美元"。同时，2013年以来，"一带一路"沿线国家对中国的投资也非常稳定，从2013年的86.6亿美元到2019年的81.2亿美元，占全球的比重分别达到7%和5.7%。根据中国商务部的统计数据，2022年，中国与沿线国家双向投资也迈上新台阶，涵盖多个行业，其中对沿线国家非金融类直接投资是1 410.5亿元，沿线国家对华实际投资是891.5亿元，同比分别增长7.7%、17.2%，高于整体增速0.5个百分点和10.9个百分点。截至2022年底，中国企业在沿线国家建设的合作区已累计投资3979亿元，为当地创造了42.1万个就业岗位。①

此外，中国与"一带一路"沿线国家之间的境外经贸合作区建设以及中国与马来西亚"两国双园"模式的探索，也通过项目投资、产业集群、园区合作以及人员和货物的经贸往来等，加速了中国与"一带一路"沿线国家的经济合作、文化交流，促进了城市间的开放合作以及"五通"建设，为中国与"一带一路"沿线国家的共商、共建、共享，提供了以制度型开放参与全球经济治理制度创新的丰富实践。

---

① 数据来源：中国商务部综合司司长杨涛2023年2月2日在国务院新闻办举行的新闻发布会上的数据。

第二章
中国双向投资的发展——国家(地区)篇

近年来,中国对外开放持续扩大,尤其是国内经济表现出的韧性与稳定性,促使中国企业的国际竞争力与中国市场的国际吸引力都不断提升,目前中国在国际投资的“引进来”和“走出去”两方面都充分发力,形成双向投资协同发展、互促升温的有利局面。受限于数据可得性,本章主要基于中国双向投资在 2021 年的最新变化趋势展开讨论(部分内容延伸至 2022 年)。本章结构如下:第一节是中国对外(境外,以下同)投资目的地国家(地区)最新分布情况;第二节是中国吸收外资来源地的国家(地区)分布情况;第三节则主要讨论中国与主要经济体间的双向投资最新动向与历史趋势。

第一节　中国对外投资目的地的国家(地区)分布趋势

本节主要参考资料来源于商务部、国家统计局与国家外汇管理局发布的历年《中国对外投资统计公报》,其中最新一期为 2022 年 9 月出版的《2021 年度中国对外投资统计公报》。[①]因此,本节将基于上述官方统计口径数据对 2021 年中国对外投资的国家(地区)分布新特征与历史趋势展开讨论。2022 年情况则基于海外并购等可得数据简略讨论。

一、2021 年中国对外直接投资覆盖的国家(地区)数量稳定在较高水平

据统计公报数据,截至 2021 年底,中国共有 2.9 万家境内投资者通过

---

① 中华人民共和国商务部,国家统计局,国家外汇管理局.2021 年度中国对直接投资统计公报[M].北京:中国商务出版社,2022 年 9 月第 1 版.

直接投资方式在境外设立了约 4.6 万家企业,[①]共分布在全球 190 个国家(地区),境外企业的全球覆盖率为 81.2%,[②]中国对外直接投资的目的地国家(地区)基本包含了世界主要经济体。从表 2-1 中的历史数据来看,由于基数较低、全球市场有待开发,2003—2015 年成为中国对外投资企业全球分布快速扩张时期,2003 年、2005 年、2010 年、2015 年中国对外投资分别涉及 139 个、163 个、178 个、188 个国家(地区),而 2015—2021 年中国对外投资目的地国家的数量就已经较为稳定了,全球覆盖率基本在 80%以上。2021 年中国对外直接投资企业覆盖的国家(地区)数量持续保持在较高水平(190 个),与 2016 年一起并列为 2003 年以来的最高值,超过当年全球所有国家(地区)数量的八成。

表 2-1　中国对外投资企业覆盖的国家(地区)数量(2003—2021 年)

年份	中国境内投资者数量(万家)	中国对外直接投资企业数量(万家)	分布覆盖的国家(地区)数量(个)	境外企业全球覆盖率(%)
2003	0.3	—	139	60.0
2004	0.5	—	149	71.0
2005	0.6	—	163	71.2
2006	0.5	—	172	71.0
2007	0.7	—	173	71.2
2008	0.9	1.2	174	71.9
2009	1.2	1.3	177	72.8
2010	1.3	1.6	178	72.7
2011	1.4	1.8	177	72.4
2012	1.6	2.2	179	76.8
2013	1.5	2.5	184	79.0
2014	1.9	3.0	186	79.8
2015	2.0	3.1	188	80.3
2016	2.4	3.7	190	81.5
2017	2.6	3.9	189	81.1

① 此处统计标准为境内投资者直接拥有或者控股 10%以上(也可以是其他等价利益活动)的境外企业,设立方式主要包括子公司(50%以上股东或成员表决权)、联营公司(10%—50%的股东或成员表决权)和分支机构(非公司型企业)。完整定义参见《2021 年度中国对外投资统计公报》的附录“对外直接投资统计制度”。

② 此处采用的 2021 年末全球国家(地区)数量为 234 个(包括中国),详细可见《2021 年度中国对直接投资统计公报》。

续表

年份	中国境内投资者数量(万家)	中国对外直接投资企业数量(万家)	分布覆盖的国家(地区)数量(个)	境外企业全球覆盖率(%)
2018	2.7	4.3	188	80.7
2019	2.8	4.4	188	80.7
2020	2.8	4.5	189	80.8
2021	2.9	4.6	190	81.2

• 数据来源:数据整理自商务部等发布的历年《中国对外直接投资统计公报》。①
• 注:本书数据由于统计中存在四舍五入情况,故部分数据之间可能存在难以避免的误差。以下同。

细分至各大洲来看,2021 年底中国的对外投资企业覆盖的国家(地区)数量分别为亚洲 45 个(覆盖率 95.7%)、欧洲 43 个(覆盖率 87.8%)、非洲 52 个(覆盖率 86.7%)、北美洲 3 个(覆盖率 75%)、拉丁美洲 33 个(覆盖率 67.3%)、大洋洲 14 个(覆盖率 58.3%)。图 2-1 中展示了 2003 年至 2021 年统计公报中披露的中国对外投资分地区的覆盖率情况,基本都以早期较

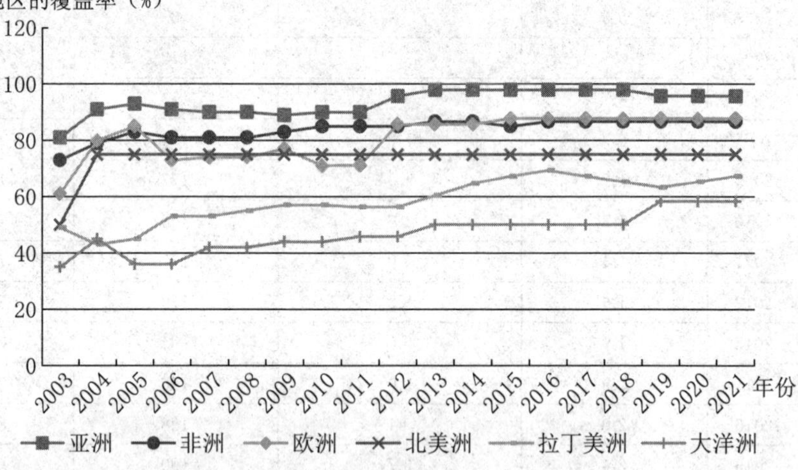

图 2-1 中国对外投资企业在世界各地区覆盖率变化趋势(2003—2021 年)

• 数据来源:商务部等发布的历年《中国对外直接投资统计公报》。②

---

① 其中,"对外直接投资企业"指境内投资者直接拥有或者控股 10%以上(也可以是其他等价利益活动)的境外企业;"对外直接投资的国家(地区)"按境内投资者投资的首个目的地国家(地区)统计;第五列中"境外企业"是"中国对外直接投资企业"的简称,覆盖率采用境外企业涉及的国家(地区)数占全球国家(地区)数简单计算,计算时覆盖率的分子不包括中国,但是分母包括中国。

② 覆盖率为境外企业涉及的国家(地区)数占该大洲国家(地区)数比重。

快增长、后续趋于平稳为主,各大洲都有不同幅度的明显提升。考虑到2010年以来统计公报中才开始公布覆盖率的分子分母指标,为避免国家(地区)总量变动对覆盖率造成过度干扰,此处分析将主要聚焦于2010年以来的趋势。①2010年以来,除了北美洲一直稳定在3个经济体以外,中国境内投资者在亚洲、欧洲、非洲的国家(地区)覆盖数量均以总体稳定、小幅波动为主,而在拉丁美洲和大洋洲的覆盖数量则出现了较快提升,是亮点所在。

其中,2010—2021年中国境外企业所覆盖的亚洲国家(地区)数量基本在44—46个、覆盖率都在90%以上,是六组中最高水平;对非洲国家(地区)的覆盖量也稳定在50—52个,覆盖率在85%以上;2010年以来中国对欧洲投资的国家(地区)分布变动其实较小(基本都是42—43个),覆盖率提升主要在于分母变动。②中国对外投资在大洋洲国家(地区)的覆盖率从2010年的44%提升至2021年的58.3%;对拉丁美洲国家(地区)的覆盖数量则在2010—2016年提升较快,从2010年的28个(覆盖率57%)提升至2016年的34个国家(地区)(覆盖率69.4%),2017—2021年覆盖数量则基本稳定在31—33个、波动幅度较小。

二、2021年中国对外直接投资在国家(地区)分布集中度仍然较高

中国对外投资的目的地虽然分布广泛,覆盖了全世界大部分的国家(地区),但是投资集中度较高,头部的少数国家(地区)集中了绝大多数资金(图2-2)。以官方投资统计口径来看,2004年以来中国对前二十位的国家(地区)投资流量总体占全部对外投资比重稳定在九成以上,其中2008年以来中国内地对中国香港的投资流量占比均在五成以上,这一趋势也延续至2021年。《2021年中国对外直接投资统计公报》数据显示,2021年中国对外投资流量前五位国家(地区)分别是中国香港(1 011.9亿美元)、英属维尔

① 一个值得注意的点是,作为分母的国家(地区)数量有时存在跳跃式变化,因此部分相邻年份间覆盖率剧烈变化仅是统计口径问题,实质的中国对外直接投资在各大洲的国家(地区)间覆盖数量变化不大,但是从长时间来看覆盖率的趋势比较仍然具有参考价值。

② 例如2012年末时统计公报中罗列的欧洲国家(地区)数量突然从上年底的59个变为49个,但是两年中中国境外企业覆盖的国家(地区)数量其实都是42个,而覆盖率就从2011年的71.2%跳跃至2012年的85.7%,因此单纯的覆盖率口径并不完全可比。

京群岛(139.7 亿美元)、开曼群岛(107.5 亿美元)、新加坡(84.1 亿美元)、美国(55.8 亿美元),占中国当年全部对外投资流量的比重为 78.2%,前二十位国家(地区)加总流量金额(1 662.9 亿美元)占比则达到了 93.0%(详细名单和金额可见表 2-2)。

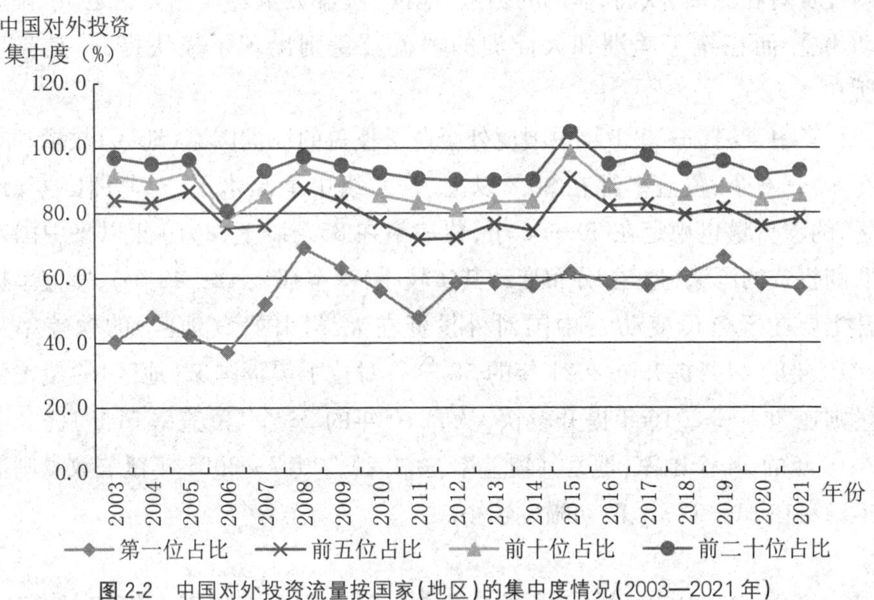

图 2-2 中国对外投资流量按国家(地区)的集中度情况(2003—2021 年)

• 数据来源:根据商务部等发布的《中国对外直接投资公报》整理所得。①

中国对外投资存量的国家(地区)分布也有类似特点。截至 2021 年底,中国对外投资存量前五位国家(地区)分别是中国香港(15 496.6 亿美元)、英属维尔京群岛(4 474.8 亿美元)、开曼群岛(2 295.3 亿美元)、美国(771.7 亿美元)、新加坡(672.0 亿美元),与前面讨论的投资流量名单比较吻合,仅在位次上稍有差别,其中 2021 年底存量前五位国家(地区)占中国全部对外投资存量的比重为 85.1%,前二十位国家加总存量金额(26 114.8 亿美元),占比则达到了 93.8%。

① 分国家(地区)的中国对外直接投资流量数据来源于商务部等发布的历年《中国对外直接投资统计公报》,流量金额排序以及集中度占比系作者自行计算。其中,由于中国对部分国家(地区)的投资流量存在负值,因此集中度可能超过 100%。对预估的理解可参照《2015 年中国对外投资统计公报》中举例的几种情况:收益再分配为负值(境外企业对以往年份的未分配利润进行分配)、债务工具为负值(境外企业到期归还中国境内母公司贷款)、新增股权为负值(境外企业撤资、注销等)等。以下同。

表 2-2　中国对外投资流量与存量前二十位的国家(地区)(2021 年)　(亿美元)

排序	2021 年中国对外投资流量			2021 年末中国对外投资存量		
	国家(地区)	流量金额	比重(%)	国家(地区)	存量金额	比重(%)
1	中国香港地区	1 011.9	56.6	中国香港地区	15 496.6	55.6
2	英属维尔京群岛	139.7	7.8	英属维尔京群岛	4 474.8	16.1
3	开曼群岛	107.5	6.0	开曼群岛	2 295.3	8.2
4	新加坡	84.1	4.7	美国	771.7	2.8
5	美国	55.8	3.1	新加坡	672.0	2.4
6	印度尼西亚	43.7	2.5	澳大利亚	344.3	1.2
7	德国	27.1	1.5	荷兰	284.9	1.0
8	越南	22.1	1.2	印度尼西亚	200.8	0.7
9	澳大利亚	19.2	1.1	英国	190.1	0.7
10	英国	19.0	1.1	卢森堡	181.3	0.6
11	瑞士	18.2	1.0	瑞典	170.3	0.6
12	荷兰	17.0	1.0	德国	167.0	0.6
13	卢森堡	15.0	0.8	加拿大	137.9	0.5
14	泰国	14.9	0.8	中国澳门地区	112.4	0.4
15	马来西亚	13.4	0.8	越南	108.5	0.4
16	老挝	12.8	0.7	俄罗斯联邦	106.4	0.4
17	瑞典	12.8	0.7	马来西亚	103.5	0.4
18	刚果(金)	10.5	0.6	老挝	99.4	0.4
19	加拿大	9.3	0.5	泰国	99.2	0.4
20	阿联酋	8.9	0.5	阿联酋	98.4	0.4
	合计	1 662.9	93.0	合计	26 114.8	93.8

• 数据来源:商务部等发布的《2021 年中国对外直接投资统计公报》。

三、2021 年中国对外直接投资流量在国家(地区)间的增长差异较大

2021 年有八成的国家(地区)获得了中国的正投资流量。根据统计公报中国家(地区)流量细分数据,2021 年中国对外投资有统计值的国家(地区)为 175 个,其中 140 个当年为正投资(占比 80%),35 个则投资流量为负值(占比 20%)。从历史趋势来看,虽然不及 2003—2014 年平均高达九成以上目的地都为正投资的水平,但是 2015 年以来比重保持稳定(图 2-3)。

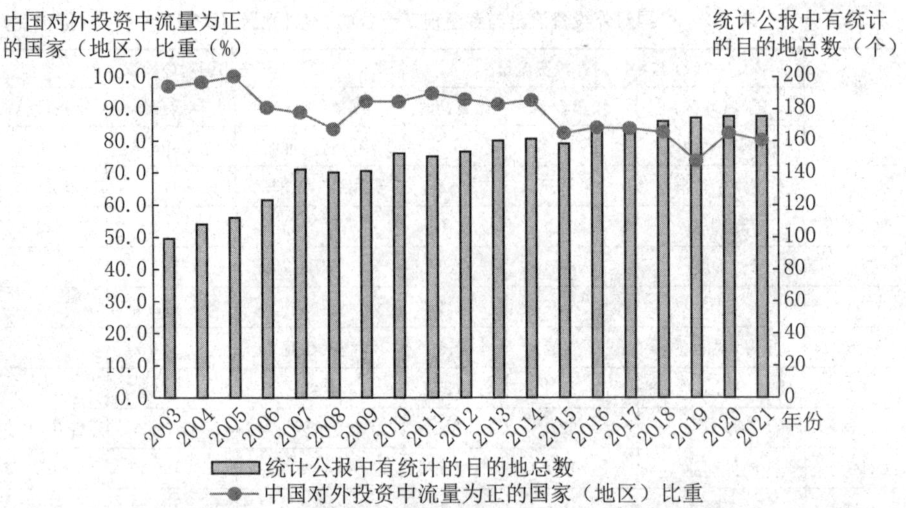

图 2-3 中国对外投资流量按国家(地区)的集中度情况(2003—2021 年)

• 数据来源:商务部等发布的《2021 年中国对外直接投资统计公报》。

2021 年投资流量正增长的国家(地区)平均增长规模更大。2021 年中国对外投资流量总额相比 2020 年取得了较快增长(增长额为 251.1 亿美元、增长率为 16.3%)。其中,中国只对近半数的目的地国家(地区)的投资流量实现了正增长,略低于负增长的国家(地区)数量。但是总体来看,与负增长地区的流量变动绝对值相比,正增长地区的平均增长金额更大。表 2-3 罗列了 2021 年增长额最高的二十位国家(地区),以基础较好的发达经济体、传统避税地与增长较快的新兴经济体为主,包括中国香港地区(120.5 亿美元)、英属维尔京群岛(70 亿美元)、新加坡(24.8 亿美元)、开曼群岛(21.9 亿美元)、印度尼西亚(21.7 亿美元)、德国(13.4 亿美元)、英国(9.8 亿美元)等,2021 年中国对这前二十位国家(地区)的投资流量共增加了 355.7 亿美元。2021 年投资流量降低最多的国家(地区)则包括荷兰(－32.3 亿美元)、俄罗斯(－16.4 亿美元)、以色列(－7.4 亿美元)、阿联酋(－6.6 亿美元)、瑞典(－6.5 亿美元)、柬埔寨(－4.9 亿美元)等,增长额最低二十位国家(地区)的合计投资流量相比上年共降低了 112.1 亿美元。

表 2-4 中则罗列了增长率最高与最低的二十位国家(地区),为了得到有意义的增长率,此处仅统计 2020 年获得中国正投资流量的地区。可以看

到,2020 年投资基数较低的中东、拉丁美洲、非洲等地区发展中经济体普遍有更大的增长率波动幅度(绝对值其实并不大)。具体来看正增长率最高的包括巴林(320.6%)、瑙鲁(35.1%)、苏丹(32.3%)、汤加(23.7%)、布基纳法索(14.1%)、阿尔及利亚(8.9%)等,负增长幅度最大的则包括哥伦比亚(−168.8%)、中非(−7.4%)、加蓬(−3.3%)、俄罗斯(−2.9%)、以色列(−2.8%)、所罗门群岛(−2.5%)等。

表 2-3　2021 年中国对外投资流量增长额最高/低的二十位国家(地区)　(亿美元)

排序	增长额最高二十位				增长额最低二十位			
	国家(地区)	2020 年投资额	2021 年投资额	增长金额	国家(地区)	2020 年投资额	2021 年投资额	增长金额
1	中国香港地区	890.0	1 000.0	120.5	荷兰	49.4	17.0	−32.3
2	英属维尔京群岛	69.8	140.0	70.0	俄罗斯	5.7	−10.7	−16.4
3	新加坡	59.2	84.1	24.8	以色列	2.7	−4.7	−7.4
4	开曼群岛	85.6	110.0	21.9	阿联酋	15.5	8.9	−6.6
5	印度尼西亚	22.0	43.7	21.7	瑞典	19.3	12.8	−6.5
6	德国	13.8	27.1	13.4	柬埔寨	9.6	4.7	−4.9
7	英国	9.2	19.0	9.8	美国	60.2	55.8	−4.3
8	哈萨克斯坦	−1.2	8.2	9.4	埃塞俄比亚	3.1	−0.9	−4.0
9	卢森堡	7.0	15.0	8.0	泰国	18.8	14.9	−4.0
10	几内亚	−3.0	4.9	7.8	法国	1.5	−1.5	−3.0
11	瑞士	10.7	18.2	7.5	肯尼亚	6.3	3.5	−2.8
12	澳大利亚	12.0	19.2	7.2	意大利	2.4	−0.1	−2.6
13	加拿大	2.1	9.3	7.2	伊拉克	4.1	1.8	−2.4
14	塔吉克斯坦	−2.6	2.4	5.0	缅甸	2.5	0.2	−2.3
15	刚果(金)	6.1	10.5	4.3	土库曼斯坦	2.1	−0.2	−2.3
16	乌兹别克斯坦	−0.4	3.7	4.1	新西兰	4.5	2.2	−2.3
17	赞比亚	2.1	5.8	3.7	巴基斯坦	9.5	7.3	−2.2
18	韩国	1.4	4.8	3.4	孟加拉国	4.5	2.4	−2.1
19	越南	18.8	22.1	3.3	塞内加尔	2.1	0.1	−2.0
20	日本	4.9	7.6	2.8	吉尔吉斯斯坦	2.5	0.8	−1.8
	合计	1 209.0	1 564.7	355.7	合计	226.4	114.3	−112.1

• 数据来源:2020—2021 年投资流量数据均来源于商务部等发布的《2021 年中国对外直接投资统计公报》,两年间增长额为作者自行计算。

表 2-4 2021 年中国对外投资流量增长率最高/低的二十位国家(地区) (亿美元)

排序	增长率最高二十位				增长率最低二十位			
	国家(地区)	2020 年投资额	2021 年投资额	增长率(%)	国家(地区)	2020 年投资额	2021 年投资额	增长率(%)
1	巴林	0.002	0.611	320.6	哥伦比亚	0.009	−1.426	−168.8
2	瑙鲁	0.004	0.130	35.1	中非	0.001	−0.009	−7.4
3	苏丹	0.028	0.943	32.3	加蓬	0.078	−0.182	−3.3
4	汤加	0.007	0.175	23.7	俄罗斯	5.703	−10.723	−2.9
5	布基纳法索	0.004	0.053	14.1	以色列	2.671	−4.701	−2.8
6	阿尔及利亚	0.186	1.847	8.9	所罗门群岛	0.023	−0.035	−2.5
7	瓦努阿图	0.007	0.053	7.0	法国	1.478	−1.517	−2.0
8	埃及	0.274	1.957	6.1	阿富汗	0.025	−0.026	−2.0
9	乌拉圭	0.032	0.187	4.8	佛得角	0.005	−0.004	−1.9
10	毛里求斯	0.458	2.386	4.2	多米尼加	0.031	−0.020	−1.6
11	纳米比亚	0.017	0.081	3.7	多哥	0.091	−0.049	−1.5
12	亚美尼亚	0.015	0.070	3.6	博茨瓦纳	0.266	−0.140	−1.5
13	加拿大	2.100	9.302	3.4	喀麦隆	0.447	−0.234	−1.5
14	智利	0.223	0.899	3.0	捷克	0.528	−0.254	−1.5
15	古巴	0.114	0.440	2.9	埃塞俄比亚	3.108	−0.904	−1.3
16	韩国	1.391	4.780	2.4	叙利亚	0.005	−0.001	−1.2
17	爱尔兰	0.676	2.256	2.3	毛里塔尼亚	0.532	−0.123	−1.2
18	南苏丹	0.027	0.086	2.2	利比亚	0.729	−0.132	−1.2
19	马耳他	0.009	0.028	2.2	圭亚那	0.636	−0.104	−1.2
20	贝宁	0.106	0.325	2.1	莫桑比克	0.433	−0.040	−1.1

• 数据来源：2020—2021 年投资流量数据均来源于商务部等发布的《2021 年中国对外直接投资统计公报》，两年间增长率为作者自行计算，为保证增长率有意义，表格中排序时仅保留 2020 年有正投资额的国家(地区)。

四、2022 年 1—11 月中国对外直接投资涉及的国家(地区)数量同比略降

据商务部与外汇局月度简要统计数据，①2022 年 1—11 月中国对外全行业直接投资规模为 1 316.7 亿美元(同比增长 1.4%)，其中非金融类直接投资规模为 1 026.6 亿美元(同比增长 3.6%)，共涉及全球 159 个国家和地区的 5 916 家境外企业。相比 2021 年 1—11 月同期数据(165 个国家和地

① 商务部.2022 年 1—11 月我国对外全行业直接投资简明统计[EB/OL].(2023-1-9)[2023-1-30]. http://fec.mofcom.gov.cn/article/tjsj/ydjm/jwtz/202301/20230103378057.shtml.

区、5 777 家境外企业),[①]中国境内投资者对外非金融类直接投资的目的地数量微降,但是投资的境外企业数量保持上升。

据安永研究报告数据,[②]2022 年前三季度中企宣布的海外并购金额前十大目的地分别为美国(54.3 亿美元)、荷兰(23.5 亿美元)、韩国(20.1 亿美元)、澳大利亚(16.1 亿美元)、日本(14.6 亿美元)、新加坡(13.6 亿美元)、英国(12.8 亿美元)、印度(11.5 亿美元)、印度尼西亚(10.9 亿美元)、阿根廷(10.1 亿美元)。其中中企对澳大利亚与阿根廷的境外并购金额相比上年同期保持正增长(增长率分别为 312%、189%),其余目的地国家(地区)有不同程度下滑。此外,2022 年前三季度中企宣布的境外并购交易宗数前十大目的地分别为美国(54 宗)、澳大利亚(36 宗)、英国(31 宗)、新加坡(26 宗)、日本(26 宗)、韩国(25 宗)、德国(20 宗)、法国(13 宗)、泰国(10 宗)、印度(10 宗)。比较来看,中国企业对美国、英国、德国、印度企业的并购交易宗数相比上年同期出现不同程度下滑,其中美国从上年的 100 宗下滑至 54 宗,降幅最大(为 46%)。其余目的地则保持了同比正增长,其中以泰国与澳大利亚增幅最为突出(分别为 233%、177%)。2022 年前三季度,中企对外承包工程新签合同额为 1 470.7 亿美元(同比下降 7.9%),主要包括沙特的交通运输和公用基础设施项目以及哈萨克斯坦铁矿石相关工程等。

第二节　中国吸收外商直接投资的来源国家(地区)分布趋势

本节使用的基础数据主要来源于 WIND 数据库、国家统计局贸易外经统计司主编的历年《中国贸易外经统计年鉴》以及商务部等发布的历年《中国外资统计公报》,其中分国别(地区)的对华投资数据最新更新至 2021 年(来源于 2022 年 11 月公开的《中国外资统计公报 2022》)。[③]因此,本书将重

---

① 商务部.2021 年 1—11 月我国对外全行业直接投资简明统计[EB/OL].(2021-12-24)[2023-1-30].http://fec.mofcom.gov.cn/article/tjsj/ydjm/jwtz/202112/20211203231669.shtml.

② 安永中国.2022 年前三季度中国海外投资概览[EB/OL].(2022-11-16)[2023-1-30].https://www.ey.com/zh_cn/china-overseas-investment-network/overview-of-china-outbound-investment-of-the-first-three-quarters-of-2022。其中,报告中并购数据资料来源为 Refinitiv、Mergermarket,统计中已包括中国香港地区、中国澳门地区和中国台湾地区的对外并购交易,报告中统计数据下载日期为 2022 年 10 月 10 日。

③ 商务部.中国外资统计公报 2022[EB/OL].(2022-11-2)[2023-1-30].http://images.mofcom.gov.cn/wzs/202211/20221102151438905.pdf.

点基于以上基础数据对2021年中国吸收外资来源地的国家(地区)分布新特征与历史趋势进行讨论。此外,本节还依据商务部每月发布的吸收外资数据披露简讯对2022年国家(地区)信息简单讨论。

一、2021年中国实际使用外资中来源地集中度较高

自2003年以来,中国历年吸收外商直接投资的主要来源地都较为稳定,以发达经济体或避税地为主,其中规模第一的来源地是中国香港地区(占当年中国使用外商投资额总量的六成以上),2017年以来对华投资额排名二至四位(位次略有变动)的来源地一般是新加坡、英属维尔京群岛与韩国。日本、开曼群岛、美国等都曾出现在五至六位。从来源地集中度变化趋势来看,2003年以来主要来源国家(地区)的占比稳中有升、整体趋于更集中,主要是第一位中国香港地区的占比进一步提高。2020年中国使用外资额的来源地集中度指标达到最高值(第一位占比73.3%、前十位占比94.8%、前二十位占比98.5%),2021年相比上年小幅回落(第一位占比72.8%、前十位占比91.4%、前二十位占比94.8%),图2-4。

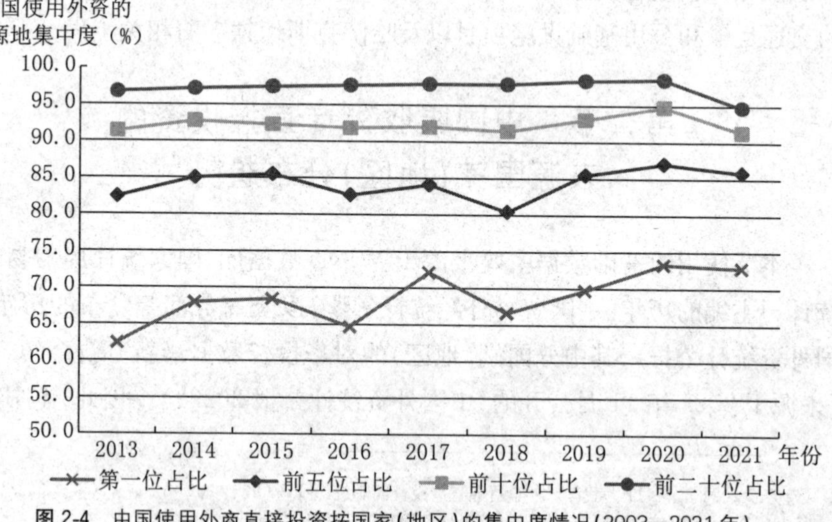

图2-4 中国使用外商直接投资按国家(地区)的集中度情况(2003—2021年)

• 数据来源:分国家(地区)的中国使用外商直接投资的各年度流量数据来源于国家统计局主编的历年《中国贸易外经统计年鉴》、商务部发布的历年《中国外资统计公报》以及WIND数据库。当年对华投资额排序以及集中度占比系作者自行计算。

从2021年的对华投资情况来看,根据商务部《中国外资统计公报

2022》发布的国家(地区)数据,无论是以新设外商直接投资企业数指标还是外商直接投资额指标来计算,2021年中国的外资来源地集中度稳定处于较高水平,两类指标的前二十位国家(地区)名单与投资占比情况如表2-5所示。表2-5中数据显示,2021年在华新设外商投资企业数前二十位的国家(地区)共设立了41 580家企业,占全年中国新设外商投资企业总量(47 647家)的87.3%,[①]其中前六位分别为中国香港地区(19 289家)、中国台湾地区(6 595家)、中国澳门地区(2 932家)、韩国(2 478家)、美国(2 068家)、新加坡(1 416家)。此外,2021年在华投资额前二十位的国家(地区)则共投资了1 714.6亿美元,占中国全年使用外商投资额(1 809.6亿美元)的94.8%,其中前六位分别为中国香港地区(1 317.6亿美元)、新加坡(103.3亿美元)、英属维尔京群岛(52.8亿美元)、韩国(40.4亿美元)、日本(39.1亿美元)、美国(24.7亿美元)。

表2-5　2021年在华新设外商投资企业数与外商投资额前二十位的国家(地区)

(亿美元)

排序	2021年在华新设外商投资企业			2021年中国使用外商投资额		
	国家(地区)	数量(家)	比重(%)	国家(地区)	金额	比重(%)
1	中国香港地区	19 289	40.5	中国香港地区	1 317.6	72.8
2	中国台湾地区	6 595	13.8	新加坡	103.3	5.7
3	中国澳门地区	2 932	6.2	英属维尔京群岛	52.8	2.9
4	韩国	2 478	5.2	韩国	40.4	2.2
5	美国	2 068	4.3	日本	39.1	2.2
6	新加坡	1 416	3.0	美国	24.7	1.4
7	日本	998	2.1	开曼群岛	24.6	1.4
8	加拿大	930	2.0	中国澳门地区	21.9	1.2
9	俄罗斯	631	1.3	德国	16.8	0.9
10	英国	612	1.3	英国	12.0	0.7
11	德国	536	1.1	荷兰	11.1	0.6
12	澳大利亚	510	1.1	中国台湾地区	9.4	0.5
13	巴基斯坦	425	0.9	毛里求斯	9.0	0.5
14	马来西亚	366	0.8	瑞士	7.3	0.4
15	法国	364	0.8	法国	7.1	0.4

① 据商务部统计口径,如果一家外资企业有来自两个或以上国家(地区)的境外投资者,则新设企业数在以上国家(地区)都计算一次,但是在总数中只计算一次。

续表

排序	2021 年在华新设外商投资企业			2021 年中国使用外商投资额		
	国家(地区)	数量(家)	比重(%)	国家(地区)	金额	比重(%)
16	加纳	320	0.7	萨摩亚	6.2	0.3
17	英属维尔京群岛	291	0.6	卢森堡	3.1	0.2
18	尼日利亚	286	0.6	瑞典	3.0	0.2
19	意大利	284	0.6	澳大利亚	3.0	0.2
20	也门	249	0.5	丹麦	2.2	0.1
	合计	41 580	87.3	合计	1 714.6	94.8

· 数据来源:商务部《中国外资统计公报 2022》。

从统计公报显示的累计投资数据来看,截至 2021 年底,在华累计设立企业数量前二十位的国家(地区)共设立超过 101.6 万家企业,占中国全部外商投资企业总量(108.8 万家)的比重为 93.4%,其中前六位分别为中国香港地区(约 51.0 万家)、中国台湾地区(约 12.4 万家)、美国(约 7.6 万家)、韩国(约 7.2 万家)、日本(约 5.5 万家)、新加坡(约 2.9 万家)。截至 2021 年累计在华投资额前二十位的国家(地区)则共投资了 23 915 亿美元,占中国累计使用外商投资额(26 208 亿美元)的 91.3%,其中前六位分别为中国香港地区(约 14 331 亿美元)、英属维尔京群岛(约 1 801 亿美元)、日本(约 1 230 亿美元)、新加坡(约 1 208 亿美元)、美国(约 927 亿美元)、韩国(约 902 亿美元)。

表 2-6 截至 2021 年底在华累计设立外商投资企业数与累计外商投资额前二十位的国家(地区)

(亿美元)

排序	2021 年累计在华设立外商投资企业			2021 年中国累计使用外商投资额		
	国家(地区)	数量(家)	比重(%)	国家(地区)	金额	比重(%)
1	中国香港地区	509 664	46.9	中国香港地区	14 330.6	54.7
2	中国台湾地区	124 142	11.4	英属维尔京群岛	1 800.6	6.9
3	美国	75 624	7.0	日本	1 229.9	4.7
4	韩国	71 867	6.6	新加坡	1 208.4	4.6
5	日本	54 631	5.0	美国	926.5	3.5
6	新加坡	28 673	2.6	韩国	902.3	3.4
7	英属维尔京群岛	25 344	2.3	中国台湾地区	713.4	2.7
8	中国澳门地区	23 749	2.2	开曼群岛	493.6	1.9
9	加拿大	17 169	1.6	德国	380.9	1.5
10	澳大利亚	13 723	1.3	萨摩亚	316.1	1.2

续表

排序	2021 年累计在华设立外商投资企业			2021 年中国累计使用外商投资额		
	国家(地区)	数量(家)	比重(%)	国家(地区)	金额	比重(%)
11	德国	11 836	1.1	英国	275.7	1.1
12	英国	11 199	1.0	荷兰	249.5	1.0
13	萨摩亚	9 286	0.9	中国澳门地区	216.5	0.8
14	马来西亚	8 078	0.7	法国	195.5	0.7
15	意大利	6 918	0.6	毛里求斯	163.6	0.6
16	法国	6 687	0.6	百慕大	123.4	0.5
17	俄罗斯	4 991	0.5	加拿大	113.8	0.4
18	泰国	4 854	0.4	澳大利亚	99.6	0.4
19	开曼群岛	3 987	0.4	瑞士	95.6	0.4
20	荷兰	3 983	0.4	马来西亚	79.9	0.3
	合计	1 016 405	93.4	合计	23 915	91.3

• 数据来源：商务部发布的《中国外资统计公报 2022》。

二、2021 年中国使用外资主要来源地规模稳定增长

受益于国内外经济企稳反弹，2021 年中国实际使用外资金额相比上年大幅增长。据《中国外资统计公报 2022》统计，中国全年吸收外商直接投资(FDI)由 2020 年的 1 493.4 亿美元升至 2021 年的 1 809.6 亿美元(增长额为 316.2 亿美元)，增幅为 21.2%。分来源地来看，有超过 50 个国家(地区)在 2021 年的对华投资实现了正增长，约 60 个国家(地区)则相比上年出现了投资的负增长，总体来看，正增长的来源地平均变动幅度更大(尽管数量略少)。表 2-7 中罗列了 2021 年对华外商直接投资额增长最高的二十位国家(地区)，它们共实现了 317.9 亿美元的对华投资增长，其中前六位分别是中国香港地区(259.6 亿美元)、新加坡(26.5 亿美元)、日本(5.4 亿美元)、毛里求斯(4.9 亿美元)、韩国(4.3 亿美元)、德国(3.3 亿美元)。与此同时，2021 年对华投资规模相比上年下降前六位的国家(地区)则包括荷兰(－14.5 亿美元)、开曼群岛(－3.1 亿美元)、萨摩亚(－1.8 亿美元)、奥地利(－1.0 亿美元)、塞舌尔(－0.9 亿美元)、挪威(－0.6 亿美元)等，2021 年间投资额降低最多的二十位国家(地区)累计出现了 25.5 亿美元负投资增长。

表 2-7 2021 年对华外商直接投资额中增长最高/低的二十位国家(地区)

(亿美元)

排序	对华投资增长额最高二十位来源地				对华投资增长额最低二十位来源地			
	国家(地区)	2020 年投资额	2021 年投资额	增长额	国家(地区)	2020 年投资额	2021 年投资额	增长额
1	中国香港地区	1 057.9	1 317.6	259.6	荷兰	25.5	11.1	−14.5
2	新加坡	76.8	103.3	26.5	开曼群岛	27.7	24.6	−3.1
3	日本	33.7	39.1	5.4	萨摩亚	8.0	6.2	−1.8
4	毛里求斯	4.1	9.0	4.9	奥地利	2.0	0.9	−1.0
5	韩国	36.1	40.4	4.3	塞舌尔	2.6	1.7	−0.9
6	德国	13.5	16.8	3.3	挪威	1.1	0.6	−0.6
7	英国	9.8	12.0	2.2	中国台湾地区	10.0	9.4	−0.6
8	法国	5.1	7.1	2.0	澳大利亚	3.4	3.0	−0.4
9	丹麦	0.4	2.2	1.8	百慕大	1.6	1.2	−0.3
10	美国	23.0	24.7	1.6	斯洛文尼亚	0.4	0.1	−0.3
11	爱尔兰	0.7	1.9	1.2	马绍尔群岛	0.6	0.3	−0.3
12	瑞典	2.1	3.0	0.9	意大利	2.0	1.8	−0.3
13	卢森堡	2.3	3.1	0.8	马来西亚	0.8	0.6	−0.2
14	英属维尔京群岛	52.0	52.8	0.8	博茨瓦纳	0.2	0.0	−0.2
15	瑞士	6.5	7.3	0.8	冰岛	0.2	0.0	−0.2
16	沙特阿拉伯	0.0	0.7	0.7	巴巴多斯	0.3	0.1	−0.2
17	土耳其	0.0	0.5	0.5	西班牙	1.1	0.9	−0.2
18	芬兰	0.4	0.6	0.3	库克群岛	0.2	0.0	−0.2
19	以色列	0.3	0.4	0.2	菲律宾	0.2	0.1	−0.1
20	印度尼西亚	0.1	0.2	0.1	加拿大	2.2	2.0	−0.1
	合计	1 325.0	1 642.9	317.9	合计	90.1	64.6	−25.5

• 数据来源:2020—2021 年分国家(地区)的对华投资额数据来自 WIND 数据库、国家统计局主编的《2021 年中国贸易外经统计年鉴》、商务部等发布的《2021 年中国对外直接投资统计公报》,两年间增长金额为作者自行计算。

三、2022 年韩、德、英等国家对中国投资增长较快

据商务部初步统计①,2022 年中国实际使用外资金额为 1.2 万亿人民币(同比增长 6.3%),折合 1 891.3 亿美元(同比增长 8.0%)。其中主要来源地投资普遍增长,增幅较大的包括韩国(同比增长 64.2%)、德国(52.9%)、英国(40.7%)等。此外,欧盟、“一带一路”沿线国家、东盟对华投

① 中国政府网.2022 年我国实际使用外资稳定增长[EB/OL].(2023-1-18)[2023-1-30].http://www.gov.cn/xinwen/2023-01/18/content_5737750.htm.

资的增长率也都超过了 2022 年中国吸收外资规模的平均增速。从 2022 年已发布的月度数据来看,韩国自 4 月以来累计对华投资同比增长率都在 30%以上,最高增速是在 1—11 月(为 122.1%);德国则自 4 月以来均保持 10%以上增长率,9 月对华投资累计同比增长率达到最高点 114%,英国与日本自 8 月以来都保持较为平稳的高速增长(增速在 17%—40%)。

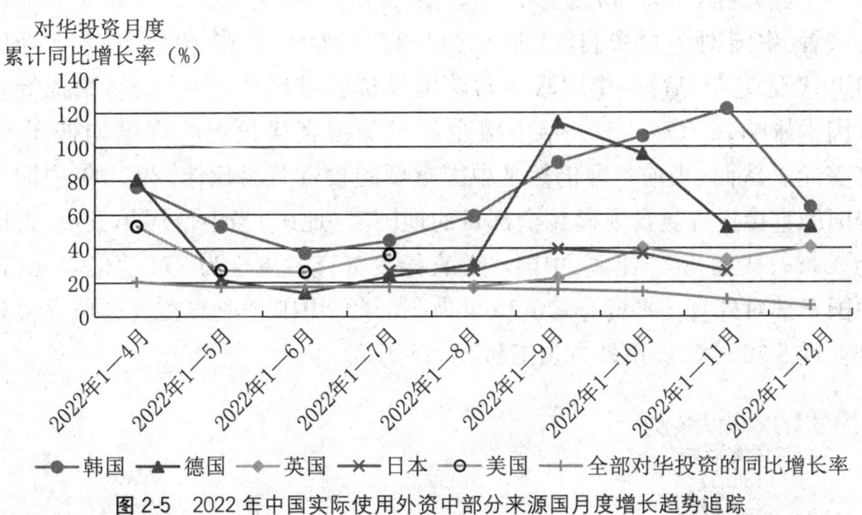

图 2-5　2022 年中国实际使用外资中部分来源国月度增长趋势追踪

• 数据来源:商务部网站公开数据①、中国政府网相关公开资料②。图中月度累计增长率均为人民币口径计算。

第三节　中国与主要经济体的双向直接投资情况

本节主要选取了部分与中国经贸投资关系紧密的经济体展开讨论,包括美国、新加坡、澳大利亚、日本、韩国、德国。受全球经济增速放缓、逆全球化趋势兴起等因素影响,2021 年中国与以上经济体的双向投资流量基本都未达到历史峰值,但是相比上年规模总体以反弹恢复为主。以中国对外直接投资来看,除美国外的其余五个目的地国家均有不同程度正增长;以中国实际使用外资来看,除澳大利亚外,其余五个目的地国家在投资规模与新设

① 商务部.2022 年 1—10 月全国吸收外资 10 898.6 亿元人民币,同比增长 14.4%[EB/OL].(2022-11-18)[2023-1-30].商务部.商务部召开例行新闻发布会(2022 年 12 月 23 日)[EB/OL].(2022-12-23)[2023-1-30].http://www.mofcom.gov.cn/xwfbh/20221223.shtml.

② 中国政府网.2022 年我国实际使用外资稳定增长[EB/OL].(2023-1-18)[2023-1-30].http://www.gov.cn/xinwen/2023-01/18/content_5737750.htm.

企业数量指标上均为正增长。

一、美国

2021 年中国对美直接投资流量小幅下降。据商务部等发布的《2021 年度中国对外直接投资统计公报》数据，2021 年中国对美国直接投资流量为 55.8 亿美元(图 2-6)，相比上年(60.2 亿美元)降幅为 7.3%①。从更长期趋势来看，中国对美投资自 21 世纪初一直高速增长，在 2016 年达到峰值(169.8 亿美元)后，受中国政府对跨国投资管控趋严、中美贸易摩擦等多重因素影响，2017—2021 年中国企业对美国直接投资的规模均低于 80 亿美元。然而，当前美国仍然是中国重要的投资贸易伙伴，2021 年中国对美国的直接投资流量规模在全部目的地国家(地区)当中位居第五位，占比为 3.1%；截至 2021 年底，中国对美直接投资存量规模为 771.7 亿美元(占中国全部对外直接投资存量的比重为 2.8%)，中国企业共在美国设立境外企业近 5 300 家，雇用外方员工超过 7.5 万人。

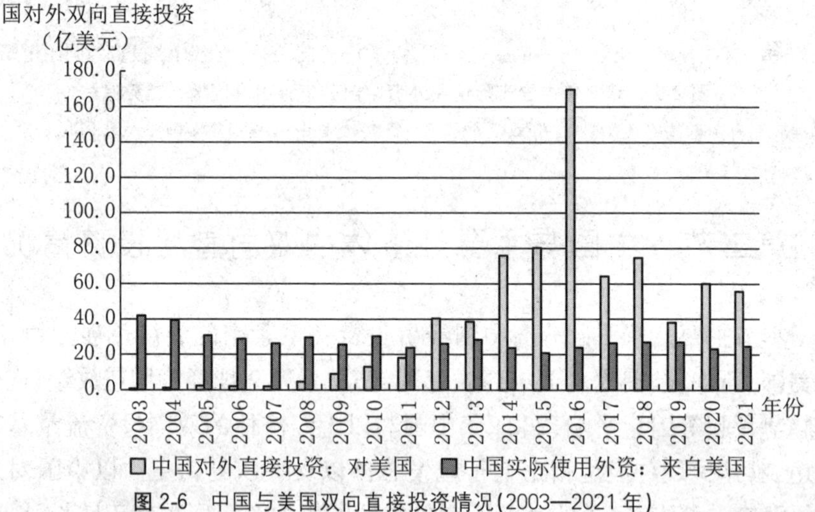

图 2-6　中国与美国双向直接投资情况(2003—2021 年)

• 数据来源：对外直接投资数据引用自商务部等《中国对外直接投资统计公报》、实际使用外资来自 WIND 数据库。

2021 年美国对华投资规模与在华新设企业数量均有提升。2021 年美国对华投资规模为 24.7 亿美元，在华新设立 2 068 家企业，两项指标分别相

① 据《2021 年度中国对外直接投资统计公报》数据，2021 年中国对美国的信息传输与软件信息技术服务业、房地产业、住宿和餐饮业的直接投资流量均为负值，制造业投资为正，但是相比上年则下降 60.8%。

比上年提升7.1%和25.9%,以投资规模来看位列中国主要投资来源地的第六位(占比1.4%)。从历史趋势来看,近十年来中国实际使用外资中来自美国的总体规模较为平稳,从2012年起中国对美投资流量已经超过了美国对华投资规模。截至2021年底,美国累计在华设立超过7.5万家企业(占比7.0%,在所有来源地中处于第三位)、实际投资926.5亿美元(占比3.5%,位居第五名)。

二、新加坡

2021年中国对新加坡的直接投资流量大幅上升。据商务部等发布的统计公报数据,2021年中国对新加坡直接投资流量为84.1亿美元(图2-7),相比上年(59.2亿美元)增长了42.1%,主要流向批发和零售业,租赁和商务服务业,制造业,电力、热力、燃气及水生产和供应业等行业。从历史趋势来看,中国对新加坡的投资同样经历了早期的高速增长,从2004年的不到5 000万美元投资额提升至2015年的峰值104.5亿美元,后续投资规模则受到2017年以来中国加强境外投资管理等因素的影响出现回落,近年来中新间的经贸合作更趋稳定发展,中国对新加坡投资持续较快增长。据《2021年度中国对外直接投资统计公报》数据,2021年中国对新加坡的直接投资流量规模在全部目的地国家(地区)当中处于第四位(比重为

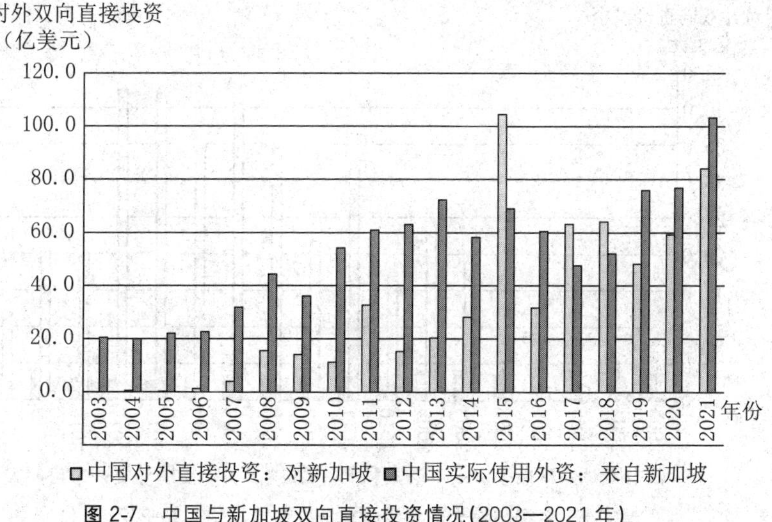

图2-7　中国与新加坡双向直接投资情况(2003—2021年)

• 数据来源:对外直接投资数据引用自商务部等《中国对外直接投资统计公报》、实际使用外资来自WIND数据库。

4.7%);截至2021年底,中国对新加坡直接投资存量规模为672.0亿美元,居第五位,占中国全部对外直接投资存量的比重为2.4%。

2021年新加坡对华投资规模与在华新设企业数量均保持两位数增长。据商务部《中国外资统计公报2022》数据,2021年新加坡对华投资规模为103.3亿美元,在华新设立1 416家企业,两项指标分别同比增长34.5%和23.6%。单从投资规模来看,新加坡列中国主要投资来源地的第二位(占比5.7%),仅次于中国香港地区。从2003年以来趋势来看,中国实际使用外资中来自新加坡的投资规模总体呈增长趋势、2021年再创新高,但是除个别年份(如2015年、2017年、2018年)外,中国对新加坡的投资规模仍低于来自新加坡对华投资规模。截至2021年底,新加坡累计在华设立超过2.9万家企业(占比2.6%,居所有来源地中第六位)、实际投资1 208.4亿美元(占比4.6%,居第四位)。

三、澳大利亚

2021年中国对澳大利亚的直接投资流量相比上年有所回升,但是远低于2017年峰值水平(图2-8)。《2021年度中国对外直接投资统计公报》数据显示,2021年中国对澳大利亚的直接投资流量为19.2亿美元,相比2020年时的12.0亿美元(处于历史较低水平)实现了60%的正增长;从投资的行

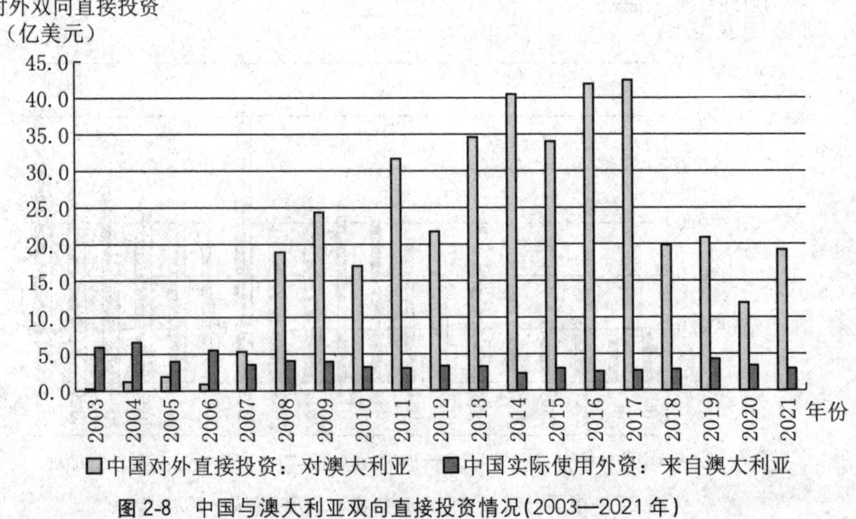

图2-8 中国与澳大利亚双向直接投资情况(2003—2021年)

• 数据来源:对外直接投资数据引用自商务部等《中国对外直接投资统计公报》、实际使用外资来自WIND数据库。

业流向来看,主要投向了制造业(占比 41.4%)、租赁和商务服务业(占比 33.4%)、采矿业(占比 28.4%)、批发和零售业(占比 5.3%)等。从长期趋势来看,2003—2017 年中国对澳大利亚的投资以高速增长为主基调(从 2003 年的 0.3 亿美元提升至 2017 年的峰值 42.4 亿美元),而自 2018 年以来随着中澳经贸关系趋于恶化,2018—2021 年中国对澳大利亚的直接投资持续维持在较低水平(不及 2017 年峰值的一半),2020 年更是降至 12 亿美元。当前澳大利亚仍然是中国重要对外投资目的地之一,据商务部等统计公报中数据,2021 年中国对澳大利亚的直接投资流量规模在全部目的地国家(地区)当中居第九位(比重为 1.1%);截至 2021 年底,中国对澳大利亚直接投资存量规模为 344.3 亿美元,位居第六,占中国全部对外直接投资存量的比重为 1.2%。

澳大利亚对华投资规模相对较低,2021 年同比小幅下降。据《中国贸易外经统计年鉴》与《中国外资统计公报 2022》相关数据,2003—2021 年,澳大利亚历年对华投资流量规模总体较小(平均值仅为 3.7 亿美元),以小幅波动为主,从 2007 年起中国对澳大利亚的投资规模就远超澳大利亚对华投资规模。2021 年澳大利亚对华投资规模为 3.0 亿美元(相比上年下降 12.3%),位列中国主要投资来源地的第十九位(占比 0.2%)。截至 2021 年底,澳大利亚累计在华设立超过 13.7 万家企业(占比 1.3%,位居所有来源地中第十)、实际投资 99.6 亿美元(占比 0.4%,位居第十八)。

四、日本

2021 年中国对日本的直接投资流量相比上年有较快增长,但是相对规模仍然较低。据商务部等统计,2021 年中国对日本的直接投资流量为 7.6 亿美元(图 2-9),相比 2020 年规模(4.9 亿美元)增长 55.1%。从更长期趋势来看,中国对日本直接投资规模一直处于相对较低水平,2009 年起才得以突破 1 亿美元规模,2010 年为 3.4 亿美元,2021 年为 7.6 亿美元。据《2021 年度中国对外直接投资统计公报》数据,2021 年中国对日本的直接投资流量规模在全部有统计的目的地国家(地区)位列第二十三(比重为 0.43%)。截至 2021 年底,中国对日本直接投资存量规模为 48.8 亿美元,位居第二十八,占中国全部对外直接投资存量的比重为 0.18%。

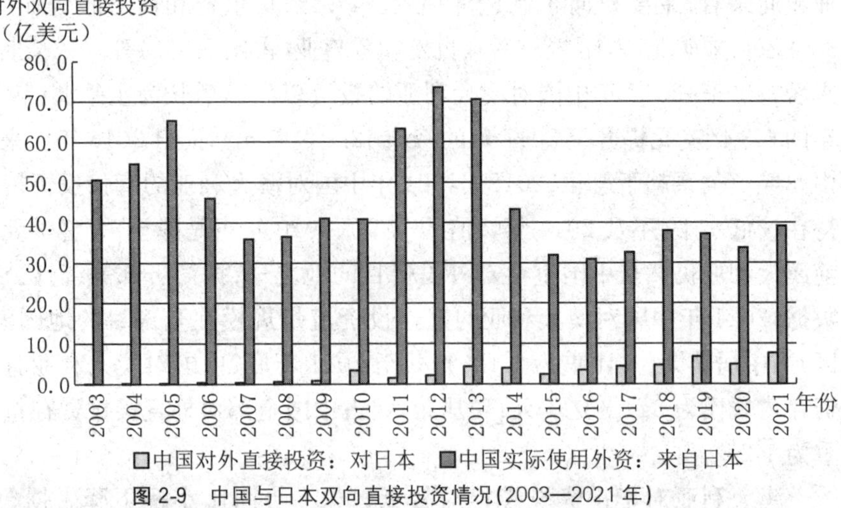

图 2-9 中国与日本双向直接投资情况(2003—2021 年)

• 数据来源:对外直接投资数据引用自商务部等《中国对外直接投资统计公报》、实际使用外资来自 WIND 数据库。

2021 年日本对华投资规模与在华新设企业数量均有增长。据商务部《中国外资统计公报 2022》数据,2021 年日本对华投资规模为 39.1 亿美元、在华新设立 998 家企业,两项指标分别同比增长 16.0%和 24.9%。单从投资规模来看,日本位列中国主要投资来源地的第五(占比 2.2%)。从双向投资规模比较来看,2003—2021 年日本对华投资规模一直远超中国对日直接投资规模,中国实际使用外资中来自日本的投资规模峰值在 2012 年(73.5 亿美元),同年中国对日投资规模仅为 2.1 亿美元。截至 2021 年底,日本累计在华设立近 5.5 万家企业(占比 5.0%,位居所有来源地中第五)、实际投资 1 229.9 亿美元(占比 4.7%,位居第三)。2022 年起生效的《区域全面经济伙伴关系协定》为中日经贸投资合作持续提供内生动力,未来双向投资将有更快更好发展。

五、韩国

2021 年中国对韩国的直接投资流量相比上年有所回升,但是在双向投资中相对规模仍然较低。据商务部等统计,2021 年中国对韩国的直接投资流量为 4.8 亿美元,相比 2020 年规模(1.4 亿美元)增长 242.9%。从历史规模来看,2003—2021 年中国对韩国直接投资规模一直远低于韩国对华投资规模,相对高点出现在 2015 年(13.2 亿美元),近年来一直在低位波动。据《2021 年度中国对外直接投资统计公报》数据,2021 年中国对韩国的直接投资流量规模在全部有统计的目的地国家(地区)位列第二十八(比重为0.27%)。截至2021年底,中国对韩国直接投资存量规模为66.0亿美元,位居第二十六,占中国全部对外直接投资存量的比重为0.24%。

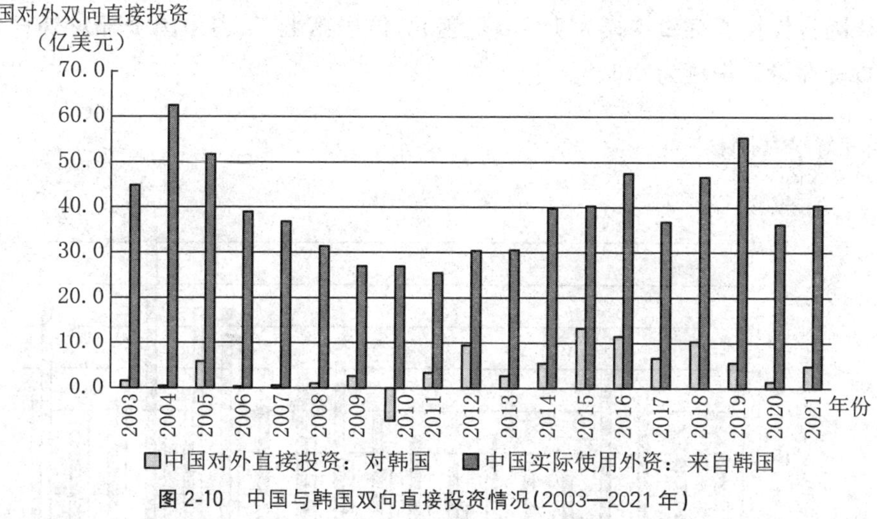

图2-10　中国与韩国双向直接投资情况(2003—2021年)

• 数据来源:对外直接投资数据引用自商务部等《中国对外直接投资统计公报》、实际使用外资来自WIND数据库。

2021年韩国对华投资规模有小幅回升,但是仍低于2019年水平。据商务部《中国外资统计公报2022》数据,2021年韩国对华投资规模为40.4亿美元,在华新设立2 478家企业,两项指标分别同比增长11.9%和23.0%。从历史规模来看,2003—2021年中国实际使用来自韩国的投资规模峰值在2004年(62.5亿美元),远超同年中国对韩投资规模(0.4亿美元),2021年韩国对华投资流量位列中国主要投资来源地第四(占比2.2%)。截至2021年底,韩国累计在华设立近7.2万家企业(占比6.6%,位居所有来源地第四)、实际投资902.3亿美元(占比3.4%,位居第六)。

六、德国

2021年中国对德国的直接投资流量有较快增长,接近2017年最高值。据统计公报数据,2021年中国对德国的直接投资流量为27.1亿美元,相比上年(13.8亿美元)增长率为96.4%。从更长期趋势来看,2003—2017年中国对德国直接投资规模以持续增长为主(从 0.3 亿美元提升至 27.2 亿美元),2017 年后则连续三年都低于 15 亿美元,2021 年中国对德投资流量出现较快增长,规模非常接近 2017 年峰值。据商务部等《2021 年度中国对外直接投资统计公报》,2021 年中国对德国的直接投资流量规模在全部有统计的目的地国家(地区)位列第七(比重为 1.5%)。截至 2021 年底,中国对德国直接投资存量规模为 167.0 亿美元,位居第十二,占中国全部对外直接投资存量的份额为 0.6%。

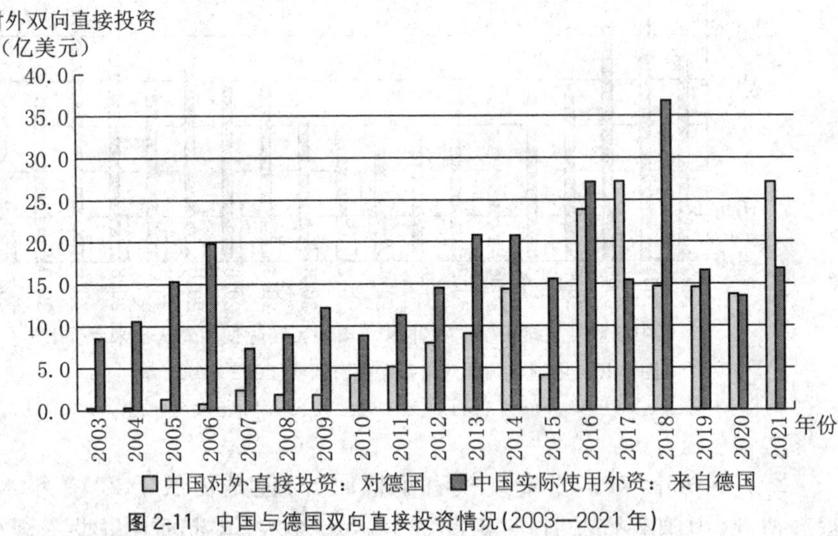

图 2-11　中国与德国双向直接投资情况(2003—2021 年)

• 数据来源:对外直接投资数据引用自商务部等《中国对外直接投资统计公报》、实际使用外资来自 WIND 数据库。

2021 年德国对华投资规模与新设企业数量表现出较好增长趋势。据商务部《中国外资统计公报 2022》数据,2021 年德国对华投资规模为 16.8 亿美元,在华新设立了 536 家企业,两项指标分别同比提高 24.0% 和 15.0%,加速增长趋势明显。纵向比较来看,2003—2021 年德国对华投资规模峰值在 2018 年(36.8 亿美元),2019 年以来都保持在低于 17 亿美元的规模。总体来看,尽管早期德国对华投资规模远超中国对德投资,但是近年来中德间双向直接投资规模已经更趋均衡。2021 年德国对华投资流量位列中国主要投资来源地第九(占比 0.9%)。截至 2021 年底,德国累计在华设立近 1.2 万家企业(占比 1.1%,位居所有来源地中第十一)、累计实际投资 380.9 亿美元(占比 1.5%,位居第九)。

第三章 中国双向投资的发展——国内(地区)篇

受中美贸易摩擦等因素影响,全球直接投资锐减,联合国贸发会2021年1月发布的《全球投资趋势监测报告》显示,2020年全球对外直接投资流量下降比例达到42%,至8 590亿美元。其中,发达国家的对外直接投资下降了69%,将至25年以来的最低点。在全球市场出现收缩,世界经济持续低迷,国际经济大循环动能走弱的背景下,中共中央在2020年5月14日首次提出了构建国内国际双循环相互促进的新发展格局。构建新发展格局,是我国在新形势下提升经济发展水平的必然选择,也是塑造我国国际经济合作和竞争新优势的战略抉择。中共二十大报告明确提出,必须完整、准确、全面贯彻新发展理念,坚持社会主义市场经济改革方向,坚持高水平对外开放,加快构建以国内大循环为主体、国内国际双循环相互促进的新发展格局。在"双循环"新发展格局下,作为连接国内国际双循环的纽带,中国国际投资的发展战略和路径面临重塑和调整。为此,本章以中国各地区为研究对象,考察其双向投资的发展现状及趋势。本章主要分为三个部分:其一,中国各地区对外直接投资(OFDI)的概况①;其二,中国各地区引进外商直接投资的概况;其三,"双循环"新发展格局下,中国双向投资面临的发展契机。

第一节　中国各地区对外直接投资的概况

近日,中国商务部等部门联合发布《2021年度中国对外直接投资统计公报》,中国对外投资的显著增长引发国际社会关注。据商务部等部门统计,2021年,中国地方企业对外非金融类投资877.3亿美元,占57.7%。2021年末,地方企业在境外设立非金融类企业数量占比达86.3%,广东、上海、浙江列前三。中国的对外直接投资呈现"重量更重质,稳中有精进"的显著特

① 本章我们提到的对外直接投资均指的是非金融类对外直接投资,也即OFDI。

征。但是,我们也应该清醒地看到,由于各地区经济社会发展存在着巨大差距,因此我国各地区对外直接投资水平存在较大差异,在一定程度上制约了我国对外直接投资的快速、健康与和谐发展。为探究中国不同地区对外直接投资水平的差异性,本章第一节主要对三大经济带 OFDI 的情况进行研究。

一、三大经济带对外直接投资整体情况

对外直接投资流量是指在给定的某一时期通常为一年发生的对外直接投资的数量。

(一)三大经济带对外直接投资流量情况

图 3-1 描绘了 2013—2021 年中国东部、中部以及西部地区[①]对外直接投资流量的基本情况。通过观察可以发现,东部地区对外直接投资呈倒“U”形变化,2013—2016 年,对外直接投资流量呈不断增加趋势,由 2013 年的 277.80 亿美元增至 2016 年的 1 288.90 亿美元(顶峰位置),随后开始下降,2017 年下降至 660.48 亿美元。这是 2002 年中国政府对外公布这项数据以来的首次下降。出现下降的主要原因是,中国政府加大限制资本外流的力度,同时美国政府以国家安全为由推迟或阻止中国对美国企业的收购。随后,中国对外直接投资开始反弹。虽然在 2020 年,一些外部因素对世界经济产生了严重冲击,但是中国对外投资合作没有停下脚步。在中国“双循环”的新发展格局下,各类有实力、信誉好的中国企业加快“走出去”,积极参与国际竞争与合作,中国对外直接投资实现了平稳健康有序发展。从总量上来看,自 2003 年发布年度对外直接投资统计数据以来,中国已连续 10 年位列全球对外直接投资流量前三,2020 年对外投资流量为 848.52 亿美元,2021 年对外投资流量更是达到了 877.30 亿美元,是 2002 年的 66 倍,年均增长速度高达 24.7%。并且,从各地区对外投资流量来看,各地区企业对外投资活跃。在 2021 年,东部地区企业对外非金融类投资为 731.78 亿美元,相比 2020 年的 722.44 亿美元略有增加;中部地区对外非金融类投资增幅较大,相比 2020 年的 73.21 亿美元,2021 年增加了 30.61 亿美元,达

---

① 为了与国家公布的对外直接投资总数相对应,便于读者阅读,本书将新疆兵团考虑在内,并将其归为西部地区。具体地:东部地区包括辽宁、北京、天津、上海、河北、山东、江苏、浙江、福建、广东、广西、海南 12 个省、市、自治区;中部地区包括黑龙江、吉林、山西、内蒙古、安徽、河南、湖北、湖南、江西 9 个省、自治区;西部地区包括重庆、四川、云南、贵州、西藏、陕西、甘肃、青海、宁夏、新疆、新疆兵团 11 个省、自治区、直辖市、地区。

到103.82亿美元;与东部地区和中部地区不同的是,西部地区对外非金融类投资自2018年开始呈逐步下降态势,2020年和2021年下降最为明显,降至52.87亿美元和41.70亿美元(图3-1)。

从各地区对外直接投资的比例看出,东部地区对外直接投资一直处于活跃状态,这可能与东部地区资源丰富、地理位置优越、交通便捷、工业基础雄厚等因素有关。通过表3-1数据来看,2013—2021年,东部地区对外直接投资流量占全国地方企业对外直接投资流量总额的比例呈波动式增长趋势,2013—2016年,东部地区对外投资比例逐步增大,由2013年的76.29%增加到2016年的85.63%,在2017年出现短暂的下降(76.59%)后开始反弹,2020—2021年,东部地区企业对外直接投资流量占比仍达到了85.14%和83.41%,表明东部地区企业仍然是全国对外直接投资的主力军,这也是保障我国整体对外投资流量平稳发展的主要原因。与东部地区相比,中部地区和西部地区对外直接投资还有较大差距,2013—2021年,中部地区对外直接投资流量占比最高为2013年的15.02%,随后开始下降,虽然在2018年和2019年有所反弹,但截至2021年,该比例仍未恢复至2013年的水平。西部地区是三个地区中对外直接投资占比最少的地区,除2017年该比例超过两位数之外,其余均小于10%。2013—2021年西部地区企业对外直接投资流量占比平均值仅为7.86%,不足东部地区的1/10。

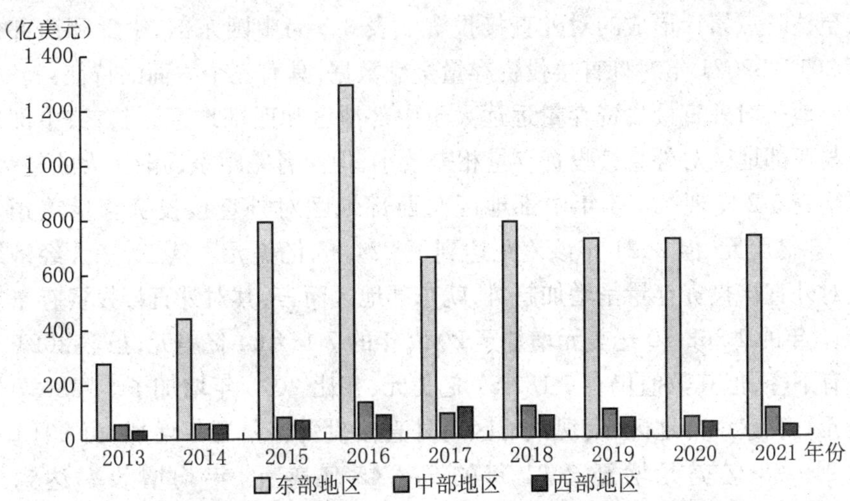

图3-1　中国东、中、西部地区2013—2021年对外直接投资流量概况

• 数据来源:主要数据来源于中国商务部等部门联合发布《2021年度中国对外直接投资统计公报》。

通过该部分数据分析,可以得到两个方面的结论:其一,在中国“双循环”的新发展格局下,中国对外直接投资实现了平稳健康有序的发展,这主要得益于东部地区企业作为“主力军”起到了保障作用;其二,在中国三大经济带中,中西部地区与东部地区对外直接投资流量的差距仍然很大,尤其是西部地区,其对外投资占比不足东部地区的1/10。这表明我国对外直接投资企业分布不均匀的状况仍较为严重。

表3-1 中国东、中、西部地区2013—2021年对外直接投资流量占比 (%)

年份	东部地区	中部地区	西部地区
2013	76.29	15.02	8.69
2014	80.44	10.10	9.47
2015	84.60	8.35	7.05
2016	85.63	8.80	5.56
2017	76.59	10.32	13.08
2018	80.21	11.74	8.05
2019	80.72	11.41	7.87
2020	85.14	8.63	6.23
2021	83.41	11.83	4.75
平均占比	81.45	10.69	7.86

• 数据来源:主要数据来源于《2021年度中国对外直接投资统计公报》。

(二) 三大经济带对外直接投资存量概况

对外直接投资存量是截至某一既定时点的对外直接投资累计额,反映截至该时点累计形成的对外直接投资。表3-2为中国东部、中部和西部地区2013—2021年对外直接投资存量金额数据,具有三个方面的特征:其一,东部地区对外直接投资存量远远大于中部地区和西部地区。其二,中部地区与西部地区对外直接投资存量相差较小,但两者差距呈逐渐拉大的趋势。观察表3-2发现,2013年中部地区与西部地区对外直接投资存量差距为52.76亿美元,但2021年该差距达到了224.98亿美元。其三,三大经济地区对外直接投资存量呈增加趋势,就东部地区而言,其对外直接投资存量从2013年的1 263.20亿美元增加至2020年的7 484.64亿美元,虽然2021年略有下降,但其数值仍有7 182.57亿美元,相比2013年增加了5 919.37亿美元。观察中部地区,发现该地区对外直接投资存量逐年增加,由2013年的219.28亿美元增至2021年的773.45亿美元,年均增长率达到了17.64%。西部地区对外直接投资存量从2013年的166.52亿美元上升至2021年的548.47亿美元,年均增长率也达到了16.69%。

表 3-2　中国东、中、西部地区 2013—2021 年对外直接投资存量金额　（亿美元）

年份	东部地区	中部地区	西部地区
2013	1 263.20	219.28	166.52
2014	1 872.66	271.26	210.46
2015	2 810.29	364.12	270.37
2016	4 399.48	496.91	344.12
2017	6 285.43	550.13	439.06
2018	6 335.80	641.71	510.03
2019	6 601.94	701.90	551.64
2020	7 484.64	751.33	561.35
2021	7 182.57	773.45	548.47

• 数据来源:主要数据来源于《2021 年度中国对外直接投资统计公报》。

对表 3-3 中国东、中、西部地区 2013—2021 年对外直接投资存量占比数据分析,发现 2013—2021 年,东部地区每年对外直接投资存量占比均在 75%以上,远远大于中西部占比之和,这与东部地区对外直接投资一直处于活跃状态有紧密的联系。另外,虽然中部地区对外直接投资存量占比高于西部地区,但两者年均占比均不到 10%,分别为 9.73%和 7.35%,说明我国中西部企业在"走出去"方面仍有进步空间,与采用流量数据进行分析所得结论相一致。由此可以看出,鼓励中西部优势企业对外投资,助力其抓住新发展格局下的市场机遇"走出去",是推动中西部地区经济高质量发展、实现中国三大经济带协调发展的重要战略之一。

表 3-3　中国东、中、西部地区 2013—2021 年对外直接投资存量占比　（%）

年份	东部地区	中部地区	西部地区
2013	76.60	13.30	10.10
2014	79.54	11.52	8.94
2015	81.58	10.57	7.85
2016	83.95	9.48	6.57
2017	86.40	7.56	6.04
2018	84.62	8.57	6.81
2019	84.04	8.94	7.02
2020	85.08	8.54	6.38
2021	84.46	9.09	6.45
平均占比	82.92	9.73	7.35

• 数据来源:主要数据来源于《2021 年度中国对外直接投资统计公报》。

综上可知:本章第一部分以三大经济带为分析对象,发现“双循环”新发展格局下,中国对外直接投资呈稳定发展趋势。且无论是对外直接投资的流量指标还是存量指标,中部地区和西部地区大体上处于同一水平线上,而东部地区则明显高于中西部地区,这说明东部沿海地区在实施“走出去”战略方面已经遥遥领先于其他地区。为了更精确地考察三大经济带中各省(自治区、直辖市)在对外直接投资方面的差异,接下来就三大经济带的各省(市)进行逐一分析,并据此得出结论。

二、东部各地区对外直接投资情况

表3-4汇报了中国东部12个省(自治区、直辖市)2013—2021年对外直接投资流量金额及年均增长情况。通过观察可以发现,2013—2021年,有2个省(市)的对外直接投资总额超过了1 000亿美元,排名第一的是广东省,对外直接投资总额高达1 343.02亿美元。其次,是上海市,为1 194.03亿美元。其余10个省(市)的对外直接投资总额均在1 000亿美元以内,前几名的是浙江省(818.48亿美元)、北京市(736.78亿美元)和山东省(642.41亿美元)。2013—2021年对外直接投资总额最少的仅有两位数,为广西壮族自治区(49.36亿美元)。辽宁省和河北省对外直接投资总额较为接近,均在200亿美元以内,分别为119.25亿美元和153.03亿美元。

就东部各省(自治区、直辖市)2013—2021年对外直接投资流量的年均增长率而言,增长幅度最大的是天津市,年均增长率高达102.02%;其次是海南省(91.55%)和广西壮族自治区(55.49%)。年均增长水平最小的是山东省和辽宁省,分别为12.11%和15.88%。综合两部分数据分析,发现2013—2021年,广东省、上海市和浙江省是推动东部地区对外直接投资最为活跃的省(市);天津市、海南省和广西壮族自治区的企业“走出去”的增长幅度最大,是具有较大潜力的地区。辽宁省和福建省对外直接投资总额较小且年均增长率水平也相对较低,说明这两个省份是东部地区中对外直接投资水平较低的两个地区。

表3-4 中国东部各地区2013—2021年对外直接投资流量金额(亿美元)及年均增长率(%)

年份	辽宁	北京	天津	上海	河北	山东	江苏	浙江	福建	广东	广西	海南
2013	12.95	41.30	11.20	26.75	9.28	42.65	30.20	25.53	9.52	59.43	0.81	8.17
2014	14.79	72.74	41.46	49.92	12.19	39.16	40.70	38.62	10.51	108.97	2.29	8.87
2015	21.22	122.80	25.27	231.83	9.40	71.10	72.50	71.08	27.57	122.63	4.51	12.01

续表

年份	辽宁	北京	天津	上海	河北	山东	江苏	浙江	福建	广东	广西	海南
2016	18.63	155.74	179.41	239.68	30.13	130.24	122.02	123.14	41.19	229.62	14.31	4.80
2017	11.72	66.51	23.05	129.90	16.53	78.75	43.58	106.60	28.25	117.72	6.37	31.50
2018	17.22	64.70	33.73	153.29	16.06	66.91	60.97	122.81	45.38	160.61	12.73	33.75
2019	6.02	82.66	44.03	104.92	19.42	102.40	51.15	89.52	28.96	166.99	2.80	25.57
2020	4.65	59.85	15.45	125.51	12.51	61.02	61.39	107.44	33.39	235.32	3.91	1.99
2021	12.06	70.48	23.19	132.21	27.52	50.19	90.64	133.75	40.37	141.74	1.64	7.99
总计	119.25	736.78	396.80	1 194.03	153.03	642.41	573.15	818.48	265.16	1 343.02	49.36	134.65
年均增长率	15.88	16.21	102.02	52.50	35.78	12.11	26.05	28.47	31.42	22.00	55.49	91.55

• 数据来源:主要数据来源于《2021 年度中国对外直接投资统计公报》。

进一步地,我们在该部分对比分析了 2019 年、2020 年和 2021 年东部各省(自治区、直辖市)对外直接投资的情况。通过图 3-2 可以发现,在"双循环"新发展格局下,相比 2019 年,2020 年和 2021 年对外直接投资流量均有所下降的省(市)是山东省、北京市、天津市、海南省。其中,山东省下降幅度最大,从 2019 年的 102.40 亿美元下降到 2020 年的 61.02 亿美元,最后降至 2021 年的 50.19 亿美元;虽然北京市、天津市和海南省在 2020 年和 2021 年对外投资金额均不及 2019 年,但 2021 年的对外投资金额相比于 2020 年有所反弹。除了山东省、北京市、天津市、海南省 4 个地区外,东部

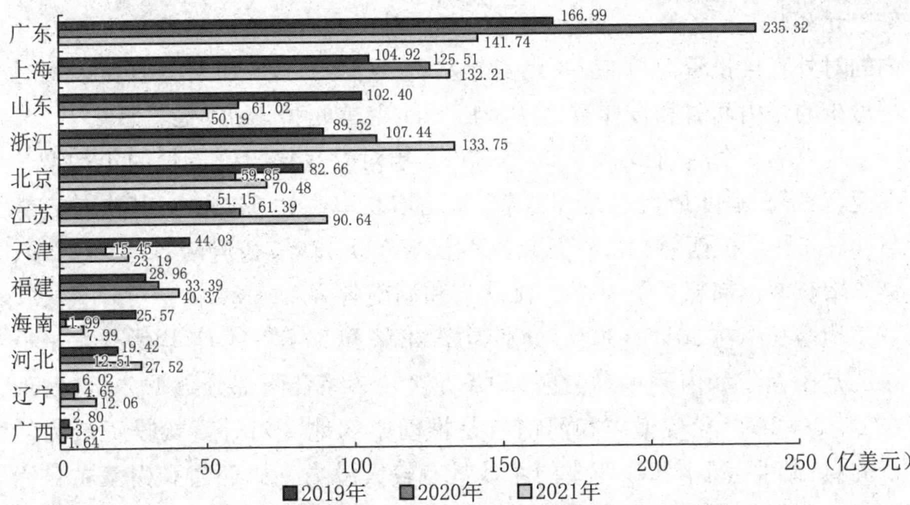

图 3-2　中国东部各地区 2019 年、2020 年和 2021 年对外直接投资流量对比

• 数据来源:主要数据来源于中国商务部等部门联合发布《2021 年度中国对外直接投资统计公报》。

地区的其他8个省(自治区、直辖市)在2020年和2021年的对外直接投资金额较2019年均有所增加。其中,上海市、浙江省、江苏省和福建省的对外直接投资金额增幅最为明显,2020年和2021年呈"阶梯式"增长态势;广东省和广西壮族自治区的对外投资金额在2020年有短暂的上升,随后在2021年开始下降;河北省和辽宁省的对外投资金额在2020年有所下降,而在2021年略有回升。通过以上分析,我们可以得出两个主要结论:其一,在"双循环"新发展格局下,东部地区大部分省(自治区、直辖市)对外直接投资并未受贸易摩擦等因素的影响,企业"走出去"的前景较好;其二,东部地区长三角省(市)——上海市、浙江省和江苏省在2020年和2021年对外直接投资金额均有所增加,说明这三个省(市)是新发展格局下对外直接投资的重要地区。

三、中部各地区对外直接投资情况

表3-5汇报了中国中部9个省(自治区)2013—2021年对外直接投资流量金额及年均增长情况。表中数据显示,2013—2021年,有3个省的对外直接投资总额超过了100亿美元,排名第一的是河南省,对外直接投资总额为175.80亿美元。其次,是安徽省和湖南省,分别为140.71亿美元和137.27亿美元。剩余6个省份(自治区)9年内对外直接投资总额均在100亿美元以内,其中,湖北省和江西省对外直接投资总额最多,分别为96.68亿美元和92.36亿美元,接近3位数;其次是内蒙古自治区和黑龙江省,9年内的对外直接投资总额在50亿美元左右;2013—2021年对外直接投资总额最少的是山西省和吉林省,分别为29.42亿美元和24.80亿美元。

就中部9个省(自治区)2013—2021年对外直接投资流量的年均增长率而言,增长幅度最大的是安徽省,年均增长率高达64.15%;其次是吉林省(45.25%)、江西省(42.47%)、黑龙江省(39.08%)和河南省(38.73%),年均增长率也都超过了30%。湖北省和湖南省2013—2021年对外直接投资年均增长率在20%—30%,分别为23.27%和29.55%。年均增长水平最小的是山西省和内蒙古自治区,均不足4%。综合两部分数据分析,发现在2013—2021年安徽省和河南省是推动中部地区对外直接投资最为活跃的省;湖北、湖南和江西省的企业具有较大潜力。山西省和内蒙古自治区对外直接投资总额和年均增长率水平都比较低,说明这两个省是中部地区中对外直接投资倾向和能力较低的两个地区。

表 3-5　中国中部各地区 2013—2021 年对外直接投资流量金额(亿美元)及平均增长率(%)

年份	山西	内蒙古	吉林	黑龙江	安徽	江西	河南	湖北	湖南
2013	5.65	4.09	7.52	7.73	9.11	3.81	5.90	5.20	5.70
2014	3.05	11.10	3.33	6.55	3.80	7.39	5.47	6.72	7.84
2015	1.86	4.04	6.58	4.24	20.67	10.05	13.13	6.36	11.24
2016	5.70	17.52	2.05	11.83	10.32	9.70	41.25	13.19	20.96
2017	3.71	5.49	2.27	5.14	18.62	5.98	18.23	13.20	16.38
2018	5.22	8.83	0.39	4.78	23.71	7.99	38.58	10.81	15.07
2019	0.63	4.65	0.80	5.81	11.44	20.66	27.49	15.51	15.39
2020	0.70	2.39	0.90	0.61	14.65	14.37	11.50	6.22	21.88
2021	2.89	1.80	0.96	0.81	28.39	12.43	14.25	19.47	22.82
总计	29.42	59.90	24.80	47.49	140.71	92.36	175.80	96.68	137.27
平均增长率	3.76	3.48	45.25	39.08	64.15	42.47	38.73	23.27	29.55

· 数据来源:主要数据来源于《2021 年度中国对外直接投资统计公报》。

进一步地,图 3-3 对比分析了 2019 年、2020 年和 2021 年中部 9 个省(自治区)对外直接投资的情况。通过观察可以发现,在“双循环”新发展格局下,相比 2019 年,2020 年和 2021 年对外直接投资流量均有所下降的省(自治区)是河南省、江西省、黑龙江省和内蒙古自治区。其中,对外直接投资流量呈连续下降态势的是江西省和内蒙古自治区。如江西省从 2019 年的 20.66 亿美元减少到 2020 年的 14.37 亿美元,然后降至 2021 年的 12.43 亿美元;内蒙古自治区从 2019 年的 4.65 亿美元下降到 2020 年和 2021 年的 2.39 亿美元和 1.80 亿美元。虽然河南省和黑龙江省在 2020 年和 2021 年对外投资金额均少于 2019 年,但相比 2020 年而言,其 2021 年对外直接投资金额却有所回升。湖北省对外直接投资金额在 2020 年有短暂的下降,随后出现了反弹,并且超过了 2019 年。除上述 5 个地区外,剩下省(湖南省、安徽省、吉林省和山西省)在 2020 年和 2021 年的对外直接投资金额呈“阶梯式”增长态势。其中,安徽省增幅最大,由 2019 年的 11.44 亿美元增加到 2020 年的 14.65 亿美元,最终到达 2021 年的 28.39 亿美元。而增幅最小的是吉林省,由 2019 年的 0.80 亿美元增加至 2021 年的 0.96 亿美元。

通过以上分析,我们可以发现:在“双循环”新发展格局下,中部地区大部分省(自治区)对外直接投资也并未受贸易摩擦等因素的影响,尤其是对于安徽省和湖南省而言,不仅没有降低其企业“走出去”的步伐,而且在国际环境不容乐观的情况下其对外直接投资金额还呈持续上升态势。另外,受贸易保护等因素影响较大的地区是江西省和内蒙古自治区，除这两个地区外，中部其余地区对外直接投资的前景较好。

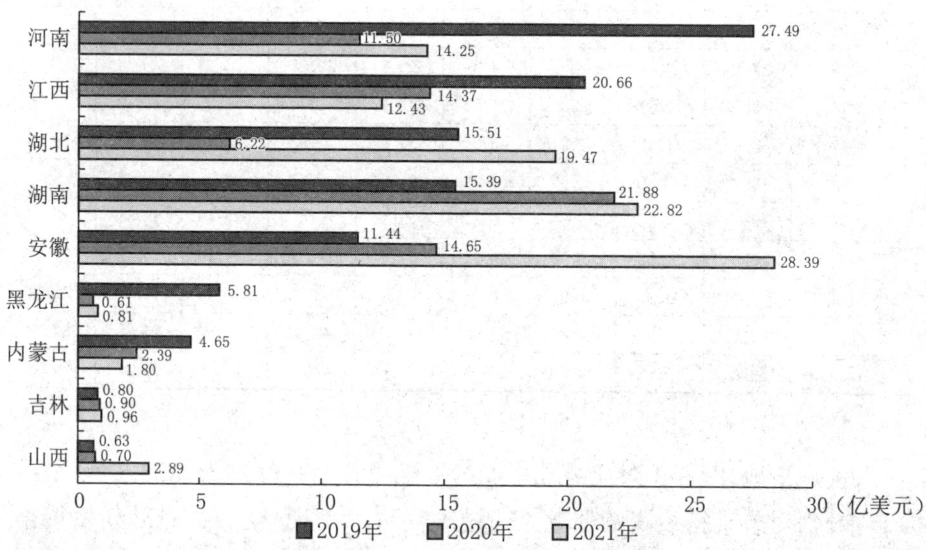

图 3-3 中国中部各地区 2019 年、2020 年和 2021 年对外直接投资流量对比

• 数据来源：主要数据来源于中国商务部等部门联合发布《2021 年度中国对外直接投资统计公报》。

四、西部各地区对外直接投资情况

表 3-6 汇报了中国西部 11 个省（自治区、直辖市）2013—2021 年对外直接投资流量金额及年均增长情况。通过观察可以发现，2013—2021 年，仅有两个省（自治区、直辖市）的对外直接投资总额超过了 100 亿美元，分别是重庆市（139.57 亿美元）和四川省（134.76 亿美元）。其次，是云南省、新疆维吾尔自治区和陕西省，均超过了 50 亿美元，分别为 99.10 亿美元、62.44 亿美元和 55.70 亿美元。剩余六个地区九年内对外直接投资总额均在 50 亿美元以内。其中，宁夏回族自治区和甘肃省对外直接投资总额相对较多，分别为 33.81 亿美元和 31.02 亿美元；然后是西藏自治区，对外直接投资总额为 16.52 亿美元；青海省、新疆兵团和贵州省是西部经济带中对外直接投资总额最少的三个地区，分别为 2.10 亿美元、6.15 亿美元和 9.05 亿美元。

就西部 11 个省（自治区、直辖市）2013—2021 年对外直接投资流量的年均增长率而言，增长幅度最大的两个地区是西藏自治区和贵州省，平均增长率高达 1 371.11%和 237.72%;其次是宁夏回族自治区(85.47%)和新疆兵团(58.87%),年均增长率也都超过了 50%。甘肃省、重庆市、青海省、四川省 2013—2021 年对外直接投资年均增长率在 20%以上,分别为 38.20%、33.80%、29.03%和 20.30%。新疆维吾尔自治区对外直接投资金额年均增长率虽超过了 10%,但在西部经济带中,处于倒数第三的位置。平均增长水平最低的是云南省和陕西省,均是一位数。综合两部分数据分析,发现在 2013—2021 年重庆市和四川省是推动西部地区对外直接投资最为活跃的省(直辖市);西藏自治区和贵州省的企业在“走出去”方面具有较大的潜力。其余几个地区无论是投资金额还是平均增长率方面都处于比较中等的水平,未来具有可以挖掘的空间。

表 3-6　中国西部各地区 2013—2021 年对外直接投资流量金额(亿美元)及年均增长率(%)

年份	重庆	四川	云南	贵州	西藏	陕西	甘肃	青海	宁夏	新疆	新疆兵团
2013	3.47	5.84	8.30	2.08	0.00	3.08	4.32	0.36	0.86	3.16	0.17
2014	7.67	13.82	12.62	0.88	0.04	4.14	2.73	0.16	3.39	5.48	0.88
2015	14.96	11.87	9.46	0.65	2.97	6.24	1.23	0.78	10.90	6.11	0.77
2016	18.15	14.12	15.62	0.75	0.23	7.97	7.70	0.82	5.78	11.72	0.85
2017	50.28	17.66	14.74	0.37	2.28	12.61	4.84	0.11	0.97	7.85	1.11
2018	13.30	21.77	12.01	0.82	4.66	6.57	5.91	0.23	4.49	8.21	1.13
2019	15.14	15.70	8.95	0.14	2.18	5.55	2.48	0.50	5.47	13.71	0.81
2020	12.50	18.75	7.30	0.15	0.36	7.09	0.87	0.82	0.99	3.90	0.12
2021	4.10	15.22	10.09	3.21	3.81	2.45	0.94	−1.69	0.97	2.30	0.31
总计	139.57	134.76	99.10	9.05	16.52	55.70	31.02	2.10	33.81	62.44	6.15
年均增长率	33.80	20.30	7.77	237.72	1 371.11	8.76	38.20	29.03	85.47	12.84	58.87

• 数据来源:主要数据来源于《2021 年度中国对外直接投资统计公报》。

图 3-4 描绘了 2019 年、2020 年和 2021 年西部 11 个省(自治区、直辖市)对外直接投资的情况。通过观察可以发现,西部只有贵州省一个地区在 2020 年和 2021 年的对外直接投资金额呈“阶梯式”增长态势,而且增长幅度也比较有限,从 2019 年的 0.14 亿美元上涨到 2020 年的 0.15 亿美元,最终在 2021 年达到 3.21 亿美元。在“双循环”新发展格局下,相比 2019 年,西部有 5 个地区 2020 年和 2021 年对外直接投资流量均有所下降,分别是重庆市、新疆维吾尔自治区、宁夏回族自治区、甘肃省和新疆兵团。其中,降幅最大的是新疆维吾尔自治区(从 2019 年的 13.71 亿美元降至 2021 年的 2.30 亿美元)和重庆市(从 2019 年的 15.14 亿美元降至 2021 年的 4.10 亿

美元)。除上述 5 个地区之外,西部有几个地区对外直接投资额只有在 2020 年和 2021 年中的一年有所增长,如四川省、陕西省、青海省对外直接投资在 2020 年有所增加,但 2021 年开始下降,且下降后的水平低于 2019 年;云南省、甘肃省、西藏自治区和新疆兵团对外直接投资额在 2020 年有所下降,但 2021 年开始反弹,且云南省和西藏自治区在 2021 年的对外直接投资水平超过了 2019 年。

通过以上分析,我们可以发现:西部地区是三大经济带中受贸易摩擦等因素影响最大的,除贵州省一个地区在 2020 年和 2021 年的对外直接投资金额呈“阶梯式”增长态势外,其余省(自治区、直辖市)对外直接投资水平均有不同程度的下降。

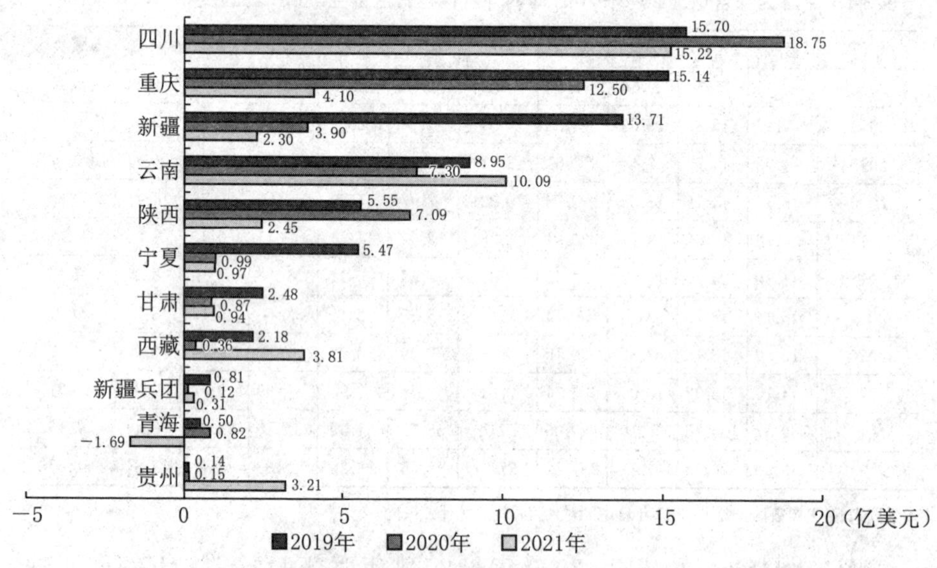

图 3-4 中国西部各地区 2019 年、2020 年和 2021 年对外直接投资流量对比

• 数据来源:主要数据来源于中国商务部等部门联合发布《2021 年度中国对外直接投资统计公报》。

第二节 中国各地区引进外资的概况

改革开放以来,中国实际利用外资取得了长足发展。2021 年中国吸引外资首破万亿人民币大关,创历史新高,近十年来首次实现两位数增长。据测算,2013 年至 2021 年,中国引进外资存量占全球比重从 3.8%上升到 4.5%。《2021 世界投资报告》显示,中国已成为全球第二大外国直接投资流入国。与此同时,从正面清单到负面清单管理,从“外资三法”到《外商投资法》,我国开放的大门越来越敞开,正在成为众多外商投资的热土。但由于中国各地区(区域)政策及市场化程度、区位因素、基础设施等各种因素存在差异,FDI 的投入量呈现出明显的地区分布不均的特征。本部分就中国不同地区(区域)引进外资情况进行分析。

一、三大经济带引进外资整体情况

表 3-7 汇总了 2020 年和 2021 年中国东部、中部和西部地区吸收外资的情况。从整体情况来看,2020 年中国新设外商投资企业数量为 38 578 家,2021 年新设外商投资企业数量为约 4.8 万家,增长率为 23.5%;2020 年中国实际使用外资金额为 1 493.4 亿美元,2021 年实际使用外资金额为 1 809.6 亿美元,增长率为 21.2%,表明在“双循环”新发展格局下,中国吸收外商直接投资并未受到贸易摩擦等因素太大的影响,2021 年整体引资情况较 2020 年进一步改善。分地区来看,无论是 2020 年还是 2021 年,东部地区新设外商投资企业数量及实际使用外资金额均远远大于中部地区和西部地区,占全国新设外商投资企业数量和实际使用外资金额的 3/4 之多,说明在“双循环”新发展格局下,东部地区仍然是引进外商直接投资的主要地区,是众多外商投资的热土,是支撑我国成为引资大国的主力军。具体就东部地区而言,在 2020 年,东部地区新设外商投资企业数量为 34 028 家,新设外商投资企业数量占比为 89.5%;在 2021 年,东部地区新设外商投资企业数量为 42 089 家,新设外商投资企业数量占比为 88.3%,表明东部地区在 2021 年新设外资企业数量及占比均有所增加。但对于实际使用外资金额来讲,虽然东部地区 2021 年实际使用外资金额(1 526.8 亿美元)比 2020 年(1 275.4 亿美元)有所增加,但其实际使用外资金额占比却由 2020 年的 85.4%下降至 2021 年的 84.4%,说明东部地区吸引外商直接投资的增速有所下降。就中部地区而言,在 2020 年,中部地区新设外商投资企业数量为 2 106 家,新设外商投资企业数量占比为 5.5%;在 2021 年,中部地区新设外商投资企业数量为 2 720 家,新设外商投资企业数量占比为 5.7%。同理,在 2020 年,中部地区实际使用外资金额为 88.2 亿美元,2021 年该指标增加至 111.6 亿美元,表明在“双循环”新发展格局下,中部地区在引资数量和规模方面均有所增加。而对于西部地区来说,2021

年的新设外商投资企业数量(2 834 家)虽然较 2020 年(2 436 家)有所增加,但占比却在减少,由 2020 年的 6.3%减少至 2021 年的 5.9%,说明西部地区引资规模较为缓慢,不及全国引资规模的平均速度。在实际使用外资金额方面,西部地区 2021 年实际使用外资金额(96.4 亿美元)比 2020 年(80.1 亿美元)有所增加,但实际使用外资金额占比却由 2020 年的 5.4%下降至 2021 年的 5.3%,表明西部地区在实际使用外资金额方面有所改善,但占我国实际使用外资比重略有降低。

表 3-7　2020 年和 2021 年东部、中部、西部地区吸收外资情况

地区名称	新设企业数(家)	比重(%)	实际使用外资金额(亿美元)	比重(%)
2020 年				
总计	38 578	100	1 493.4	100
东部地区	34 028	88.2	1 275.4	85.4
中部地区	2 106	5.5	88.2	5.9
西部地区	2 436	6.3	80.1	5.4
2021 年				
总计	47 647	100	1 809.6	100
东部地区	42 089	88.3	1 526.8	84.4
中部地区	2 720	5.7	111.6	6.2
西部地区	2 834	5.9	96.4	5.3

• 数据来源:商务部外资统计公开数据。原数据中还有“有关部门”一栏,因相关度不大,且数值极小,此处省去。

二、部分区域引进外资整体情况

表 3-8 进一步汇总了 2020 年和 2021 年中国部分区域(京津冀地区、长江经济带和东北地区)[①]吸收外资的情况。就三个区域整体情况而言,无论是 2020 年还是 2021 年,长江经济带新设外商投资企业数量及实际使用外资金额均远远大于京津冀地区和东北地区,说明在“双循环”新发展格局下,长江经济带是引进外商直接投资的主要区域,这一方面可能是因为长江经济带市场化程度较完善、基础设施水平较高、交通较为便利,为外商企业提供了优越的生存环境;另一方面则是由于在划分区域时长江经济带包含的省(直辖市)个数较多。进一步来分析三个领域情况:首先,来看京津冀地

① 京津冀地区包括北京、天津和河北;长江经济带包括上海、江苏、浙江、安徽、江西、湖北、湖南、重庆、四川、贵州、云南;东北地区包括辽宁、吉林和黑龙江。

区,在2020年,京津冀地区新设外商投资企业2 193家,新设外商投资企业数量占比为5.7%;在2021年,京津冀地区新设外商投资企业3 053家,新设外商投资企业数量占比为6.4%,说明京津冀地区引资规模及增速均有所增加。另外,虽然京津冀地区在2021年实际使用外资金额(213.6亿美元)较2020年(194.9亿美元)有所增加,但实际使用外资金额占比却在减少,由2020年的13%减少至2021年的11.8%,说明京津冀地区引资数量在增加但其增速在放缓。其次,就长江经济带而言,在2020年和2021年新设外商投资企业数量分别为15 186家和18 252家,新设外商投资企业数量占比由2020年的39.4%减少至2021年的38.3%。另外,长江经济带在2021年实际使用外资金额及占比均有所增加。这表明,相比2020年,长江经济带在2021年的引资规模和数量均有所提升,但引资规模提升的速度不及引资数量提升的速度。最后,就东北地区而言,在2020年和2021年,东北地区新设外商投资企业数量分别为728家和844家,新设外商投资企业数量占比分别为1.9%和1.8%;实际使用外资金额为34亿美元和42.7亿美元,实际使用外资金额占比分别为2.3%和2.4%。这表明东北是三个区域中引资情况最为不容乐观的区域,虽然其引资规模和数量略有增加,但增速却在放缓。

表3-8　2020年和2021年部分区域吸收外资情况

区域名称	新设企业数(家)	比重(%)	实际使用外资金额(亿美元)	比重(%)
2020年				
总计	38 578	100	1 493.4	100
京津冀地区	2 193	5.7	194.9	13
长江经济带	15 186	39.4	706.1	47.3
东北地区	728	1.9	34	2.3
2021年				
总计	47 647	100	1 809.6	100
京津冀地区	3 053	6.4	213.6	11.8
长江经济带	18 252	38.3	862.8	47.7
东北地区	844	1.8	42.7	2.4

• 数据来源:商务部外资统计公开数据。

三、东部各地区引进外资情况

表3-9汇总了中国东部各地区2020年和2021年吸收外资的情况,

综合两年数据，笔者发现，2020 年和 2021 年新设外商投资企业数量之和最多的地区为广东省，高达 29 019 家，其次是上海市，也达到了 12 468 家。江苏省、浙江省和山东省在 2020 年和 2021 年新设外商投资企业数量之和虽未达到万家，但都在 5 000 家之上，分别为 7 809 家、6 368 家和 6 124 家。福建省、北京市和海南省新设外商投资企业数量处于中游偏下水平，分别为 4 975 家、3 185 家和 2 941 家。河北省新设外商投资企业数量最少，仅有 743 家；广西壮族自治区、辽宁省和天津市新设外商投资企业数量次之，分别为 1 146 家、1 167 家和 1 318 家。就各地区实际使用外资金额来看，江苏省在 2020 年和 2021 年实际使用外资金额之和最多，为 523.7 亿美元，其次是广东省 511 亿美元，上海市处于第三的位置，为 423.4 亿美元。与新设外商投资企业数量大体一致，山东省和浙江省在 2020 年和 2021 年实际使用外资金额之和也处于所有东部地区第四、第五的位置，分别为 391.7 亿美元和 341.2 亿美元。北京市和天津市实际使用外资金额之和分别为 278.2 亿美元和 101.3 亿美元，位列第六、第七位。除上面 7 个地区外，其余 5 个地区 2020 年和 2021 年实际使用外资金额之和均小于 100 亿美元，由高到低排名依次为福建省（93.3 亿美元）、辽宁省（57.2 亿美元）、海南省（52.4 亿美元）、河北省（29 亿美元）和广西壮族自治区（18.3 亿美元）。

表 3-9　中国东部各地区 2020 年和 2021 年吸收外资情况

地区	新设企业数（家）			实际使用外资金额（亿美元）		
	2020 年	2021 年	总计	2020 年	2021 年	总计
辽宁	529	638	1 167	25.2	32	57.2
北京	1 261	1 924	3 185	133.9	144.3	278.2
天津	574	744	1318	47.4	53.9	101.3
上海	5 751	6 717	12 468	190.1	233.3	423.4
河北	358	385	743	13.6	15.4	29
山东	3 060	3 064	6 124	176.5	215.2	391.7
江苏	3 572	4 237	7 809	235.2	288.5	523.7
浙江	2 821	3 547	6 368	157.8	183.4	341.2
福建	2 233	2 742	4 975	44.2	49.1	93.3
广东	12 864	16 155	29 019	234.4	276.6	511
广西	502	644	1146	8.9	9.4	18.3
海南	1 005	1 936	2 941	17.2	35.2	52.4

• 数据来源：商务部外资统计公开数据。

进一步地,图 3-5 和图 3-6 比较了中国东部各地区 2020 年和 2021 年新设外商投资企业数量与实际使用外资金额情况。通过观察图 3-5 可以发现,与 2020 年相比,2021 年东部所有地区新设外商投资企业数量均有所增加。其中,增长最多的是广东省,由 2020 年的 12 864 家增加至 2021 年的 16 155 家,增长幅度高达 25.6%。其次是上海市(由 2020 年的 5 751 家增长至 2021 年的 6 717 家)、海南省(由 2020 年的 1005 家增长至 2021 年的 1 936 家)、浙江省(由 2020 年的 2 821 家增长至 2021 年的 3 547 家)。江苏省和北京市的增长量较为接近,相比 2020 年,2021 年分别增加了 665 家和 663 家外商投资企业。山东省新设外商投资企业数量增加最少,仅增加了 4 家。

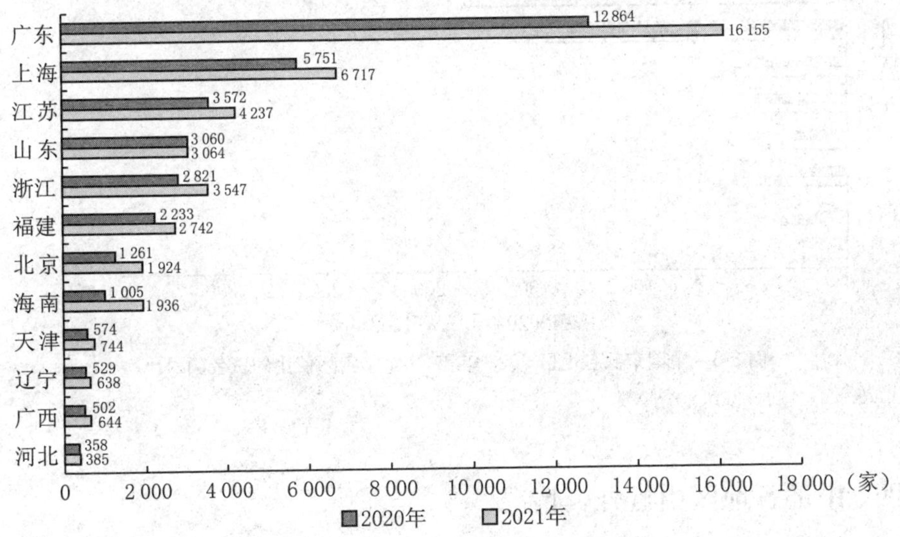

图 3-5　中国东部各地区 2020 年和 2021 年新设外商投资企业数量对比

• 数据来源:商务部外资统计公开数据。

通过观察图 3-6 可以发现,东部各地区 2021 年实际使用外资金额较 2020 年均有所增加。其中,增长幅度最大的是海南省,由 2020 年的 17.2 亿美元增长至 2021 年的 35.2 亿美元,增长率高达 104.65%;其次,是辽宁省、上海市、江苏省和山东省,增长率均在 20%以上;增长率最小的是广西壮族自治区和北京市,分别为 5.62%和 7.77%。

综合表 3-9 和图 3-5、3-6,可以发现:其一,无论是新设外商投资企业数量还是实际使用外资金额,东部各地区 2021 年数值较 2020 年均有所增加,说明在“双循环”新发展格局下，东部地区引资情况较为乐观，受贸易摩擦等因素的不利影响较小。其二，江苏省、广东省、上海市、浙江省和山东省是东部地区中吸收外资金额较多的5个省份（直辖市），与之相比，河北省、辽宁省和广西壮族自治区仍有较大的差距。最后，虽然海南省新设外商投资企业数量和实际使用外资金额总量较少，但其增幅较大，表明海南省在吸引外资方面具有较大的空间。

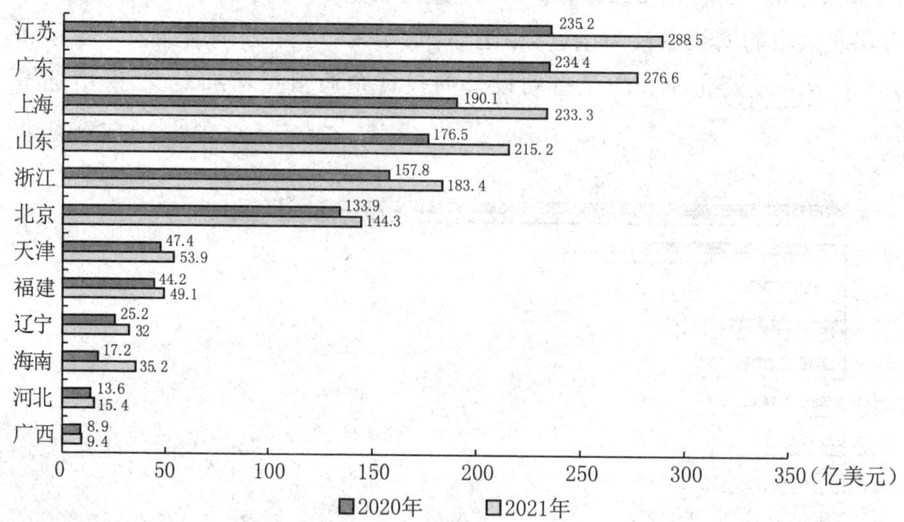

图3-6　中国东部各地区2020年和2021年实际使用外资金额对比

• 数据来源：商务部外资统计公开数据。

四、中部各地区引进外资情况

表3-10汇总了中国中部各地区2020年和2021年吸收外资的情况，综合两年数据，笔者发现，2020年和2021年新设外商投资企业数量之和最多的地区为江西省，高达1 198家，其次是安徽省，也达到了876家。湖北省、湖南省和河南省在2020年和2021年新设外商投资企业数量之和虽未达到千家，但都在600家之上，分别为777家、706家和607家。内蒙古自治区新设外商投资企业数量最少，仅有87家，未超过三位数；山西省、黑龙江省和吉林省新设外商投资企业数量分别为257家、237家和168家。就中部各地区实际使用外资金额来看。江西省和湖北省在2020年和2021年实际使用外资金额之和最多，均为41.8亿美元，其次是湖南省，为38.1亿美元。

安徽省和河南省处于第三、第四的位置,分别为 33.2 亿美元和 20.9 亿美元。吉林省处于第五的位置,实际使用外资总金额为 12.5 亿美元。除前 6 个地区外,其余 3 个地区 2020 年和 2021 年实际使用外资金额之和均小于 10 亿美元,由高到低排名依次为黑龙江省(7.1 亿美元)、内蒙古自治区(6.2 亿美元)和山西省(4.5 亿美元)。

表 3-10　中国中部各地区 2020 年和 2021 年吸收外资情况

地区	新设企业数(家)			实际使用外资金额(亿美元)		
	2020 年	2021 年	总计	2020 年	2021 年	总计
黑龙江	112	125	237	3.2	3.9	7.1
吉林	87	81	168	5.7	6.8	12.5
山西	114	143	257	2.1	2.4	4.5
内蒙古	43	44	87	3	3.2	6.2
安徽	400	476	876	14.9	18.3	33.2
河南	266	341	607	12.7	8.2	20.9
湖北	294	483	777	16.8	25	41.8
湖南	268	438	706	14	24.1	38.1
江西	565	633	1 198	18.9	22.9	41.8

• 数据来源:商务部外资统计公开数据。

图 3-7 和图 3-8 更为直观地比较了中部各地区 2020 年和 2021 年新设外商投资企业数量和实际使用外资金额情况。通过观察图 3-7 可以发现,中部大部分地区 2021 年新设外商投资企业数量较 2020 年均有所增加。其中,增长幅度最大的省份是湖北省(由 2020 年的 294 家增长至 2021 年的 483 家)和湖南省(由 2020 年的 268 家增长至 2021 年的 438 家),增长率分别为 64.29%和 63.43%。其次是河南省和山西省,增长幅度分别为 28.20%和 25.44%。安徽省、江西省和黑龙江省增长率较为接近,均不超过 20%。吉林省是中部唯一新设外商投资企业数量减少的地区,由 2020 年的 87 家减少到 2021 年的 81 家,增长率为-6.90%。内蒙古自治区虽然增长率为正数,但其新设外商投资企业数量仅增加了一家。

通过观察图 3-8 可以发现,中部大部分地区 2021 年实际使用外资金额较 2020 年均有所增加。其中,增长幅度最大的是湖南省,由 2020 年的 14 亿美元增长至 2021 年的 24.1 亿美元,增长率高达 72.14%;其次是湖北省,增长率为 48.81%;安徽省、江西省和黑龙江省 2021 年实际使用外资金额较

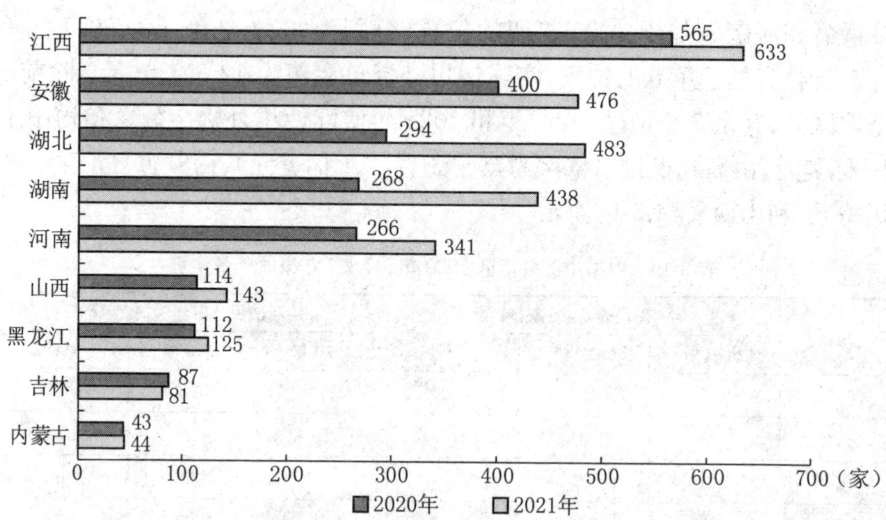

图 3-7　中国中部各地区 2020 和 2021 年新设外商投资企业数量对比

• 数据来源：商务部外资统计公开数据。

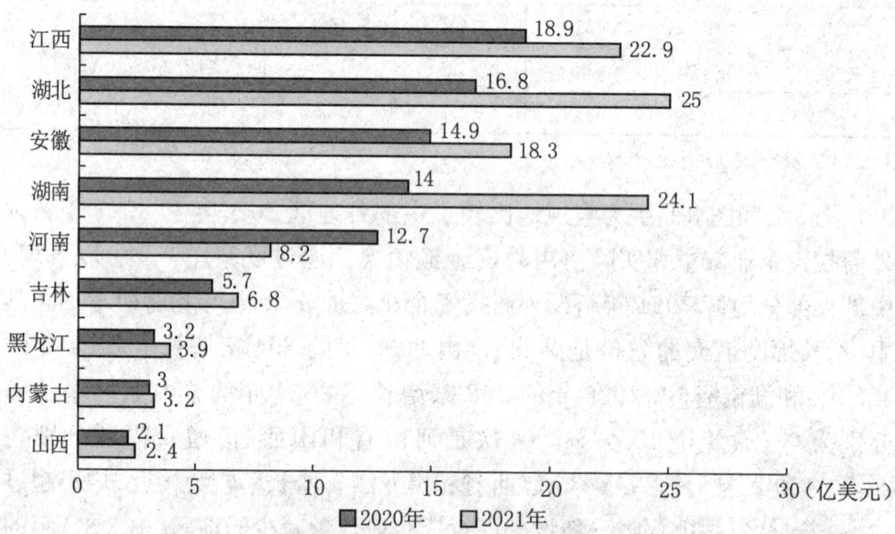

图 3-8　中国中部各地区 2020 和 2021 年实际使用外资金额对比

• 数据来源：商务部外资统计公开数据。

2020 年增加幅度较为接近，均在 20%以上。河南省是中部唯一实际使用外资金额减少的地区，由 2020 年的 12.7 亿美元减少至 2021 年的 8.2 亿美元。

综合表 3-10 和图 3-7、图 3-8，可以发现：其一，中部大部分地区 2021 年新设外商投资企业数量和实际使用外资金额较 2020 年有所增加，说明在

“双循环”新发展格局下,中部各地区引资情况相对较为乐观。其二,湖北省、湖南省是中部地区中对外资吸引力最大的两个省,而黑龙江省、内蒙古自治区和山西省吸引力较为有限。

五、西部各地区引进外资情况

表3-11汇总了中国西部各地区2020年和2021年吸收外资的情况,综合两年数据可以发现,2020年和2021年新设外商投资企业数量之和最多的地区为四川省,高达1 724家,也是西部所有地区中唯一新设外商投资企业数量总数超过1 000家的地区;其次是重庆市,达到了648家。云南省和陕西省在2020年和2021年新设外商投资企业数量之和都在500家之上,分别为604家和590家。贵州省新设外商投资企业数量总数虽不及陕西省,但仍有260家。除以上5个地区外,西部其余地区2020年和2021年新设外商投资企业数量之和均为2位数,不足100家。其中,最少的是西藏自治区,两年新设外商投资企业数量之和仅有15家,然后是青海省(24家)。青海省、甘肃省、宁夏回族自治区、新疆维吾尔自治区两年新设外商投资企业数量之和均不超过65家。就西部各地区实际使用外资金额来看,四川省和重庆市在2020年和2021年实际使用外资金额之和位列西部所有地区的前两名,分别为59.1亿美元和43.4亿美元;其次是云南省和陕西省,两年实际使用外资金额之和分别为16.5亿美元和15.2亿美元。除四川、重庆、云南和陕西外,中部其余地区两年实际使用外资金额之和均在10亿美元之内,其中最少的是青海省,两年实际使用外资总额仅有0.33亿美元,然后依次是西藏自治区(0.6亿美元)、甘肃省(1.9亿美元)、宁夏回族自治区(3.8亿美元)、新疆维吾尔自治区(4.6亿美元)和贵州省(6.8亿美元)。

表3-11　中国西部各地区2020年和2021年吸收外资情况

地区	新设企业数(家)			实际使用外资金额(亿美元)		
	2020年	2021年	总计	2020年	2021年	总计
重庆	290	358	648	21	22.4	43.4
四川	842	882	1 724	25.5	33.6	59.1
云南	267	337	604	7.6	8.9	16.5
贵州	116	144	260	4.4	2.4	6.8
西藏	6	9	15	0.3	0.3	0.6
陕西	278	312	590	4.6	10.6	15.2

续表

地区	新设企业数(家)			实际使用外资金额(亿美元)		
	2020 年	2021 年	总计	2020 年	2021 年	总计
甘肃	23	35	58	0.8	1.1	1.9
青海	8	16	24	0.3	0.03	0.33
宁夏	22	29	51	1.6	2.2	3.8
新疆	39	24	63	2.2	2.4	4.6

• 数据来源:商务部外资统计公开数据。

进一步地,图 3-9 和图 3-10 比较了中国西部各地区 2020 年和 2021 年新设外商投资企业数量与实际使用外资金额情况。通过观察图 3-9 可以发现,西部大部分地区 2021 年新设外商投资企业数量较 2020 年均有所增加。其中,云南省增加最多,由 2020 年的 267 家增加到 2021 年的 337 家;其次是重庆市(由 2020 年的 290 家增长至 2021 年的 358 家)和四川省(由 2020 年的 842 家增长至 2021 年的 882 家)。西部地区中,新疆维吾尔自治区 2021 年新设外商投资企业数量有所下降,由 2020 年的 39 家下降至 2021 年的 24 家,减少了 15 家。西藏、青海和宁夏在 2021 年新设外商投资企业数量较 2020 年略有增加,但都不超过 10 家。

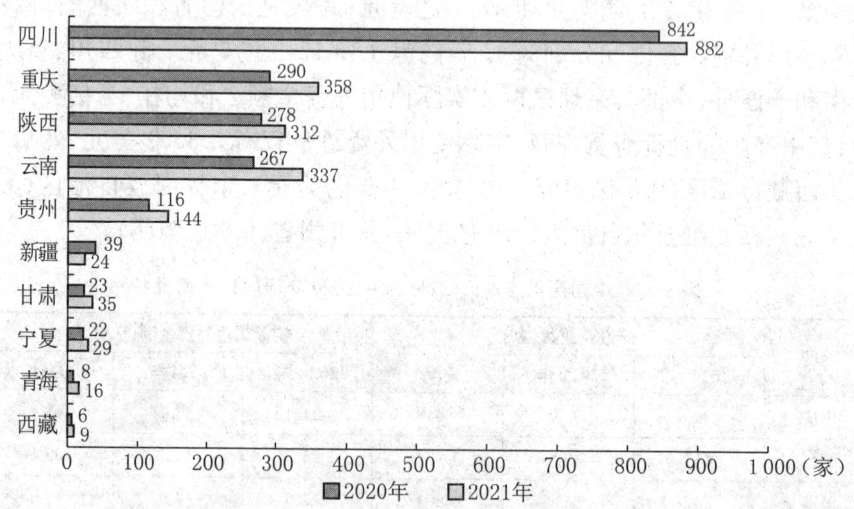

图 3-9 中国西部各地区 2020 和 2021 年新设外商投资企业数量对比

• 数据来源:商务部外资统计公开数据。

通过观察图 3-10 可以发现,西部各地区中,除陕西省(由 2020 年的 4.6

亿美元增长至2021年的10.6亿美元)和四川省(由2020年的25.5亿美元增加至2021年的33.6亿美元)2021年实际使用外资金额较2020年有明显增加外,其余地区增加不明显。并且,有些地区有明显减少,例如青海省由2020年的0.3亿美元减少至2021年的0.03亿美元;贵州省由2020年的4.4亿美元减少至2021年的2.4亿美元。

综合表3-11和图3-9、图3-10可以发现:其一,在"双循环"新发展格局下,西部地区引资能力较中部和东部地区仍有较大差距;其二,西部各地区引资水平参差不齐,四川、重庆、云南和陕西是西部地区中引资水平较高的几个地区,西藏和青海是引资水平较差的地区。

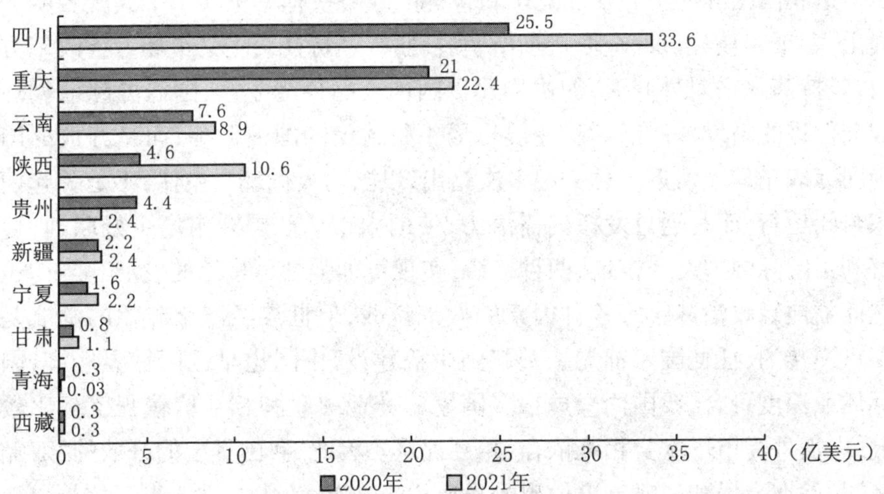

图3-10　中国西部各地区2020年和2021年实际使用外资金额对比

• 数据来源:商务部外资统计公开数据。

第三节　"双循环"新发展格局下,中国双向投资面临的发展契机

从中国经济发展的实践经验来看,双向直接投资是中国参与全球价值链生产网络的必然结果,也是中国应对内外失衡和供给体系低质量发展的重要路径,更是推动中国全球价值链升级和产业链布局的新机遇。根据联合国贸易与发展会议数据,由跨国公司主导的全球价值链生产约占全球贸易的80%。但展望未来,各国经济复苏并不均衡,国际投资格局仍存在较

大的不确定性。为了应对国际国内经济形势的不确定性，国家提出构建国内国际双循环相互促进的新发展格局，加快构建以国内大循环为主体、国内国际双循环相互促进的新发展格局，为塑造我国双向直接投资体系提供了战略契机，对实现我国产业迈向全球价值链中高端具有重要意义。本节主要讨论在“双循环”新发展格局下，中国东部、中部和西部三大经济带双向投资面临的发展契机。

一、“双循环”新发展格局为扩大双向投资带来开放机遇

构建新发展格局，是我国在新形势下提升经济发展水平的必然选择，也是塑造我国国际经济合作和竞争新优势的战略抉择。中共二十大报告明确提出，必须完整、准确、全面贯彻新发展理念，坚持社会主义市场经济改革方向，坚持高水平对外开放，加快构建以国内大循环为主体、国内国际双循环相互促进的新发展格局。新发展格局不是封闭的国内循环，而是开放的国内国际双循环。习近平总书记多次指出，以国内大循环为主体，不是关起门来封闭运行，而是通过发挥内需潜力，使国内市场和国际市场更好联通，更好利用国际国内两个市场、两种资源，实现更加强劲可持续的发展。当前虽然面临地缘政治冲突等各种因素的叠加挑战，但世界经济全球化的潮流是不可逆转的，任何国家都无法关起门来搞建设，中国也早已同世界经济、国际体系深度融合，我国同全球很多国家的产业关联和相互依赖程度都比较高，内需外需市场本身相互依存、相互促进。因此，我国提出的开放的“双循环”是站在全局和战略高度做出的重要战略部署，为中国进一步开放带来了机遇。而只有开放才能逐步与世界规则接轨，创造国际化的竞争环境，吸收和利用国际资金、技术、人才等要素资源，倒逼中国各地区企业提高竞争力，并走向世界。

二、“双循环”新发展格局有利于优化双向投资结构，提高投资质量

目前我国经济主要是国内“大循环”为主，国内国际“双循环”为辅。在国际投资中，跨国公司将继续是全球跨境投资和价值链布局的主要力量。如果中国能持续优化营商环境，保证对高质量的外资和境外人才的强大吸引力，将对中国保持领先的全球经济地位起到关键性的支撑作用。FDI 是中国深度嵌入全球价值链体系的重要载体，也是国外优质要素促进国内大

循环的重要环节,FDI的大量涌入给我国的产业升级带来了绝佳机遇。因此,如何更好利用外资,积极引导外资投向推动中国经济高质量发展的重点领域,值得关注。中共十六大以来,我国东部地区抓住契机,着力提高利用外资的质量和水平,着力实施"走出去"战略,对外开放迈上新台阶,是三大地区中发展速度最快的地区,在我国经济社会发展中发挥了很好的引领作用。而"双循环"的提出进一步为东部地区优化双向直接投资结构,通过吸引高质量外资和推动高新技术对外投资,带动国内产业链体系的完善与升级,"以资带业"实现国内大循环产业布局,实现国际循环的整体提升提供了保障。与此同时,东部地区还可以凭借国际投资带来的技术溢出效应、逆向技术溢出效应、示范效应,不断提高本地吸收能力和劳动力专业素质,并带动中西部地区产业发展,进而突破发达国家价值链的"低端锁定",实现全球价值链的不断升级。

三、"双循环"新发展格局有利于提高产业链供应链韧性

我国以往面向国际大循环,外贸出口比重高,且"两头在外,大进大出",这是全球化分工的结果,我国也分享了这个红利。我国制造业增加值规模在全球制造业中的占比近30%,但制造业发展受制于全球产业链的原有分工,发达国家占据产业链、价值链高端,我国大部分企业则在中低端,发展质量一直不是很高,很多关键零部件和高端产品都要靠进口。同时,由于国内成本不断上涨,经济出现脱实向虚的迹象,我国许多传统制造业企业外迁到低成本的新兴工业国家,产业链上下游也纷纷跟随外迁,对我们的产业链、供应链自主性和完整性构成潜在威胁。新发展格局为我国传统优势制造业的升级提供了新的机遇,以新发展格局促进传统优势制造业升级,意味着我国仍然要坚持开放。发达国家推行制造业回流,建立本土化、区域化产业链供应链体系,既有政治影响因素、安全风险考虑,也有跨国企业自身发展的原因。大部分的跨国公司仍然看好中国市场,他们不是要离开中国,而是实行"中国+1"策略,分散投资风险。开放的"双循环"战略就是要坚持开放,而且是更高水平的开放,以日益增长的内需市场加强产业链供应链的黏性,支持跨国公司在中国实施本地化战略,提供就近配套,鼓励支持本地企业提升专业能力,巩固我国完整的产业链供应链体系。

第四章
中国双向投资的发展——行业篇

本章在简要介绍中国各行业双向投资的总体情况后，从各行业吸收外资的总金额、签订的 FDI 项目和各行业吸收外资金额的占比等方面着手，重点分析各细分行业的外资吸收情况和变化趋势，展现中国吸收外资趋势经历了从制造业为主到服务业为主的变化特征。并从对外直接投资的流量和存量等方面分析中国各行业对外投资的总体情况。

第一节　各行业双向投资的总体情况

改革开放四十余年，中国参与国际产业链分工程度不断加深，逐步形成了“引进来”与“走出去”并举的开放格局。引进外资和对外投资作为连接国内国际两个循环的纽带，是聚合国内外要素资源并形成新的产业竞争优势的重要途径，是推动东西双向互济开放的重要内容。中共十九大以来，中国结合国内国际形势将引进外资与对外投资的双轮驱动作为拓展国内经济发展空间的关键。“十四五”规划纲要首次提出“引进外资与对外投资协调发展”的新要求，凸显了双向投资数量增长与质量提升并重的发展理念。在此背景下，围绕引进外资和对外投资协同发展的内在机理、时空演进特征以及溢出效应影响的研究具有重要的理论与现实意义。

本节分析中国历年各行业吸收外资的总体情况，从行业层面揭示，外商直接投资主要集中于制造业、房地产业、租赁和商务服务业、信息传输、软件和信息技术服务业以及批发和零售业。

一、中国双向投资总体情况

中国双向投资包括吸收 FDI 和对外直接投资两个方面，下文将分别进行分析。

（一）中国吸收外商直接投资情况

我国引资规模再创历史新高，在 2021 年(表 4-1)两位数增长的基础上,2022 年吸收外资继续保持稳定增长,实际使用外资首次超过 1.2 万亿人民币,同比增长 6.3%,以美元计是 1 891 亿美元,同比增长 8%。2023 年以来,持续保持增长态势,1 月实际使用外资 1 277 亿人民币,同比增长 14.5%,达到 190 亿美元,同比增长 10%。在引资方面,制造业引资大幅提升,同比增长 46.1%。尤其是得益于外资准入限制的全面放开,汽车制造业引资大幅增长 263.8%。

表 4-1　2021 年吸收外商直接投资分行业发展情况

行　业	新设企业数（家）	比重（%）	实际使用金额（亿美元）	比重（%）
总计	47 647	100	1 809.6	100
农林牧副渔业	491	1.0	8.3	0.5
采矿业	25	0.1	25.8	1.4
制造业	4 455	9.4	337.3	18.6
电力、热力、燃气及水生产和供应业	465	1.0	38.0	2.1
建筑业	701	1.5	22.7	1.3
批发和零售业	13 379	28.1	167.2	9.2
交通运输、软件和信息技术服务业	693	1.5	53.3	2.9
住宿和餐饮业	1 139	2.4	12.6	0.7
信息传输、仓储和邮政业	4 053	8.5	201.0	11.1
金融业	448	0.9	120.2	6.6
房地产业	1 125	2.4	236.1	13.0
租赁和商务服务业	9 290	19.5	330.9	18.3
科学研究和技术服务业	8 245	17.3	227.5	12.6
水利、环境和公共设施管理业	131	0.3	13.2	0.7
居民服务、修理和其他服务业	522	1.1	4.7	0.3
教育业	216	0.5	0.1	0.01
卫生和社会工作	150	0.3	3.7	0.2
文化、体育和娱乐业	2 107	4.4	4.0	0.2

• 数据来源:根据中国商务部发布的《中国外资统计公报 2022》整理所得。

（二）中国对外直接投资情况

根据外汇局和商务部统计,2022 年,我国对外全行业直接投资 9 853.7 亿元人民币,较上年增长 5.2%(折合 1 465 亿美元,增长 0.9%)。其中,我国境内投资者共对全球 160 个国家和地区的 6 430 家境外企业进行了非金融类直接投资,累计投资 7 859.4 亿元人民币,增长 7.2%(折合 1 168.5 亿美元,增长 2.8%)。

2020 年,中国对外金融类直接投资流量 196.6 亿美元,同比下降 1.5%。其中对外货币金融服务类(原银行业)直接投资 121 亿美元,占 61.5%。2020 年末,中国对外金融类直接投资存量 2 700.6 亿美元。其中对外货币金融服务类直接投资 1 390.3 亿美元,占 51.5%;保险业 81.3 亿美元,占 3%;资本市场服务(原证券业)145.1 亿美元,占 5.4%;其他金融业 1 083.9 亿美元,占 40.1%。

截至 2020 年末,中国国有商业银行①在美国、日本、英国等 51 个国家(地区)开设 105 家分行、62 家附属机构,员工总数达 5.2 万人,其中雇用外方员工 4.9 万人,占 94.2%。2020 年,中国共在境外设立保险机构 18 家。2020 年,境外企业向投资所在国家(地区)缴纳各种税金总额 445 亿美元;年末境外企业从业员工总数达 361.3 万人,其中雇用外方员工 218.8 万人,占 60.6%。

截至 2021 年底,中国 2.86 万家境内投资者在国(境)外共设立对外直接投资企业 4.6 万家,分布在全球 190 个国家(地区),年末境外企业资产总额 8.5 万亿美元。对外直接投资累计净额 27 851.5 亿美元(表 4-2),其中:股权投资 15 964 亿美元,占 57.3%;收益再投资 8 932.3 亿美元,占 32.1%;债务工具投资 2 955.2 亿美元,占 10.6%。

表 4-2 2021 年中国对外直接投资流量、存量分类构成情况

指标 / 分类	流量			存量	
	金额(亿美元)	比上年增长(%)	比重(%)	金额(亿美元)	比重(%)
合计	1 788.2	16.3	100.0	27 851.5	100.0
金融类	268.0	36.3	15.0	3 003.5	10.8
非金融类	1 520.2	13.4	85.0	24 848.0	89.2

• 注:金融类指境内投资者直接投向境外金融企业的投资;非金融类指境内投资者直接向境外非金融企业的投资。
• 数据来源:根据中国商务部发布的《中国外资统计公报 2022》整理所得。

2021 年,中国对外金融类直接投资流量 268 亿美元,比上年增长 36.3%。其中对外货币金融服务类(原银行业)直接投资 98 亿美元,占 36.6%。2021 年末,中国对外金融类直接投资存量 3 003.5 亿美元,其中对

① 中国国有商业银行包括中国银行、中国农业银行、中国工商银行、中国建设银行和交通银行。

外货币金融服务类直接投资 1 458 亿美元，占 48.5%；保险业 87 亿美元，占 2.9%；资本市场服务（原证券业）207 亿美元，占 6.9%；其他金融业 1 251.5 亿美元，占 41.7%。

2021 年末，中国国有商业银行共在美国、日本、英国等 51 个国家（地区）开设 101 家分行、69 家附属机构，员工总数达 5.1 万人，其中雇用外方员工 4.7 万人，占 92.2%。2021 年末，中国共在境外设立保险机构 21 家。

2021 年，中国对外非金融类直接投资流量 1 520.2 亿美元，比上年增长 13.4%；对外投资带动货物出口 2 142 亿美元，比上年增长 23.3%，占中国货物出口总值的 6.4%；对外投资带动货物进口 1 280 亿美元，比上年增长 44%，占中国货物进口总值的 4.8%；境外企业实现销售收入 30 377 亿美元，比上年增长 26.4%。2021 年末，中国对外非金融类直接投资存量 24 848 亿美元，境外企业资产总额 5.5 万亿美元。

2021 年，中国对外投资并购总体规模企稳回升，实际交易总额 318.3 亿美元，比上年增长 12.9%。其中，直接投资 203.5 亿美元，占并购总额的 63.9%，占当年中国对外直接投资总额的 11.4%；境外融资 114.8 亿美元，占并购总额的 36.1%。企业共实施对外投资并购项目 505 起，涉及 59 个国家（地区）。

二、三大产业双向投资总体情况

三大产业双向投资情况主要从第一、第二和第三产业各自的吸收外商直接投资和对外直接投资着手，分别进行分析。

（一）三大产业吸收外商直接投资情况

近年来，为推动产业转型升级、促进产业高质量发展，中国不仅实施稳外贸稳外资政策，而且持续在扩大行业开放、完善扶持政策、优化监管制度、深化行业改革等方面出台了一系列政策措施，为外商投资企业营造了良好的投资环境，促进了重点行业利用外资规模持续增长、在华外资企业经营稳步发展。

2021 年，第一、第二、第三产业新设外商投资企业数量占比分别为 0.9%、11.8%、87.3%，实际使用外资金额占比分别为 0.3%、23.4%、76.3%（表 4-3）。

表 4-3 2021 年三大产业吸收外资情况

行业名称	新设企业数（家）	比重(%)	实际使用外资金额（亿美元）	比重(%)
总计	47 647	100.0	1 809.6	100.0
第一产业	430	0.9	5.4	0.3
第二产业	5 613	11.8	423.4	23.4
第三产业	41 604	87.3	1 380.8	76.3

• 数据来源：根据中国商务部发布的《中国外资统计公报 2022》整理所得。

图 4-1 为中国 2005—2021 年实际利用 FDI 金额。就总体趋势而言，中国利用 FDI 金额总体呈上升趋势，2010—2020 年的年均增长率约为 3%，但 2021 年实际使用外资金额达到 1 734.6 亿美元，增长率为 21.2%。2008—2009 年，因 2008 年国际金融危机影响，中国实际利用 FDI 金额有所下降；2011—2013 年，全球资金流速放缓，外资对中国经济硬着陆存在担忧，资金短期内离开中国避险，中国实际利用 FDI 金额也有所下降。2015 年后，中国实际利用 FDI 金额呈稳定上升趋势。

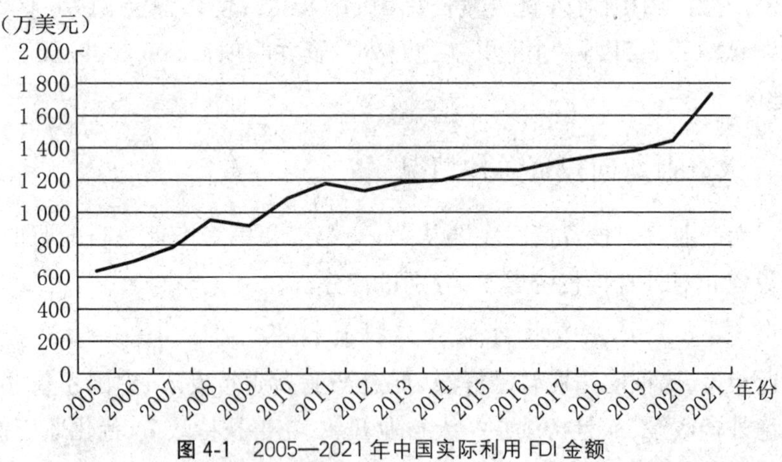

图 4-1 2005—2021 年中国实际利用 FDI 金额

• 数据来源：中国商务部。

图 4-2 是 2001—2020 年中国签订的 FDI 项目个数，从总体变化趋势而言，2001—2005 年、2009—2011 年和 2014—2018 年是上升阶段。签订 FDI 项目数量在 2018 年达到顶峰，2018—2019 年签订的 FDI 项目数虽然下降了很多，但是实际利用 FDI 金额并未明显下降。2021 年新设外资企业数量

为 47 647 个,新设外资企业数量增长率为 23.5%。

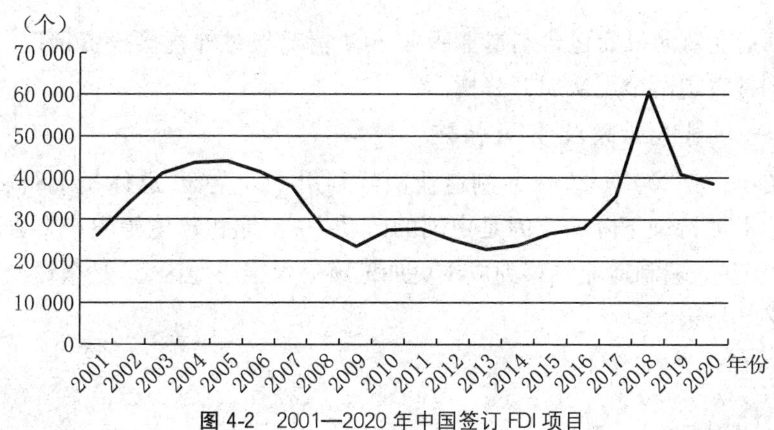

图 4-2 2001—2020 年中国签订 FDI 项目

• 数据来源:中国商务部。

(二) 三大产业对外直接投资情况

境外直接投资(Overseas Direct Investment, ODI),是指中国境内企业(投资主体)直接或通过其控制的境外企业,以投入资产、权益或提供融资、担保等方式,获得境外所有权、控制权、经营管理权及其他相关权益的投资活动。

按三大产业分,2021 年末,中国对外直接投资存量的八成集中在第三产业,主要分布在租赁和商业服务业,批发和零售业,金融业,信息传输/软件和信息技术服务业,房地产业,交通运输/仓储和邮政业等领域。第二产业 5 446 亿美元,占中国对外直接投资存量的 19.6%,其中制造业(不含金属制品/机械和设备修理业)2 621.1 亿美元,占第二产业的 48.1%;采矿业(不含开采辅助活动)1 759.3 亿美元,占 32.3%;建筑业 550.7 亿美元,占 10.1%;电力/热力/燃气及水的生产和供应业 5 049 亿美元,占 92.7%。第一产业,1 138 亿美元,占中国对外直接投资存量的 4%。

第二节 各行业双向投资的发展情况

本节从各行业吸收外资的总金额、签订的 FDI 项目和各行业吸收外资金额的占比,重点分析了各细分行业下的外资吸收情况和变化趋势,发现了中国吸收外资趋势经历了从制造业为主到服务业为主的变化特征。

一、制造业双向投资情况

制造业双向投资包含制造业吸收 FDI 情况与对外直接投资情况，下文将分别针对这两个层次展开分析。

（一）制造业吸收 FDI 情况

图 4-3 是 2005—2021 年制造业实际利用 FDI 金额，总体呈下行趋势。制造业 FDI 持续下降的原因是中国的劳动力、土地和环境等生产要素成本上升，一些低端制造业转移到成本更加低廉的国家或地区，这是全球产业转移的必然结果。

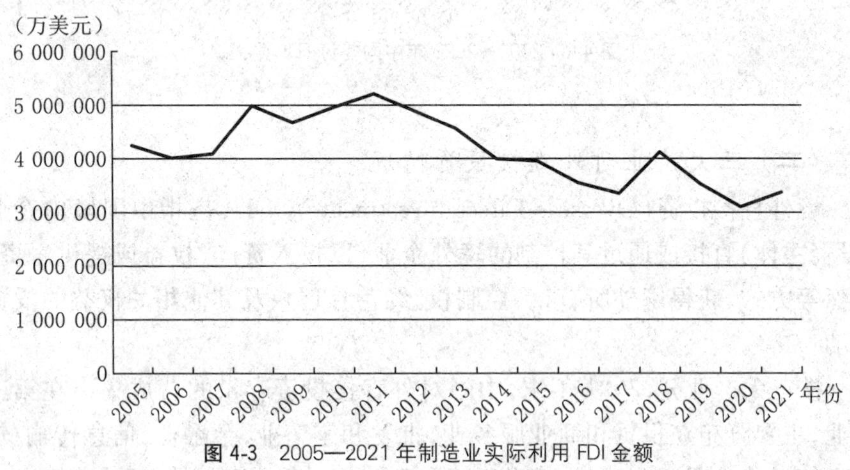

图 4-3　2005—2021 年制造业实际利用 FDI 金额

• 数据来源：中国商务部。

制造业实际使用外资规模保持相对稳定，其中，2020 年制造业实际使用外资规模有所下降，为 310 亿美元，2021 年中国制造业实际使用外资金额达到 337.3 亿美元，同比增长 8.8%。

（二）制造业对外直接投资情况

图 4-4 展现了 2013—2021 年制造业对外直接投资情况。制造业对外直接投资在 2020 年继续稳步上升，但尚未达到历史最高点。

二、农林牧副渔业双向投资情况

图 4-5、图 4-6 展现了农林牧副渔业近年来吸收外资和对外直接投资情况。

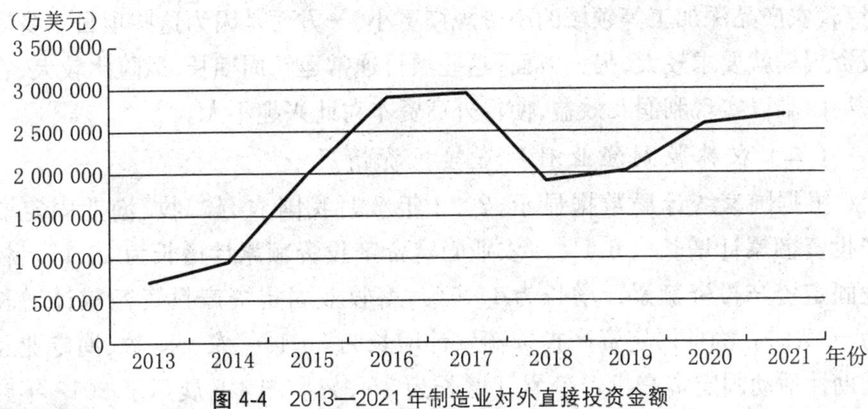

图 4-4　2013—2021 年制造业对外直接投资金额

• 数据来源：中国商务部。

（一）农林牧副渔业吸收外资情况

2021 年农林牧副渔业注册登记的企业数为 6 913 户，投资总额为 10 668 亿美元。2021 年农林牧副渔业实际使用 FDI 金额占总 FDI 实际使用金额的比例为 5.9%。目前，我国农业领域利用外资无论是平均规模还是整体规模均偏低。按照国际通行的标准，单笔投资实际到位金额 100 万美元为中等规模。以此标准来衡量，我国农业领域的外资规模，单笔超过 100 万美元的并不多，单笔超过 1 000 万美元的更是凤毛麟角。引资整体规模和平均规模偏小，在一定程度上制约了我国农业现代化的进程，无法利用外资来推动农业生产集约化发展。从产业链的角度而言，当前我国该板块利用外资的部门主要集中在种植业、渔业、农产品初级加工业等领域，而涉及科技含

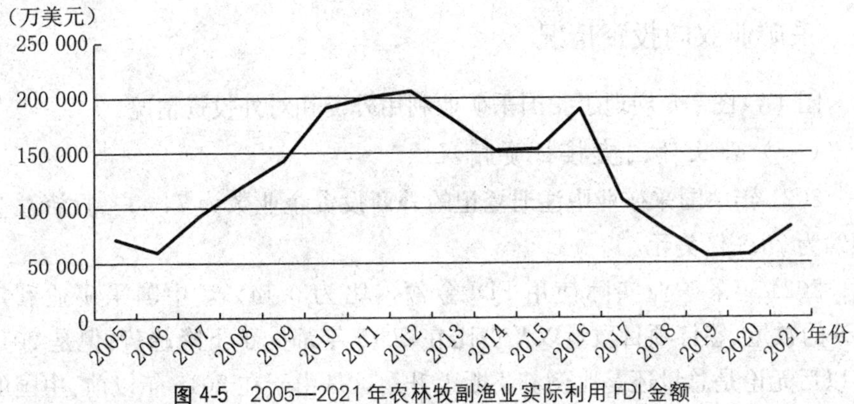

图 4-5　2005—2021 年农林牧副渔业实际利用 FDI 金额

• 数据来源：中国商务部。

量高、农产品深加工等领域的引资规模更小，一方面是因为这些项目本身对投资规模就要求较大，另一方面，这些项目通常运转周期长，风险比较大，在短期内难以实现利润及效益，使得外商资本对此兴趣不大。

（二）农林牧副渔业对外直接投资情况

根据国家统计局数据显示，2022 年 7 月我国农、林、牧、渔业固定资产投资额累计增长为 6.4%。农业固定资产投资额累计增长为 20.1%、林业固定资产投资额累计增长为 13.5%、畜牧业固定资产投资额累计增长为－21.9%、渔业固定资产投资额累计增长为 39.1%，农、林、牧、渔专业及辅助性活动固定资产投资额累计增长为 36.9%。图 4-6 展示了 2013 年到 2021 年我国农林牧副渔业对外直接投资情况。

图 4-6　2013—2021 年农林牧副渔业对外直接投资流量

• 数据来源：中国商务部。

三、采矿业双向投资情况

图 4-7、图 4-8 展现了我国采矿业利用外资和对外投资情况。

（一）吸收外国直接投资情况

2021 年中国采矿业中注册登记的外商投资企业数为 744 户，投资总金额约为 25.8 亿美元。

2021 年采矿业实际使用 FDI 金额占比为 0.14%。中国采矿业利用 FDI 的数量、签订项目数量以及占比在 2015 年都处于下降趋势，但是 2015 年以后无论是总量还是比例都不断上升。这是由于在 2015 年以前，中国的《外商产业指导目录》对矿业领域的管制力度一直在波动，中国政府根据国

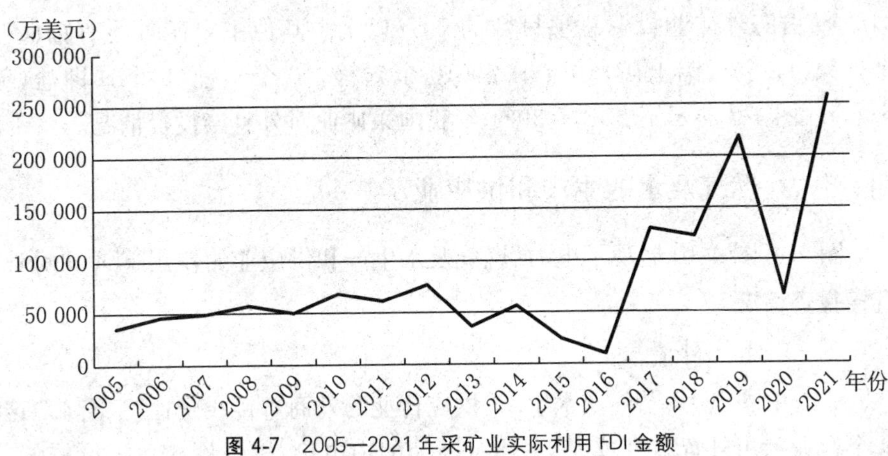

图 4-7　2005—2021 年采矿业实际利用 FDI 金额

• 数据来源：中国商务部。

际政治与经济的形势变化和国民经济发展情况在不断调整限制类和禁止类的矿种。从管制目的而言，政府希望通过优势矿种的外资管制来保障国内的矿产资源安全。在《外商产业指导目录（2015 修订版）》中，中国矿业管制趋于放松，只保留关键性的战略性矿种管制。因此在 2015 年以后流入中国矿业的 FDI 呈上升趋势。

（二）对外直接投资情况

2020 年以来我国对外投资合作继续保持平稳发展，情况好于预期。从合作区域看，采矿业已成为我国对外投资合作的重要领域，整体增长较为稳定。我国矿业海外投资的矿种集中程度十分明显，最主要的矿种为金（70 个）、铜（66 个）、铁矿石（59 个）、煤（53 个）。这四个矿种所涉及的项目共

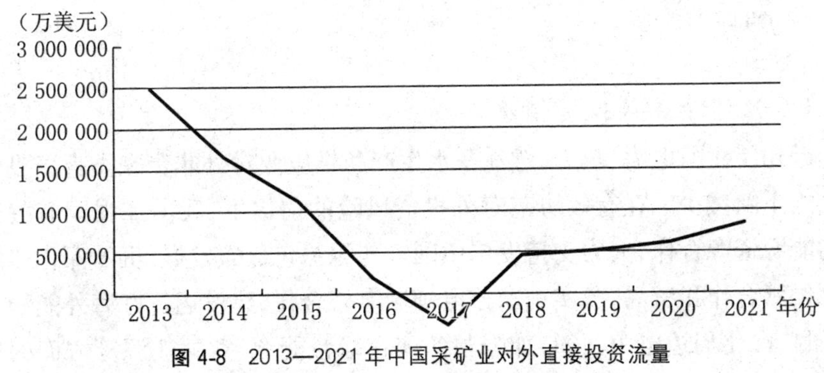

图 4-8　2013—2021 年中国采矿业对外直接投资流量

• 数据来源：中国商务部。

248 个，占海外矿业投资总项目数的 70%以上。其他主要矿种还有铀(27 个)、镍(17 个)、铝土矿(10 个)、铅(10 个)、锌(10 个)、锂(9 个)、钾盐(5 个)等。图 4-8 展示了 2013—2021 年我国采矿业对外直接投资情况。

四、电力、燃气及水的生产和供应业

图 4-9、图 4-10 展现了电力、燃气及水生产和供应业的使用 FDI 和对外直接投资情况。

(一) 吸收外资情况

流入中国电力、燃气及水生产、供应行业的外商直接投资比例不高。这几个行业利用外资难度较大，主要是因为国内电价、燃气价和水定价较低，投资环境不好，投资者利益难以兑现。

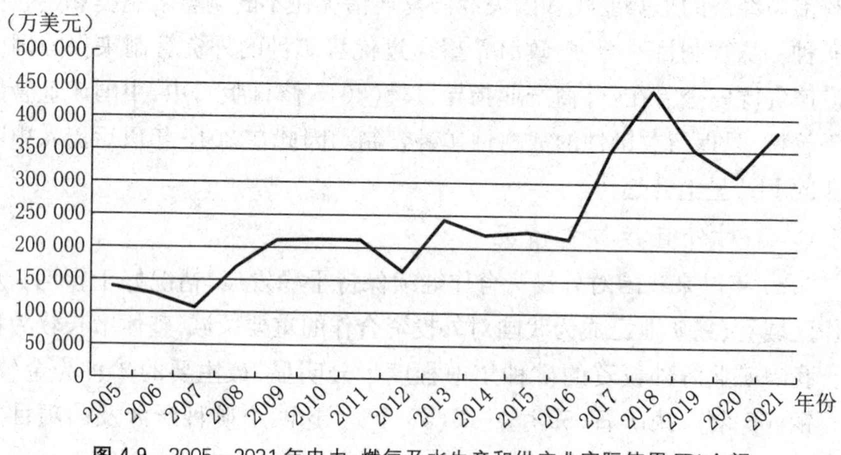

图 4-9 2005—2021 年电力、燃气及水生产和供应业实际使用 FDI 金额

• 数据来源：中国商务部。

(二) 对外直接投资情况

近几年我国电力、热力、燃气及水生产和供应业对外非金融类直接投资额同比不断减少。在有效防范对外投资风险的前提下，我国加强同有关国家的能源资源合作，大力支持发展中国家能源绿色低碳发展，巩固深化传统能源领域合作和贸易，务实推动核电领域海外合作，建设运行好海外能源合作项目，深化周边电力互通，加强与各国在绿色能源、智慧能源等方面的交流合作，建成了一批绿色能源合作示范项目。

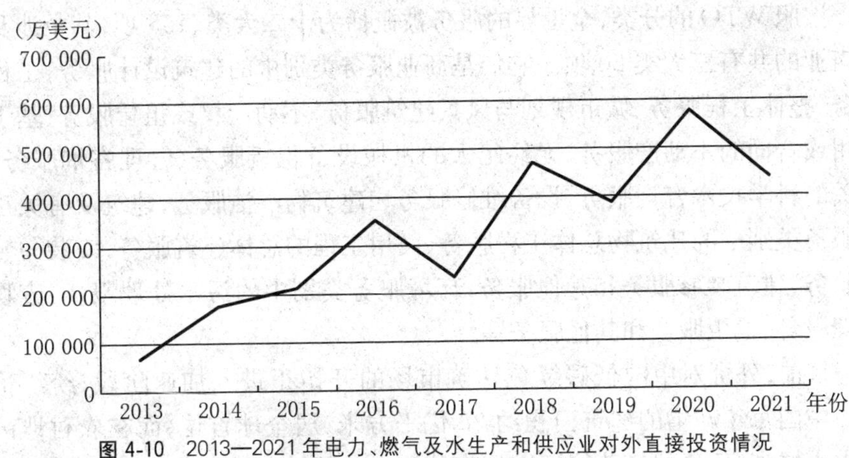

图 4-10　2013—2021 年电力、燃气及水生产和供应业对外直接投资情况

· 数据来源：中国商务部。

五、建筑业

图 4-11、图 4-12 展现了历年建筑业吸收 FDI 和对外直接投资的情况。

（一）吸收外资情况

流入中国建筑业的外商直接投资占比一直不高。建筑业虽然自身也生产建筑产品，但其对外开放却与制造行业不同，由于产品的特殊属性，产品本身不能进口和出口，进行进出口交易的是伴随着产品生产过程中提供的服务，属于服务贸易。

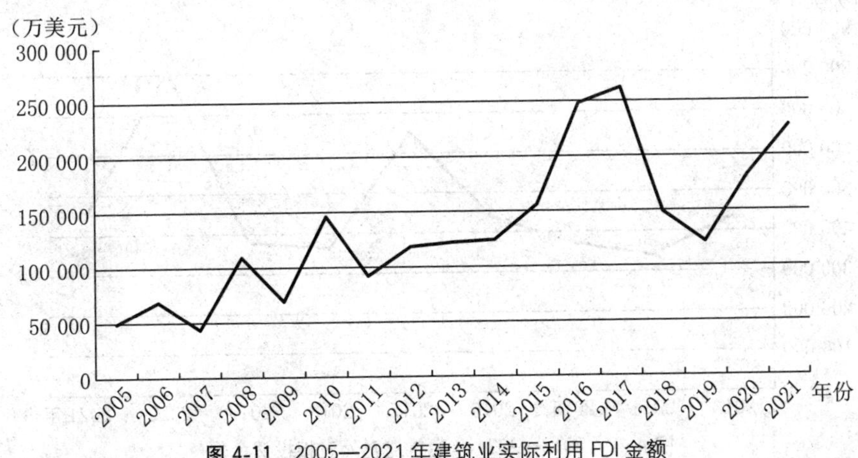

图 4-11　2005—2021 年建筑业实际利用 FDI 金额

· 数据来源：中国商务部。

按照WTO的分类，全世界的服务被概括为十二大类、155项，其中涉及建筑业的共有三大类20项。它们是商业服务类别中的建筑设计服务、工程服务、整体工程服务、城市规划与风景建筑服务，不动产权或租赁服务、基于费用或合同的不动产服务、无经纪人的机械设备租赁服务、管理咨询服务、有关的科学技术咨询服务、设备维修服务和建筑物清洁服务，建筑及有关工程服务类别中的建筑物总体工程服务、民用工程的总体建筑服务、安装与装配服务、建筑装修服务和其他服务，环境服务类别中的污水处理服务、废物处理服务、卫生服务和其他服务等。

目前，外资对中国低碳绿色建筑市场的开拓正进入加速阶段，纷纷抢入。中国每年新增的建筑面积约20亿平方米，居全球首位，而在农村地区和中小城市，新建建筑节能标准还有待进一步推广。中国每年新增建筑面积几乎占全球一半，而低碳节能才刚刚起步，这正是外资机构抢入中国房地产低碳市场的最大动力。

（二）对外直接投资情况

2016—2019年我国建筑业对外直接投资流量整体处于下降的态势。根据数据显示，2018年我国建筑业对外直接投资流量为361 848万美元，较2017年大幅下降。2019年有所回升，为377 984万美元。2021年，我国对外承包工程业务完成营业额达到1 549亿美元，较2012年增长32.8%，新签合同额达到2 585亿美元，较2012年增长65.2%。中国建筑业“走出去”呈现出蓬勃发展之势。

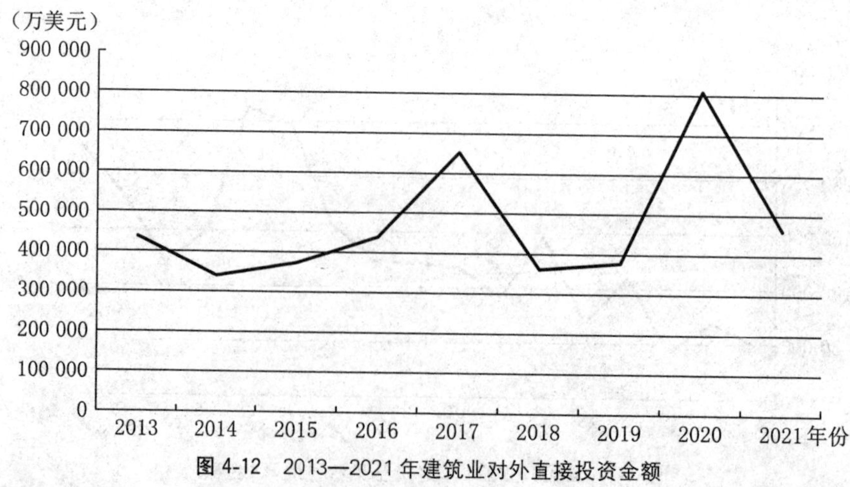

图4-12 2013—2021年建筑业对外直接投资金额

• 数据来源：中国商务部。

六、交通运输、仓储和邮政业

图 4-13、图 4-14 展现了交通运输、仓储和邮政业近年吸收 FDI 和对外投资情况。

（一）吸收外资情况

从 2010 年到 2019 年流入中国交通运输业的 FDI 一直都较少。对外开放一直是交通运输业发展的重点，交通运输业是中国最早对外开放的行业之一。目前交通运输基础设施领域，除了铁路干线和民用机场的建设经营要求中方控股外，所有公路桥梁、港口码头、其他铁路和城市轨道对外资不设限。在运输服务领域，公路货运、国际集装箱多式联运和国际海运辅助服务完全放开。相较于其他行业而言，交通运输行业开放程度不算高。因其涉及运输安全问题，对于企业资质要求比较高，一般的企业很难通过相关标准。交通运输业是国民经济的基础性产业，还是保障国家运输安全、信息安全、粮食安全和军事安全的重要手段。大国交通运输业很难做到完全开放，中国也不例外。尤其是涉及软件服务、信息优化和设备保障等领域的，开放难度相对较大。

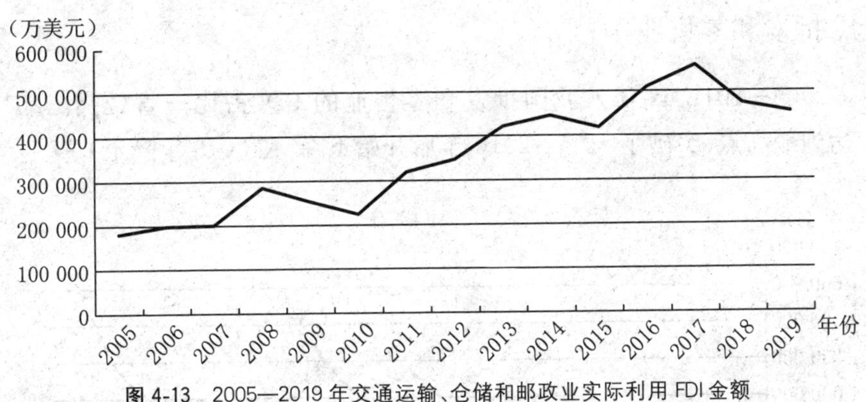

图 4-13　2005—2019 年交通运输、仓储和邮政业实际利用 FDI 金额

• 数据来源：中国商务部。

（二）对外直接投资情况

邮政快递业对外投资增势强劲。2020 年我国对外直接投资流量为 1 537.1 亿美元，同比增长 12.3%，首次跃居世界第一，占全球份额的 20.2%。其中，交通运输、仓储和邮政业流量为 62.3 亿美元，同比增长 60.6%，占比 4%。2020 年我国双向投资基本持平，引进来与走出去同步发

展。我国邮政快递业近年对境外企业比较大的并购案例包括圆通收购先达国际，顺丰收购美国货代公司飞协博（Flexport）、敦豪供应链（香港）有限公司、夏晖物流（香港）有限公司等。

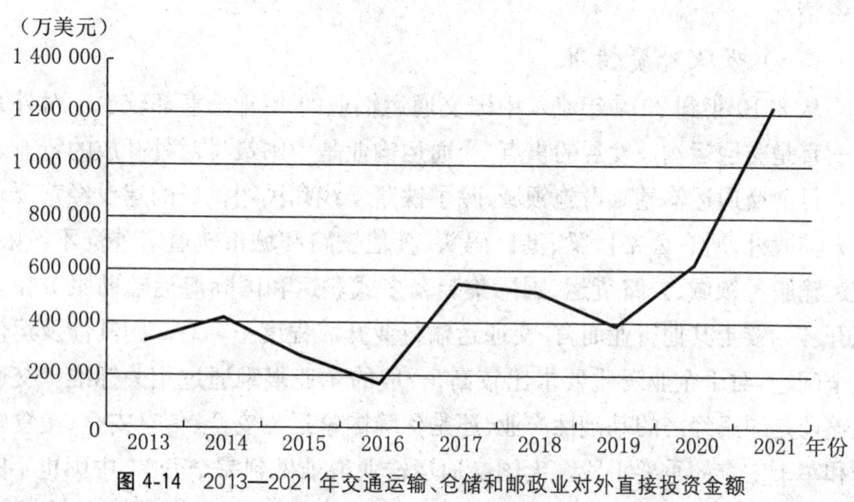

图 4-14 2013—2021 年交通运输、仓储和邮政业对外直接投资金额

• 数据来源：中国商务部。

七、批发和零售业

2005—2019 年，流入我国批发和零售业的 FDI 占比一直较高。2016 年达到最高点，突破了 12%，2016 年后开始下降，在 2019 年降至 6%。

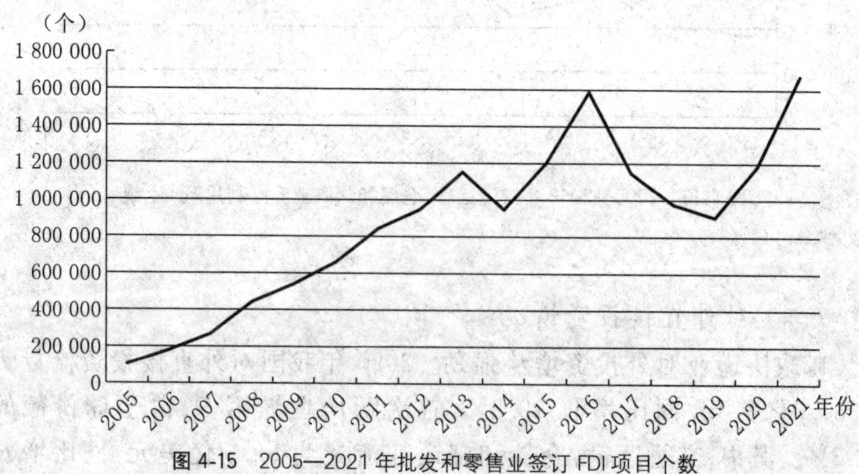

图 4-15 2005—2021 年批发和零售业签订 FDI 项目个数

• 数据来源：中国商务部。

在2010年前后中国零售市场迎来第一次外资撤退潮，彼时正值电子商务的高速发展期。2008—2009年的金融危机给中国的中小企业及居民日常生活造成了很大的影响。在此情形下，企业更愿意利用电子商务来开拓销售渠道，个人也倾向于通过网络购买性价比更高的产品，中国互联网网民规模稳定增长，政府纷纷出台政策扶持电子商务行业，一时间电子商务群雄崛起。这些对外资零售业产生了巨大冲击。据中国连锁经营协会的数据，2009年至2018年的十年外资零售单店业绩从22 875万元下滑到18 996万元，新开门店数量从2014年开始逐年减少。

随着互联网零售不断发展，中国本土零售业的优势开始凸显，因为本土零售企业普遍搭建了跨职能的组织架构，所以拥有敏捷、灵活的运营模式，能深耕本土市场，根据市场及时调整方向。2018年以来，中国零售市场掀起了第二次更为密集的外资撤退潮，这一次是更大规模的亏损和转让。这轮外资零售业的撤退，成为中国本土零售企业加速扩张的机会。

2016—2019年我国批发和零售业对外直接投资流量整体处于下降的态势。2018年我国批发和零售业对外直接投资流量为1 223 791万美元，较2017年下降了1 407 311万美元。2019年有所回升，为1 947 108万美元。2021年，中国对外直接投资涵盖国民经济的18个行业大类，批发零售行业投资存量超千亿美元，投资结构不断优化。

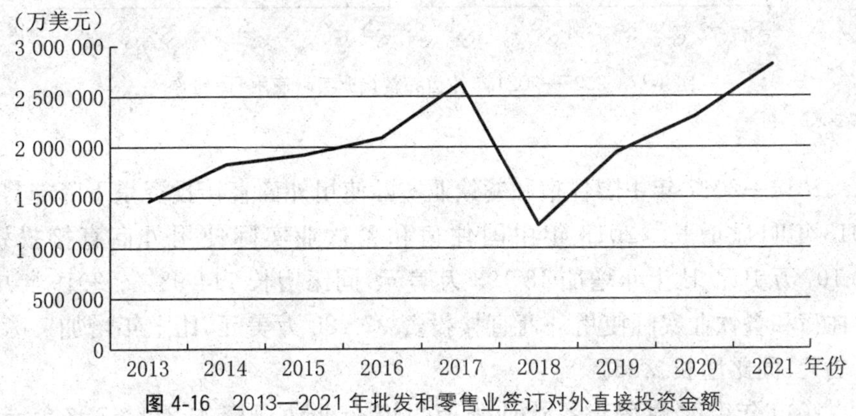

图 4-16　2013—2021年批发和零售业签订对外直接投资金额

• 数据来源：中国商务部。

八、住宿和餐饮业

这里的住宿业主要指为旅行者提供短期留宿场所的活动，有些单位只提供住宿,也有些单位提供集住宿、餐饮、商务、娱乐于一体的服务,不包括主要按月或按年长期出租房屋住所的活动。

这里的餐饮业主要指通过即时制作加工、商业销售和服务性劳动等,向消费者提供食品和消费场所及设施的服务。

图 4-17 展现了 2005—2021 年中国住宿和餐饮业利用 FDI 情况。

中国住宿与餐饮业的发展历程分为四个阶段:改革的启动和目标探索阶段(1978—1991 年)、社会主义市场经济体制框架初步完善阶段(1992—2002 年)、社会主义市场经济体制初步完善阶段(2003—2011 年)和“五位一体”全面深化改革的新阶段(2012 年至今)。

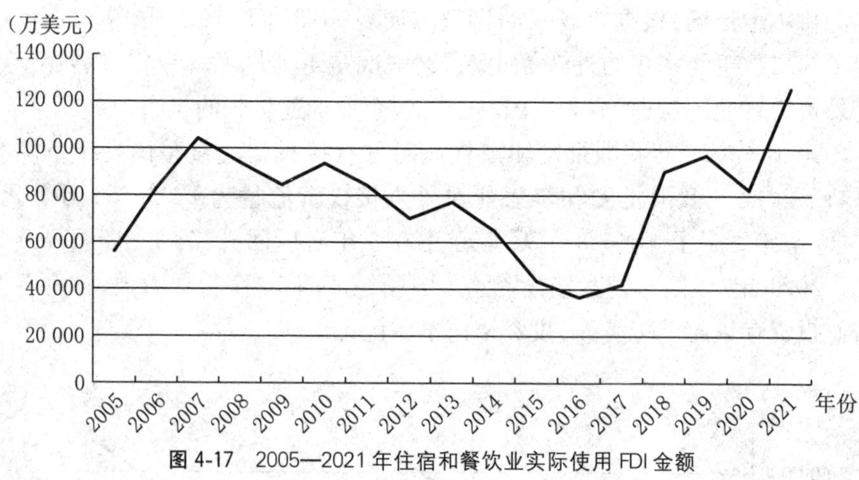

图 4-17 2005—2021 年住宿和餐饮业实际使用 FDI 金额

• 数据来源:中国商务部。

2014—2017 年中国住宿和餐饮业实际使用外商直接投资呈下降趋势,2018 年明显增长。2018 年中国住宿和餐饮业实际使用外商直接投资 90 107 万美元,比上年增加 48 193 万美元,同比增长 114.98%;2019 年中国住宿和餐饮业实际使用外商直接投资 97 180 万美元,比上年增加 7 073 万美元,同比增长 7.85%。

2014 年中国住宿和餐饮业外商投资企业注册资本 211.67 亿美元,2019 年中国住宿和餐饮业外商投资企业注册资本 416.36 亿美元,比 2014 年增加 204.69 亿美元。2014—2019 年,中国住宿和餐饮业外商投资企业注册资本中外方所占金额也是稳定增长,为 172.47 亿美元;至 2019 年中国住宿和餐饮业外商投资企业注册资本中外方所占金额 359.81 亿美元,比

2014 年增加 187.34 亿美元。

图 4-18 是 2013—2021 年中国住宿和餐饮业对外直接投资情况。

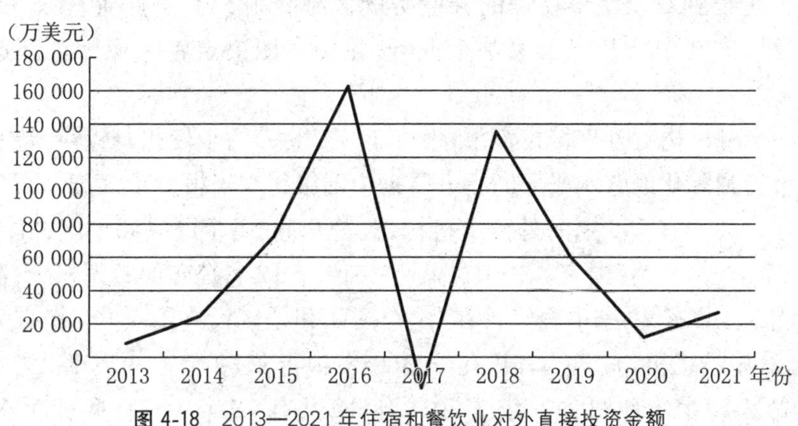

图 4-18　2013—2021 年住宿和餐饮业对外直接投资金额

• 数据来源:中国商务部。

近十年来,我国经济总量由 2012 年的 53.9 万亿元上升到 2021 年的 114.4 万亿元。中共中央、国务院高度重视服务业发展,先后出台一系列政策措施鼓励、支持和培育服务业经济,服务业呈现稳步扩张的良好态势,逐步擎起国民经济的“半壁江山”,成为支撑和拉动经济发展的主动力。

近十年来,餐饮住宿业蓬勃发展,老字号和新品牌扎根为人民生活服务的土壤,通过多渠道资源对接,建立合作项目;国际酒店品牌锁定亚洲,聚焦中国,扩大中国市场投资,餐饮住宿行业迎来高速发展的十年。

九、金融业

在金融业利用 FDI 领域,近年来中国开放水平显著提高。据经济合作与发展组织(OECD)的数据,2019 年中国金融业 FDI 限制指数为 0.24,较 2014 年下降了 0.34。在过去 5 年中,中国在这项指标上的改善幅度超过了所有其他经济体。值得注意的是,这种改善主要发生在 2018 年以来。同时,中国在金融业 FDI 领域的开放程度,已经达到了发展中国家的较高水平。

2020 年,花旗银行(中国)有限公司获得中国证券监督管理委员会的基金托管业务资格核准,成为首家获此执照的美国银行。摩根大通期货正式成为中国境内首家外资独资期货公司，美国运通在华合资子公司（Express Technology）成为首家在中国大陆清算人民币交易的持牌外国公司，高盛和摩根士丹利双双获得在华证券业务的多数控制权。资产管理公司中，贝莱德获准在中国开展公募基金业务，先锋集团决定将其亚洲总部迁至上海。

在金融机构对外直接投资中，银行业“走出去”的步伐相对较快，特别是国有大行国际化经营水平不断提升。据中国银行半年报显示，截至 6 月末，中国银行共拥有 556 家海外分支机构，覆盖全球 61 个国家和地区，其中包含 25 个“一带一路”国家。据银保监会 2019 年 12 月公布的数据显示，截至 2019 年末，共有 23 家中资银行在 71 个国家和地区设立了 1 400 多家分支机构，其中一级机构 276 家；共有 11 家中资银行在 29 个“一带一路”沿线国家设立了 79 家一级机构。截至 2019 年末，共有 12 家中资保险公司在 10 个国家和地区设立了 41 家营业性机构，4 家中资保险公司在新加坡、印度尼西亚、马来西亚设有 6 家营业性机构。在 2021 年中国国际服务贸易交易会金融专题展上，工商银行、中国银行、交通银行、浙商银行、中国出口信用保险公司（以下简称“中国信保”）、国泰财产保险有限责任公司（以下简称“国泰产险”）等 30 余家金融机构集中亮相，展出了跨境结算、跨境融资等方面的最新成果。

十、房地产业

据国家统计局投资司统计数据，我国从 1987 年到 2021 年房地产开发投资累计超过 128 万亿元，1987—2018 年增速达到 24%，近 3 年投资增速从 9.9%下滑到 7%再提升到 12.7%，平均每年投资额超过 10 万亿元。相关数据详见图 4-19。

根据香港联合交易所最新数据显示，从 2020 年 11 月起，外资方每月都在增持沪深两市股票，多家知名金融机构建议客户持续“买入中国”。路透社在报道中提到，全球主权财富基金正持续看好中国市场，并不断将资金投入中国风险投资等领域，已将投资热度板块转移到中国地产、物流、房屋租赁等行业中来，自 2021 年以来，全球主权财富基金在中国内地和中国香港地区参与的交易宗数创下历年同期最高纪录。

近年来，中国房地产企业在专注开发国内市场的同时，也频频掀起一轮又一轮的“出海潮”（图 4-20）。在我国房地产企业的海外扩张和国际化经

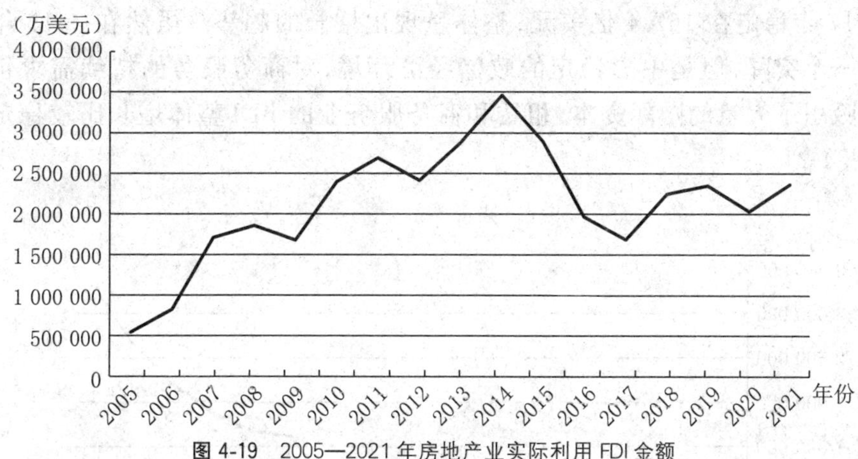

图 4-19　2005—2021 年房地产业实际利用 FDI 金额

• 数据来源:中国商务部。

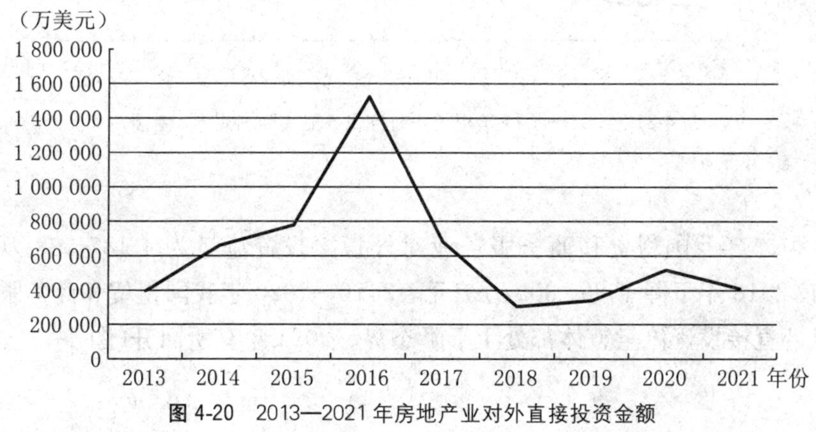

图 4-20　2013—2021 年房地产业对外直接投资金额

• 数据来源:中国商务部。

营的案例中,既有以绿地、万科、万通、万达、复星等知名国内房企通过多样化的市场进入方式登陆海外市场的,也有如中国中东投资贸易促进中心为代表的一类非典型房地产开发企业通过走政府合作,参与设计开发和引入中国贸易投资商进行商业地产开发模式成功进军海外地产市场的。

十一、租赁和商务服务业

流向中国租赁和商务服务业的 FDI 在 2014 年达到 124.9 亿美元,2015 年迅速下降到 100.5 亿美元,2016 年迅速增长到 161.3 亿美元,

2017 年稳定在 167.4 亿美元，整体呈现出增长的趋势。虽然在 2015 年有一个突降，但是中国稳定的政治经济环境，对商务服务的持续需求仍然吸引了大量的国际资本，租赁和商务服务业的 FDI 整体增长比较稳定（图 4-21）。

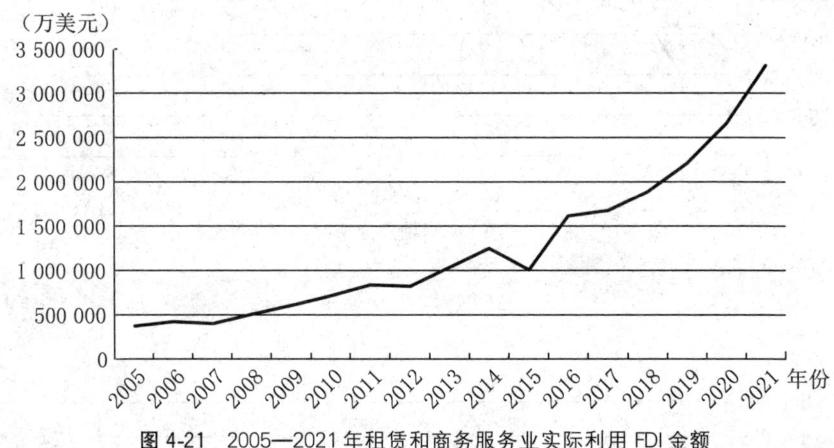

图 4-21　2005—2021 年租赁和商务服务业实际利用 FDI 金额

• 数据来源：中国商务部。

2019 年我国租赁和商务服务业对外直接投资流量为 4 187 508 万美元，较 2018 年下降了 890 305 万美元。2016—2020 年我国租赁和商务服务业对外直接投资流量整体都处于下降态势。2021 年有所回升（图 4-22）。

图 4-22　2013—2021 年租赁和商务服务业对外直接投资金额

• 数据来源：中国商务部。

十二、科学研究、技术服务和地质勘查业

科学研究、技术服务和地质勘查业签订FDI项目数和实际利用FDI金额都不高。就结构而言，科学研究、技术服务和地质勘查业实际利用外资金额占比一直不高，持续低于10%。图4-23、图4-24显示2013—2021年中国科学研究、技术服务和地质勘查业利用外商直接投资情况和对外直接投资情况。

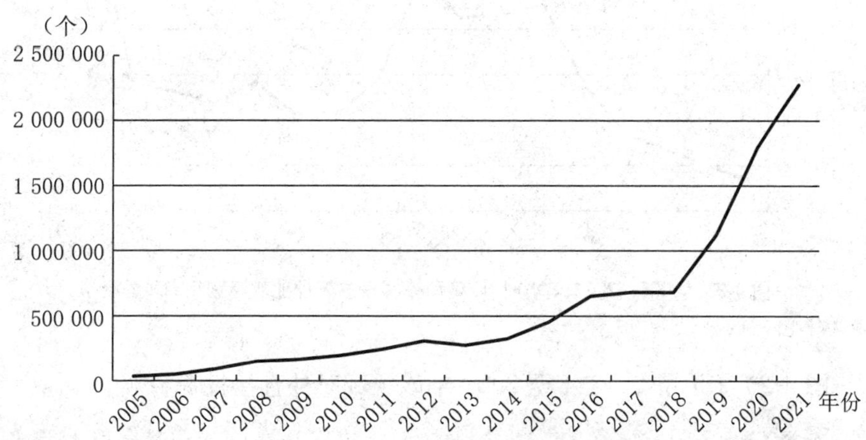

图 4-23　2005—2021年科学研究、技术服务和地质勘查业签订FDI项目数

• 数据来源：中国商务部。

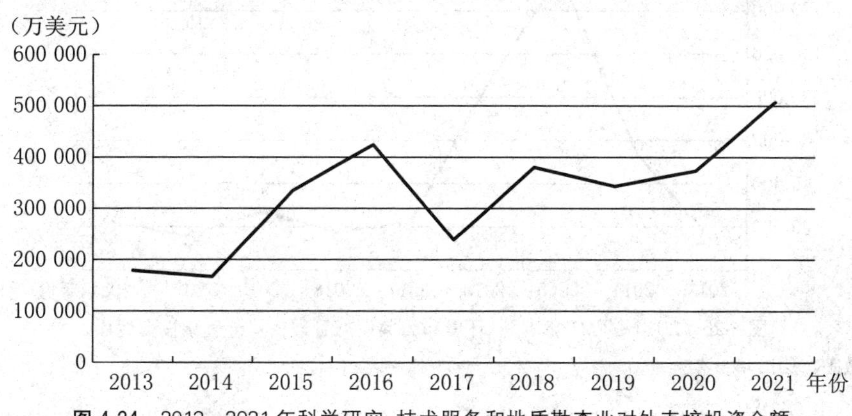

图 4-24　2013—2021年科学研究、技术服务和地质勘查业对外直接投资金额

• 数据来源：中国商务部。

十三、水利、环境和公共设施管理业

图 4-25 展现了 2005—2021 年中国水利、环境和公共设施管理业实际利用 FDI 情况。

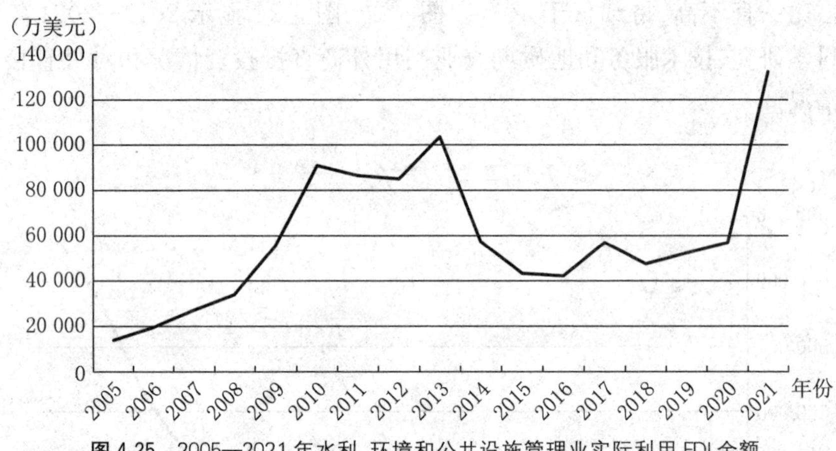

图 4-25 2005—2021 年水利、环境和公共设施管理业实际利用 FDI 金额

• 数据来源：中国商务部。

图 4-26 显示了 2013 年至 2021 年该领域对外直接投资金额。

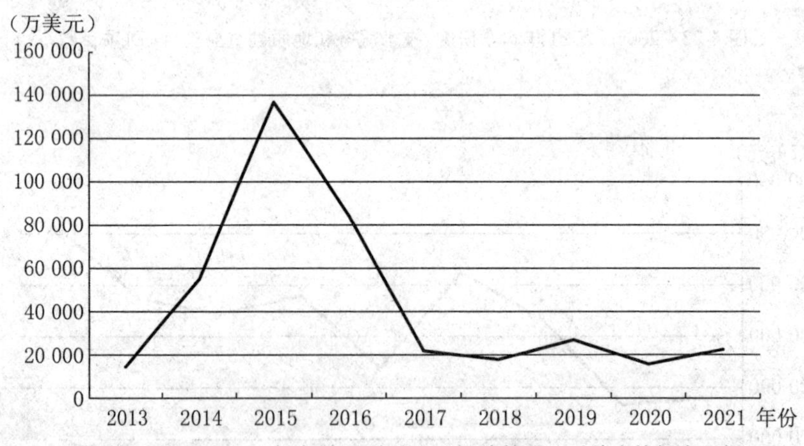

图 4-26 2013—2021 年水利、环境和公共设施管理业对外直接投资金额

• 数据来源：中国商务部。

2014 年中国水利、环境和公共设施管理业外商投资企业数 1 055 户，2019 年中国水利、环境和公共设施管理业外商投资企业数 1 543 户，比 2014 年增加 488 户。2014—2019 年，中国水利、环境和公共设施管理业外

商投资企业注册资本逐年增长，2017 年增长率高达 48.14%。2018 年、2019 年，中国水利、环境和公共设施管理业外商投资企业注册资本增长率分别为 24.51%、5.54%。2017 年中国水利、环境和公共设施管理业外商直接投资合同项目增长明显，外商直接投资合同项目数 156 个，比上年增加 59 个；2018 年外商直接投资合同项目 151 个，比上年减少 5 个；2019 年外商直接投资合同项目 143 个，比上年减少 8 个。2014—2020 年中国水利、环境和公共设施管理业外商投资总额呈稳定增长态势，而实际使用外资额始终保持在 4 亿—6 亿美元。2019 年中国水利、环境和公共设施管理业外商投资总额 629.19 亿美元，实际使用外资额 5.22 亿美元。

十四、教育业

图 4-27 显示了 2005—2021 年中国教育业实际利用 FDI 情况。外资教育机构目前已经在中国学前教育、语言培训、国际学校以及高等在线教育市场进行积极的布局。截至 2015 年底，中国的 1.3 万家早教机构中外资投资占比 18%。中国已有 597 所国际学校，是世界上拥有国际学校数量最多的国家。75%的本科院校具有国外教学资源，超过 70%的一本院校拥有国际化办学项目。职业教育方面，中外合作的项目也在逐渐增多。未来随着中国教育产业的发展，外资进入教育市场的机会将逐步增加。

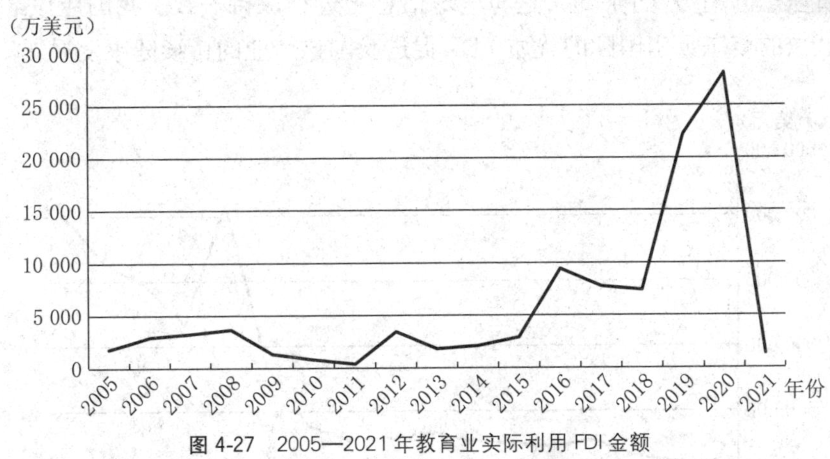

图 4-27　2005—2021 年教育业实际利用 FDI 金额

• 数据来源：中国商务部。

2016—2019 年我国教育行业对外直接投资流量整体处于增长的态势（图 4-28）。根据数据显示，2019 年我国教育行业对外直接投资流量为

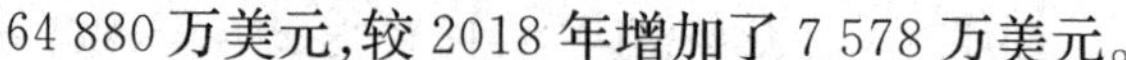

64 880 万美元,较 2018 年增加了 7 578 万美元。

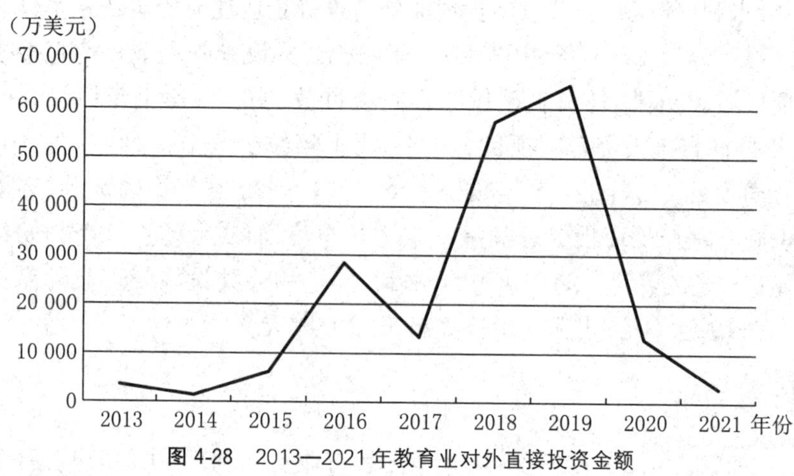

图 4-28 2013—2021 年教育业对外直接投资金额

• 数据来源:中国商务部。

十五、信息传输、计算机服务和软件业

信息传输、计算机服务和软件业 2010—2014 年年均增长率仅有 2.1%,但是从 2015 年开始,流入这一行业的 FDI 剧增,2015—2017 年年均增长率达到 76%。信息传输、计算机服务和软件业是吸引 FDI 的主要渠道,近年一直呈上升趋势(图 4-29),这与全球信息化过程保持一致。我国应该继续以开放的姿态吸引国际的优质 FDI,促进我国该产业的持续健康发展。

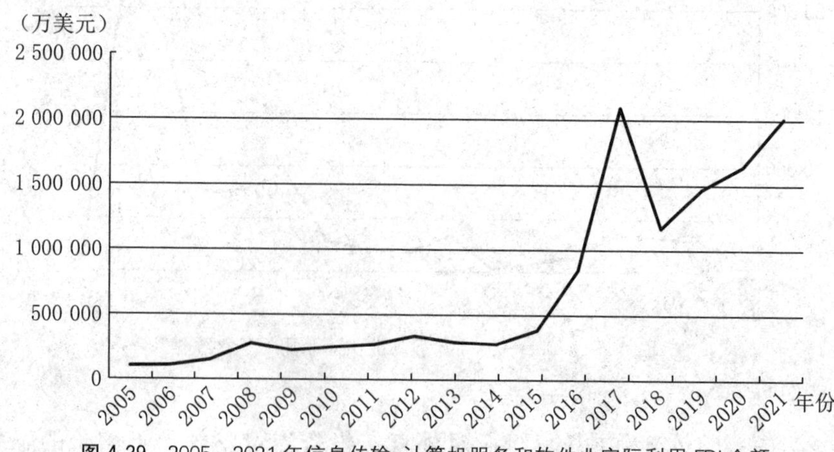

图 4-29 2005—2021 年信息传输、计算机服务和软件业实际利用 FDI 金额

• 数据来源:中国商务部。

2016—2019 年我国信息传输、计算机服务和软件业对外直接投资流量整体处于下降的态势(图 4-30)。2019 年我国信息传输、计算机服务和软件业对外直接投资流量为 547 794 万美元,2020 年有所回升,2021 年再次下降。

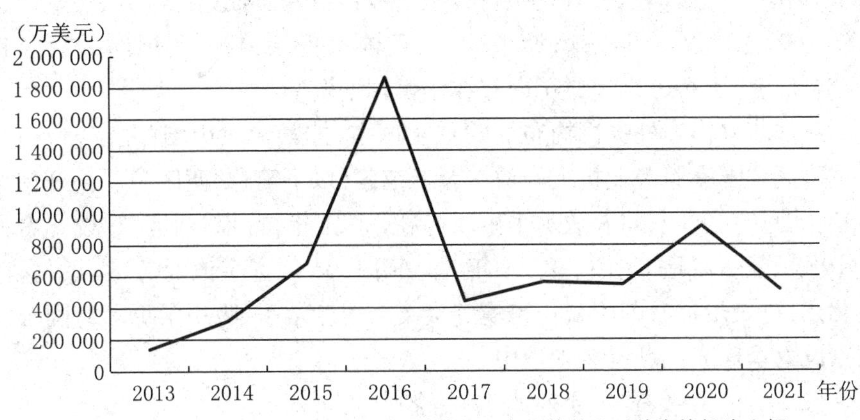

图 4-30　2013—2021 年信息传输、计算机服务和软件业对外直接投资金额

• 数据来源:中国商务部。

第三节　金融业双向投资发展情况

本节重点分析中国金融业主要行业的双向投资情况。中国金融业 FDI 主要流向银行业和保险业,流入证券业的 FDI 较少,但是随着中国金融开放的不断推进,外资持股比例限制不断放宽,流入中国证券业的 FDI 在不断增加。

一、中国银行业双向投资概况

下文分别针对中国银行业吸收外资情况与利用外资情况进行分析。

(一) 中国银行业吸收外资情况

中国银行业近年来大幅放宽外资机构准入标准和业务范围,如解除外资股比限制,放宽资产规模、经营年限等股东资质门槛要求。2021 年 4 月,银保监会决定豁免外资法人银行对母行集团大额风险暴露的监管比例要求,进一步优化外资银行营商环境。当前我国银行业对外开放程度明显提升,开放措施持续落地,对国外金融机构的吸引力显著增强。

自金融双向开放政策推出后，外资银行赴华投资力度不断加大，一批具有专业特色的优质外资机构在华建立。银保监会对外披露的数据显示，2018年以来，银保监会批准外资来华设立各类银行保险机构100余家。截至2021年上半年，外资银行在华共设立41家外资法人银行、115家外国银行分行和139家代表处，外资银行在华营业性机构总数达930家，总资产达3.73万亿元。2020年以来，摩根大通、英国巴克莱银行、美国纽约梅隆银行、富邦华一银行分别完成了向其在华机构增资。

首都北京作为外资机构布局的重要城市，加紧建设中国（北京）自由贸易试验区和国家服务业扩大开放综合示范区（以下简称“两区”）。公开信息显示，北京金融业双向开放水平不断提高，2021年，首都“两区”建设金融领域102项任务落地94项。2021年，本外币一体化资金池业务试点率先落地北京，进一步提升跨国公司跨境资金集中运营水平，吸引了更多跨国公司在京设立全球或区域资金管理中心。

（二）中国银行业对外直接投资情况

近年来，我国金融业双向开放成果显著。作为在我国金融体系中占据重要地位的银行业，更是金融业双向开放的“排头兵”，在对外开放度、国际竞争力等方面表现优秀。中国商业银行也正在加大对外交流合作的力度，以满足多元化、国际化投资需求。日前，邮储银行携手德意志交易所发布“STOXX邮银ESG指数”，为境内外投资者了解中国A股市场提供了参考。这一指数是中外金融机构深化合作、共推可持续发展的创新举措，也是各金融机构重视ESG投资、积极推动经济社会可持续发展的表现，是金融市场资产配置更多元化、吸引力不断提升的重要体现。2021年，星展银行认购深圳农商行13.52亿股定增股份顺利完成，星展银行持股比例也由此达到13%，成为深圳农商行第一大股东。全国人大代表、中国银行业协会秘书长刘峰在2022年全国两会期间表示，股权高度集中的银行，可通过引入境内外战略投资者等方式，强化股东内部制衡和监督机制。中小银行引入国际化银行机构作为战略投资者，可优化公司治理结构，引入先进的管理经验和技术。外资银行在企业管理理念、运营机制、企业文化方面的部分优势也会为国内中小银行创造良好的发展条件。截至2021年，中国银行已拥有556家海外分支机构，覆盖全球61个国家和地区，其中包含25个“一带一路”国家。工商银行2021年半年报显示，2021年上半年，工商银行境外网络覆盖到49个国家和地区，其中在“一带一路”沿线21个国家和地区拥有125家分支机构。该行境外机构总资产超过 4 600 亿美元,实现税前利润超过 20 亿美元,同比增长 15.8%。中国银行业走出去也有利于银行自身提升全球金融资源配置能力,提升综合金融服务能力。另外,也有利于银行业把握中国对外开放不断深化的机遇,加强与外资金融机构的合作,补足金融牌照、金融产品和服务的"短板"。

二、中国保险业双向投资概况

下文分别针对中国保险业吸收外资与利用外资的情况进行分析。

（一）中国保险业吸收外资情况

2019 年,我国系统机构数再次增加(表 4-4),保险行业保费收入为 42 644.75 亿元,2020 年达到 45 257 亿元。从险种构成来看,中国保险保费中,寿险占比达 52.99%,财产险占 26.36%,健康险以及意外险占比 20.65%。银保监局统计数据显示,截至 2020 年末,境外保险机构在华共设立了 66 家外资保险机构、117 家代表处和 17 家保险专业中介机构,外资保险公司总资产 1.71 万亿元。

表 4-4　2010—2019 年保险系统机构数情况　（个）

年份	保险系统机构数	保险集团公司机构数	中资保险公司机构数	中外合资保险公司机构数
2010	142	8	81	53
2011	152	10	90	51
2012	164	10	101	52
2013	174	10	109	55
2014	180	10	113	57
2015	194	11	126	57
2016	203	11	135	57
2017	222	12	145	57
2018	229	12	158	59
2019	235	14	160	61

• 资料来源:中国银行保险监督管理委员会(简称中国银保监会)。

2020 年中资保险公司原保险保费收入为 4.17 万亿元,市场份额为 92.21%;外资保险公司原保险保费为 3 524.44 亿元,市场份额为 7.79%,同比上升 0.62 个百分点,其中人身险市场份额远超产险市场份额。2019 年,外资责任保险公司的保费收入同比增长 29.86%,远超中资责任保险公司的 12.17%。同时,外资责任保险公司所占据的市场份额也同比上升 0.98 个百分点至7.17%。

截至2021年第三季度末，已有31家保险资产管理公司开业运营，通过发行保险资管产品、受托管理等方式管理资产总规模约18.72万亿元。此外，在外资责任保险公司相对集中的区域责任保险市场上，外资份额更高。如在北京、上海，外资责任保险公司的份额均超过20%，达到20.04%、21.59%，分别增长2.1个、1.8个百分点。

2021年12月10日，中国银保监会就《保险资产管理公司管理规定（征求意见稿）》（简称《规定》）公开征求意见。《规定》共计7章85条，在篇章结构和条款内容方面都对原有政策进行了大幅修订，全面强化公司治理监管的制度约束，将风险管理作为专门章节，优化股权结构设计要求，优化经营原则及相关要求，增补监管手段和违规约束。在扩大对外开放方面，《规定》明确了要全面贯彻落实国务院金融稳定发展委员会办公室对外发布的“取消境内保险公司合计持有保险资产管理公司的股份不得低于75%的规定，允许境外投资者持有股份超过25%”举措，《规定》不再限制外资保险公司持有保险资产管理公司股份的比例上限；设置境内外股东统一适用的股东资质条件，不因境内外差异而作出区别对待，这有助于更好吸引国际优秀保险公司和资产管理机构参与中国保险资产管理行业发展。

（二）中国保险业对外直接投资情况

加入WTO后，中国海外保险业务逐渐发展起来。2002年底开始，中国出口信用保险公司增设了中国企业海外投资保险，投资保险承保的风险范围主要涉及征收、汇兑限制、战争以及政府违约四个方面。2022年上半年，中国“一带一路”再保险共同体成员公司累计为164个国家和地区的6 600项次中国海外利益项目提供风险保障，合计保障境外资产总规模逾2.1万亿元。

三、中国证券业双向投资概况

下文分别针对中国证券业吸收外资和利用外资的情况进行分析。

（一）中国证券业吸收外资情况

中国证券服务在金融服务中起步比较晚，所占比重也不高，但是随着近几年金融全球化的日益加剧以及我国证券市场及证券服务的对外发展，证券服务外商直接投资也不容忽视。我国在2001年12月11日加入世贸组织时也针对证券服务业对外开放做出承诺“外国证券机构可以（不通过中方中介)直接从事B股交易;外国证券机构驻华代表处可以成为所有中国证券交易所的特别会员;等等。合资公司可以(不通过中方中介)从事A股的承销,B股和H股、政府和公司债券的承销和交易,基金的发起;外国证券类经营机构可以从事财务顾问、投资咨询等金融咨询类业务”。我国加入WTO,标志着我国证券业对外开放进入新的阶段。在利用股票和债券在国际资本市场筹资的同时,我国也逐步放开境内资本市场。到2016年8月底,我国境内共有基金管理公司104家,其中中外合资公司44家。到2016年9月,我国共有305家合格境外机构投资者,212家人民币合格境外机构投资者。

2021年,外资机构在中国内地开展证券业务热情高涨。4月,美国华平投资向证监会提交的设立外商参股证券公司申请相关材料获接收。华平投资是全球领先的私募股权投资机构,目前在全球管理逾600亿美元资产,投资于不同行业、不同发展阶段的超过200家企业。6月,瑞信宣布将控股子公司瑞信方正证券更名为瑞信证券(中国)有限公司。同月,日本第二大券商株式会社大和证券集团总公司控股的大和证券(中国)获中国证监会颁发的《经营证券期货业务许可证》,目前公司业务范围包括证券经纪、证券承销与保荐、证券自营等。7月,日本三井住友金融集团提交的证券公司设立申请相关材料获证监会接收,此前该集团已在中国内地开展保险、融资租赁、银行等金融业务。

2021年8月6日,摩根大通宣布,中国证监会批准摩根大通证券(中国)有限公司控股股东——摩根大通国际金融有限公司受让5家中资股东所持股权的备案。这标志着摩根大通证券(中国)将成为中国首家外资控股的证券公司。作为首批新设外资控股券商之一,摩根大通证券(中国)股权结构中,摩根大通出资4.08亿元,持股比例达到51%。上海外高桥集团股份有限公司持股20%,珠海市迈兰德基金管理有限公司持股14.3%,北京朗信投资有限公司、新疆中卫股权投资有限合伙企业、上海宾阖投资管理中心(有限合伙)3家小股东均持股4.9%。2020年10月,上海外高桥集团股份有限公司将20%的股权转让给摩根大通,摩根大通持股比例增加至71%。近年来中国证券业加速对外开放步伐,外资机构准入限制大幅减少,外资“鲶鱼”频频出现。截至2021年,外资控股券商数量已增至9家,包括瑞信证券、高盛高华证券、瑞银证券、野村东方国际证券、汇丰前海证券、星展证券等。

2021 年以来,还有多家外资金融机构递交在华设立证券公司的申请。例如,欧洲最大的商业银行法国巴黎银行于 2021 年 4 月递交申请,设立外资证券公司。

仅以广义“证券行业”而论,外资金融机构布局可分成四个阶段,第一阶段是 20 世纪 90 年代中的首次合作尝试,第二阶段是 21 世纪初中国加入 WTO 后,外资与中资组建合资券商,第三阶段是 2016 年后在《关于建立更紧密经贸关系的安排》(CEPA)框架下建立的港澳资合资券商,第四阶段则是最新一轮金融开放下的外资控股潮,且本轮与前几轮相比有明显不同:

一是就券商业务领域而言,本次新获批的外资券商,除了个别机构基于自身的战略性选择而阶段性有所取舍之外,普遍都拿到了期望中的全牌照,包括但不限于经纪、投资咨询、自营、资产管理、承销与保荐等。二是就泛资管行业而言,私募领域 2021 年已有 30 余家登记在册的外资背景私募证券投资基金管理人;外资和中资银行理财子公司合资的“理财孙公司”模式,目前已有汇华理财、贝莱德建信理财、施罗德交银理财,以及正在推进中的工商银行与高盛的合作;公募领域方面,贝莱德于 2021 年 6 月 15 日获发公募基金管理公司(FMC)的业务许可,这也是贝莱德继 2017 年底获得私募管理人资格、2021 年 5 月获批开展合资理财业务之后取得的最新监管批准,至此它能够为中国几乎所有层次的客户群组服务。

2021 年 12 月,证监会依法核准瑞银集团(瑞士银行有限公司,UBS AG)增持瑞银证券有限责任公司的股比至 51%,核准瑞银证券有限责任公司变更实际控制人。

(二) 中国证券业对外直接投资情况

我国证券行业的国际化,一方面是业务的国际化,包括以国内市场为依托的国际业务和以国外市场为依托的国际业务;另一方面是机构的国际化,包括国外证券公司在中国开设分支机构和中国证券公司到国外设立分支机构。随着我国经济在全球化中地位的提升,国内企业和居民在全球范围内进行资源配置的需求日益增加,监管层也鼓励有条件的证券公司走出去,参与国际市场竞争,跨境业务有望成为中国证券行业新的高增长领域:一方面,随着中国企业在海外发展,海外上市及跨境并购需求不断增加;另一方面,投资多元化将推动跨境资产管理业务高速发展。

2020 年,境外子公司业务营收占比排名前十券商分别是:海通证券(25.46%)、中金公司(21.21%)、华泰证券(12.52%)、中信证券(9.71%)、国泰君安(9.62%)、信达证券(7.91%)、银河证券(6.81%)、国元证券(5.67%)、天风证券(5.25%)、中泰证券(4.76%)。

2021年,中国银河证券海外全资子公司银河国际与国内五家基金公司赴东南亚考察交流,并达成多项合作意向;为促进境外业务发展,中原证券为全资子公司中州国际金融控股有限公司提供5 000万港元担保;国泰君安10月底公告称,收到中国证监会关于公司设立欧洲子公司的正式复函。

然而,一方面,随着我国资本市场对外开放进一步推进,A股上市公司跨境业务需求持续增加,券商拓展海外业务正当其时;另一方面,证券行业传统业务承压,发力境外业务有助于打开新的盈利模式。券商境外发展仍需苦练内功,还要注重境外子公司业务的规范性、合规性。

第五章
中国双向投资的发展——结构篇

“双循环”新发展格局下，中国双向投资的结构呈现出一些新的特点。就对外投资而言，中国对外投资的方式、结构日趋多样化，呈现出投资方式多元化、行业流向多元化的特征；就吸收外资而言，中国吸收外资的产业结构不断优化，高技术产业吸收外资成为一个新的增长点。

第一节　中国对外投资的方式、结构更趋多样化

根据联合国贸易和发展会议定义，对外投资方式分为绿地投资与跨境并购。中国企业立足国情，基于以往经验，发展出多种实现方式，将实物投资、股权置换、联合投资、特许经营、投建营一体化等新方式联动实施，优化投资结构，推动对外投资水平持续提高。多种投资方式发展态势良好，跨境并购占据主导地位，表现活跃，是中国对外投资的主要手段。中国对外投资多元化发展从两个方面得以体现，第一是投资方式多元化，不同投资方式结构逐渐优化，逐步实现均衡；第二是行业流向多元化，以制造业为主，不同行业门类互联互通，互利共赢，增强风险防范能力，推动对外投资高质量发展。

一、不同方式主导的中国对外直接投资

世界百年未有之大变局进入加速演变期，国际环境日趋错综复杂，世界经济面临众多不确定性因素。中国经济进入增长动力转换关键攻关期，加快形成“双循环”发展格局，充分利用国内国际两个市场，深化供给侧结构性改革，实现高质量发展，面临重重挑战。新一轮科技革命和产业变革深入发展，传统要素禀赋、区位条件与生产方式发生剧变，全球国际直接投资深层规则深刻变化。跨境并购有造成东道国技术流失，形成投资国垄断地位的可能，因此欧美国家对跨境并购的投资审查趋紧，中国跨境并购面临严峻形势。

（一）跨境并购与绿地投资的金额与数量分布特征

图 5-1 展示了 2006—2022 年中国已宣布跨境并购金额与数量的绝对数值与变化趋势，总体经历先扬后抑过程。跨境并购金额与数量呈波动上升趋势，金额在 2017 年达到峰值，为 1 308.76 亿美元，占当年对外投资总额的 72.21%；数量在 2016 年达到峰值，为 438 起，占当年对外投资总数的 38.45%。两种方式的投资触及峰值后，随后开始了下跌过程。2020 年，全

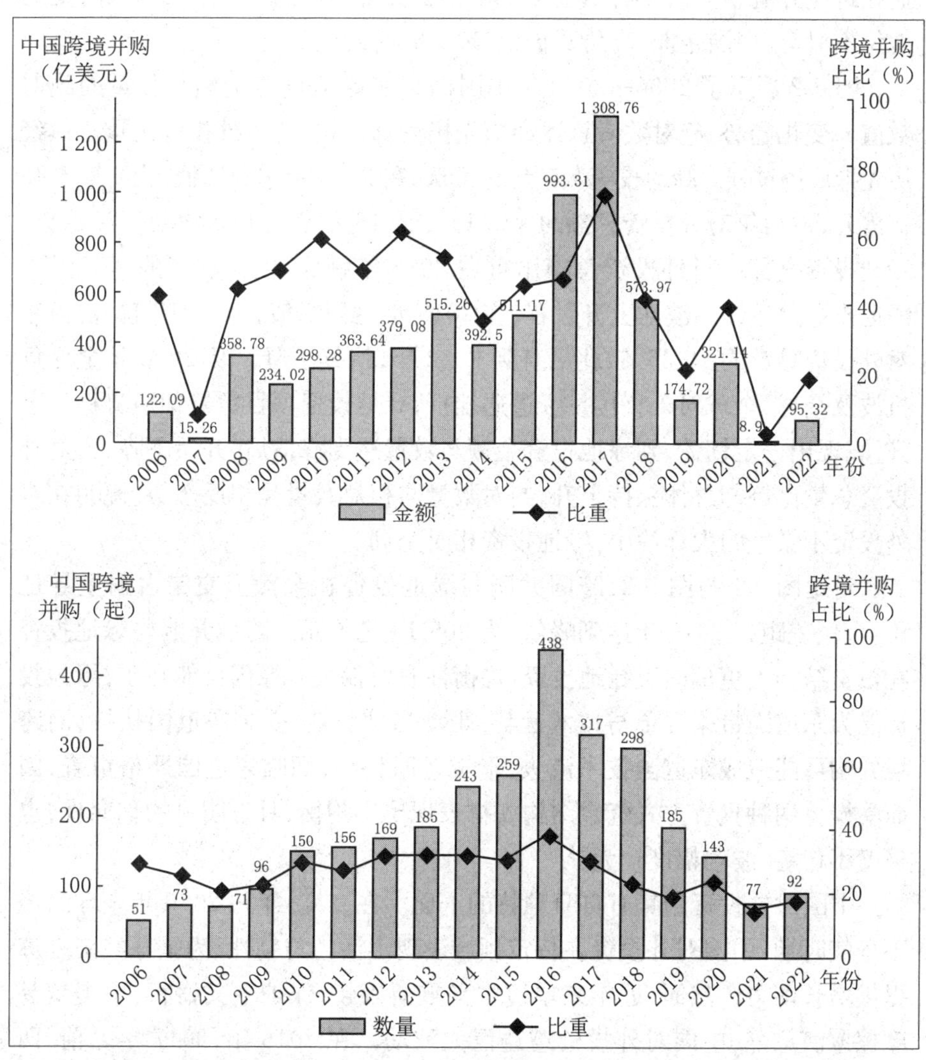

图 5-1　2006—2022 年中国跨境并购金额与数量

• 数据来源：联合国贸发会议公开数据。

球外商直接投资遭遇挫折，中国经济保持增长，中国跨境并购金额逆势增长。跨境并购数量和金额在2017—2022年持续波动下降，2022年相比于2021年有所上升。2009—2010年、2012—2013年以及2017年，跨国并购金额一度突破对外投资总额50%，在此期间，跨境并购项目数量并未突破总数的40%，总额大、数量少，跨国并购单笔交易金额较大。这可能在于交易质量相对更高；也可能在于中国企业跨境并购存在过高溢价问题，不少企业在跨境并购中为获得标的企业，常常报出高价。[①]面对信息不对称，交易地位不对等，中国企业“高价买低配”现象时有发生。

图5-2展示了2006—2022年中国已宣布绿地投资金额与数量的绝对数值与变化趋势，绝对数值总体经历先扬后抑过程，占对外投资比重总体经历先抑后扬过程。绿地投资金额起起伏伏，在2016年达到峰值，为1 076.49亿美元，占当年对外投资总额的52.01%，2016年之后开始波动下降趋势。绿地投资金额占对外投资总额比重在2017年触底，仅为总额的27.79%。绿地投资数量经历波动上升过程，在2018年达到峰值，为1 018起，占当年对外投资总数的75.36%，此后直到2022年，持续下降。从2008年金融危机波及全球，全球对外直接投资遭遇挫折，绿地投资项目数量却逆势稳步上升，表现出一定韧性，到绿地投资金额与数量达到峰值后，开始下降，占对外投资总量比例却总体保持上升，绝对数量与相对数量呈相反态势，说明在对外投资不景气的大环境中，绿地投资相对坚韧。

对比图5-1与图5-2，跨国并购与绿地投资在金额上交错占据主导地位，金额差距在2017年达到峰值，为805.19亿美元。跨境并购与绿地投资在数量结构上更偏向于绿地投资，均衡性有所偏失。原因可能在于，绿地投资能为东道国带来资金与技术优势，带动当地就业，受到东道国扶持，而跨境并购可能造成东道国技术流失，形成垄断格局，面临东道国严格审查，因而受挫。两种投资方式资金结构安排表现出不均衡，具有明显的偏向性，也极度不稳定，波动幅度较大。

中国对外投资趋势有自身独特的一面。在2008年与2020年全球经济不景气时期，中国对外投资在特定领域表现出活力与韧性，为全球经济复苏提供增长动力。然而，近年来单边主义重新兴起，保护主义盛行，中美贸易摩擦愈演愈烈，中国对外投资遭遇巨大波动。在2016年、2017年之前，两

① 钟宁桦，温日光，刘学悦.“五年规划”与中国企业跨境并购[J].经济研究，2019，54(04)：149—164.

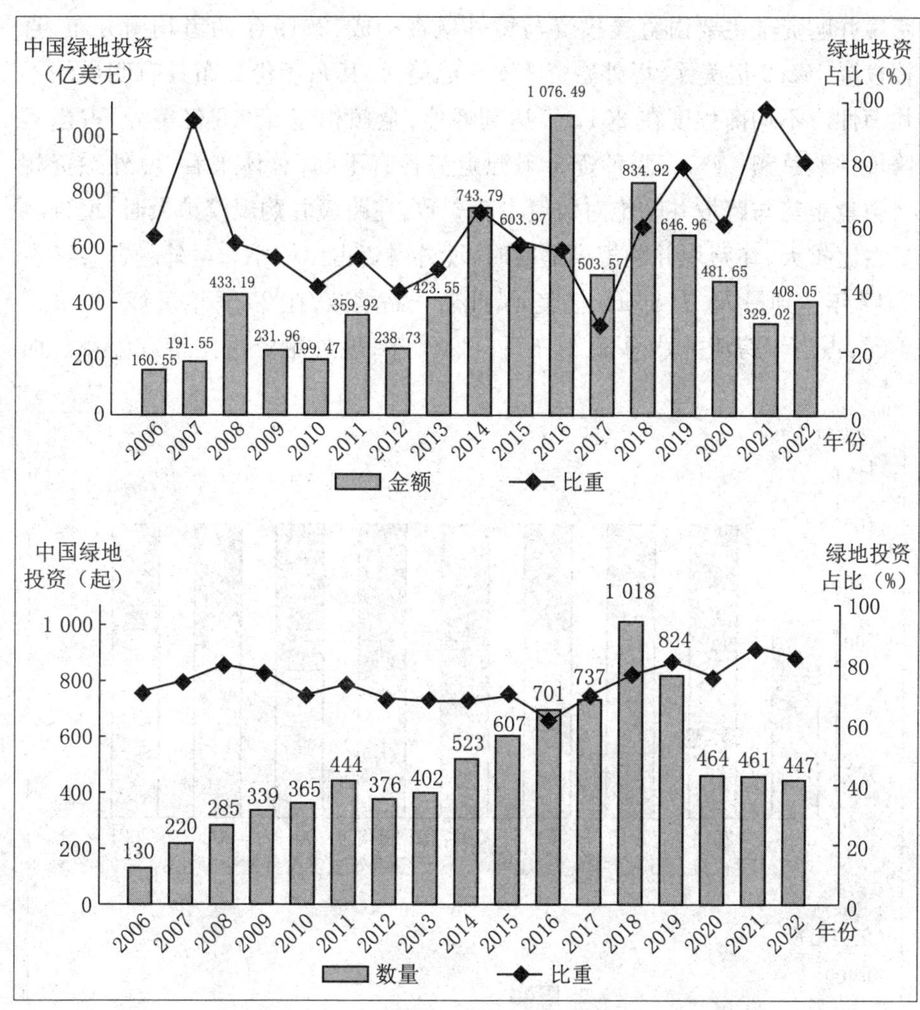

图 5-2　2006—2022 年中国绿地投资金额与数量

• 数据来源：联合国贸发会议公开数据。

种投资方式经历持续扩张过程，金额差距不断扩大，趋势明显，总体以跨国并购为主；其后，绿地投资数量占据对外投资绝对主流，两者极差在 2018 年达到最大。在 2016 年、2017 年之后，对外投资渐趋紧缩，两种方式对外直接投资金额与数量差距持续缩小，结构趋向均衡。

（二）跨境并购资金来源与去向结构特征

图 5-3 从比例关系和绝对数量关系两方面展示了 2013—2021 年中国跨境并购资金来源结构，直接投资与境外融资展现了不同特征。中国企业

跨境并购资金主要由直接投资与境外融资构成，2019 年两者均衡分布，直接投资 172.2 亿美元，境外融资 170.6 亿美元，其余年份分布具有明显的不均衡性。不均衡程度在 2017 年达到峰值，金额相差 526.8 亿美元，占当年跨境并购总额 44%。两种资金来源走势各有不同，总体来看，境外融资相对数量走势与跨境并购绝对数量走势一致，在跨境并购规模扩大时，境外融资占比扩大，在跨境并购规模缩减时，境外融资占比缩小。境外融资金额在 2017 年达到最大，为 861.5 亿美元，此后一路缩减，在 2020 年仅有 117.2 亿美元，占当年跨境并购总额 41.6%，2021 年，境外融资占比持续缩小。而

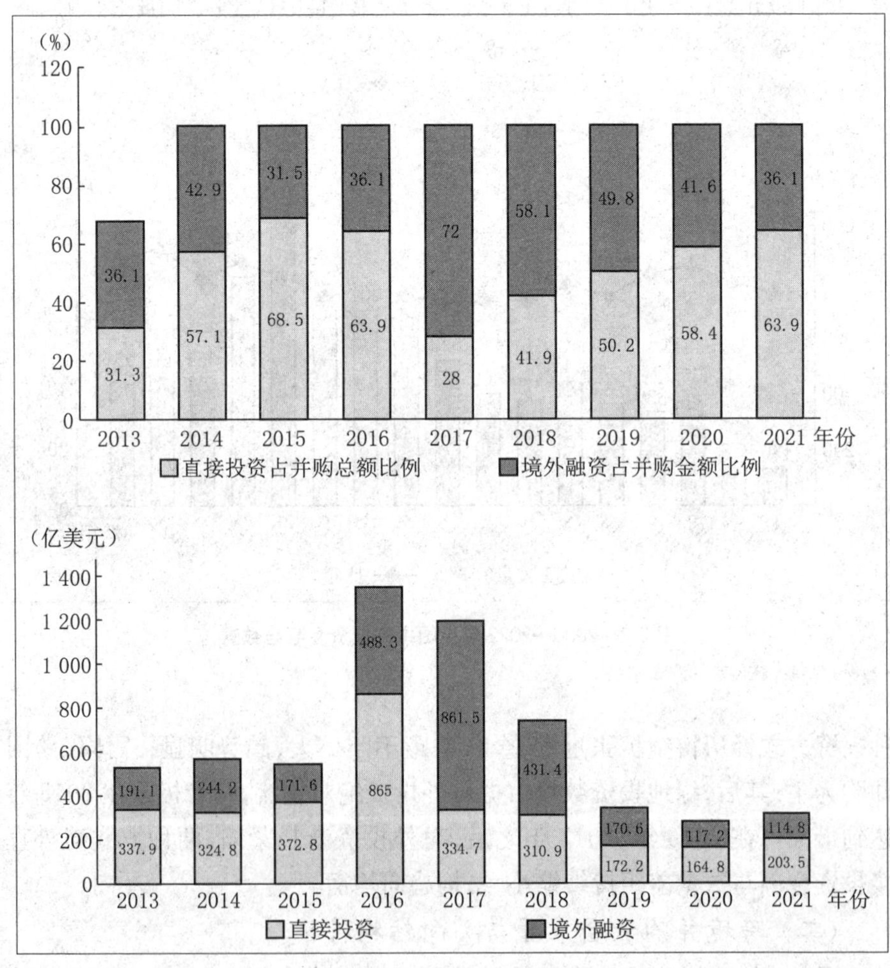

图 5-3 2013—2021 年中国跨境并购资金中的境外融资与直接投资占比和金额

• 数据来源：根据历年《中国对外投资统计公报》整理计算。

在此之间，直接投资占比从 2017 年的 28％攀升至 2021 年的 63.9％。在 2017 年以前，直接投资金额显著高于境外融资，2016 年差值最大，达到 376.7 亿美元。2017 年形势转变，直接投资金额仅是境外融资的 38.85％。在中国对外投资趋于平稳的环境下，中国企业跨境并购资金来源开始变化。2020 年，得益于中国经济内在韧性，跨境并购资金结构再次逆转，直接投资占据当年主导地位，2021 年直接投资地位进一步巩固。

图 5-4 展示了 2013—2021 年中国跨境并购和涉及国家（地区）绝对数量，柱状图顶部数值为跨境并购数量和涉及国家（地区）数量。跨境并购涉及国家（地区）数量相对平稳，总体在 60 到 70 之间持续小幅波动，仅在 2016 年超过 70，达到 74 个，在 2017 年与 2021 年低于 60，分别为 56 个和 59 个。中国对外投资国家（地区）去向相对稳定，具有良好基本盘。“一带一路”高质量协同推进，成为中国构建新发展格局关键动能，促进中国向沿线国家投资，也为中国向非沿线国家投资创造通道。[①]“一带一路”倡议减少中国对外投资政策不确定性，为中国企业走出去指明了方向，开辟了广阔的活动空间。跨境并购数量表现出大幅波动，从 2013 年谷底上升到 2016 年峰值，随后开始下降，2017 年再次跌入谷底，此后直到 2020 年，开始小幅度反弹，但与 2014—2016 年水平相比，仍有较大差距。总体而言，涉及国家（地区）数量的变化会引起并购数量更大幅度同向变化，2016 年与 2017 年表现尤为明显，涉及国家（地区）数量分别增加 12 个与减少 18 个，跨境并购项目数量分别增加 186 个与减少 334 个，中国跨境并购项目在部分国家（地区）可能有集中分布现象。

图 5-1、图 5-4 揭示，2016 年与 2017 年是中国对外投资从加速发展到回归平稳的转折点。在此之前，中国对外投资持续增长，结构偏向性明显，相对失衡严重。在此之后，对外投资规模缩减，结构有所优化，相对均衡发展。中国对外投资方式的发展趋势与结构变化，既受到国内经济改革因素驱动，也受到国际单边主义因素影响。从《中华人民共和国国民经济和社会发展第十三个五年规划纲要》出发，结合《中国对外投资合作发展报告 2016》，可以看出，内因可能归于两个方面：第一，2016 年是“十三五”规划的开局之年，内外发展环境和条件深刻变化，中国面临引领经济发展新常态、推动供

① 武宵旭，葛鹏飞．“一带一路”倡议与非沿线国家 OFDI：增量引致还是存量转换[J]．财贸经济，2022，43(09)：133—148.

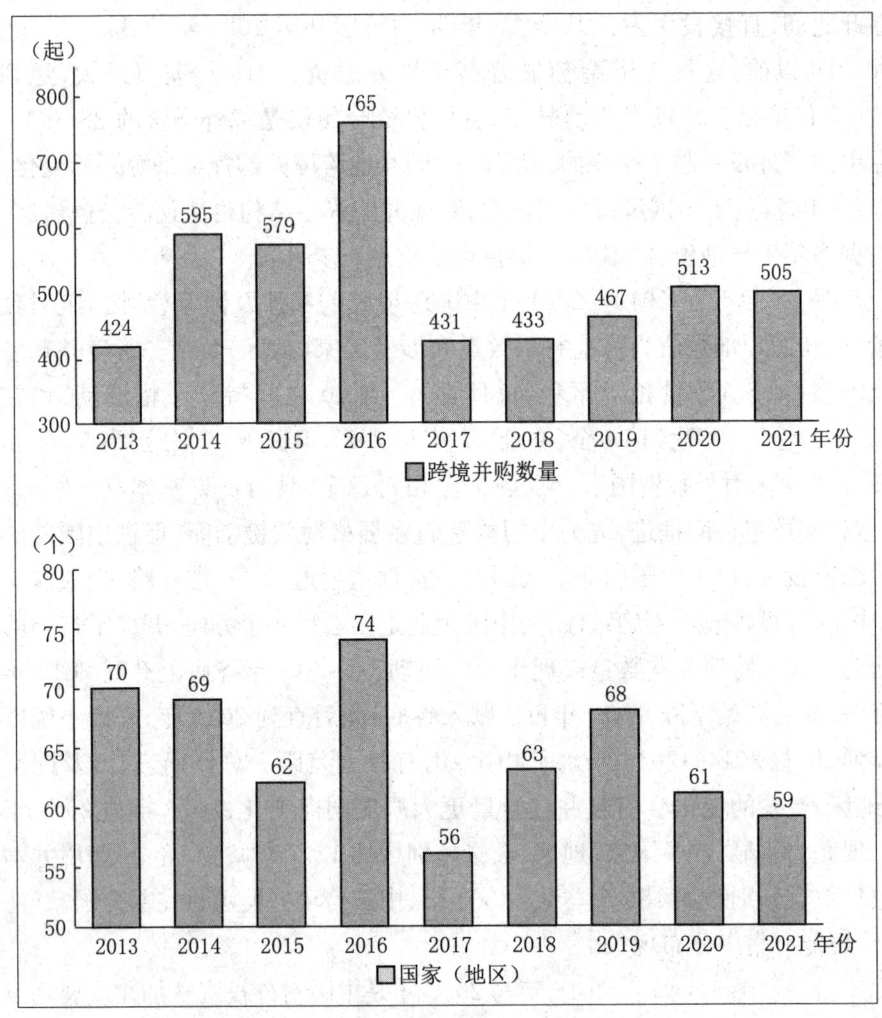

图 5-4　2013—2021 年中国跨境并购项目数量与国家(地区)分布

• 数据来源:根据历年《中国对外直接投资统计公报》数据整理制作。

给侧结构性改革的紧迫任务,市场主体更趋成熟和回归理性,对外投资由增量引致转为提质增效引致,推动产业转型升级;第二,跨境并购、境外经贸合作区和基础设施合作建设运营一体化,成为中国企业对外投资合作的主要方式和载体,中国企业推陈出新,对外投资方式更加多元,推动了更高水平国际合作。外因也可能归于两方面:第一,国际金融危机冲击和深层次影响依然存在,世界经济在深度调整中曲折复苏、增长乏力,引致国际投资疲软,加剧全球经济大环境不景气;第二,国际政治影响加深,经济政策面临的不确定性增强，国际市场需求疲软，投资不足局面难以有效改变。重重因素叠加之下，中国对外投资结构虽有变化，流量虽有下降，仍居于世界前列。从中国历年对外直接投资的统计公报来看，中国对外投资流量2017年位居全球第三，2018年位居全球第二，2019年蝉联全球第二，2020年首次位居全球第一，2021年仍然位居全球第二。

（三）对外直接投资方式选择与投资收益

中国工业经过长期粗放式经营，已经取得总体规模上的巨大优势。同时，行业重复建设严重，低端产业竞争激烈，生存艰难，产业集中度低，规模效益低下，自主创新能力不强，市场竞争力较弱。①

跨国并购是企业在较短时间内实现外延扩张的高效手段，具有多样标的选择，不易带来国内市场垄断，②有利于国内产业全面协调可持续发展。新一轮产业革命与科技革命深入发展，数字经济与传统产业深度融合，商业模式急剧变化。跨国并购赋能企业高效反应，获取创新资源，应对产业结构变化和生产方式变迁。③引进国外优质资源，获取成熟技术，可降低研发成本，补齐国内产业短板，供给物美价廉差异化产品，促进国内国际两个市场集中，④充分利用两种资源，提高企业生产率，对冲经营风险，实现技术跃迁。

2022年的政府工作报告指出，中国创新能力不断增强，国家战略科技力量加快壮大，关键核心技术攻关取得重要进展。中国工业具有一定技术积累和一些优势领域，为对外绿地投资奠定了基础。与此同时，从2020年的中国对外投资合作发展报告来看，中国致力于扩大高水平对外开放，巩固互联互通合作基础，稳步拓展合作新领域，在优势产业领域走出去，带动技术、装备、产品输出，巩固国际供应链市场份额。

对外绿地投资可以发展优势产业，建立新的比较优势，增强国际竞争能力。在优势领域，绿地投资充分利用国内国际两个市场，加快建立规模经济，形成产业链标准话语权，巩固价值链地位；充分利用国内国际两种资源，

---

① 陈爱贞，张鹏飞.并购模式与企业创新[J].中国工业经济，2019(12)：115—133.

② 孟为，姜国华，张永冀.汇率不确定性与企业跨境并购[J].金融研究，2021(05)：78—96.

③ Gautam Ahuja and Riitta Katila. Technological Acquisitions and the Innovation Performance of Acquiring Firms: A Longitudinal Study[J]. Strategic Management Journal, 2001, 22(3)：197—220.

④ 林莎，雷井生，杨航.中国企业绿地投资与跨国并购的差异性研究——来自223家国内企业的经验分析[J].管理评论，2014, 26(09)：139—148.

发挥不同禀赋优势，扩张生产能力，获取经济效益，为东道国创造就业机会，[①]推动构建人类命运共同体，实现普惠均衡发展。

二、不同行业主导的中国企业跨境并购

中国企业跨境并购行业门类齐全，每年都几乎涵盖了国民经济行业分类所有门类，但行业侧重有所不同，各行各业发展趋势也各有不同，具有鲜明的时代特征。人类社会正在进入一个以数字化为表征的新时代，[②]各国争相布局数字产业，在全球提供信息和通信服务，建立先发优势，完善布局，形成规模经济，占领未来产业发展高地。在新一轮科技革命与产业变革背景下，全球经济正从工业经济向数字经济加速转型，各国正在加快构建数字治理体系，应对产业变革中的规则难题，抢占先机，占领高地，全球产业布局竞争进入白热化。跨境并购是企业实现产业升级、打开海外市场、建立全球规模优势的重要手段，随着数字化与产业变革的到来，中国企业在前沿领域表现夺目。

（一）中国跨境并购行业流向

商务部等部委在每年联合发布的《中国对外直接投资统计公报》中，依照行业门类公布了中国跨境并购数据。根据国家统计局对三大产业划分，可将中国跨境并购事件归集到三大产业中，得到图 5-5、图 5-6 所反映的三大产业跨境并购结构特征，柱状图顶部为跨境并购金额或数量的绝对值。第一产业金额与项目数量在跨境并购总体中微乎其微，可以忽略不计。第二产业跨境并购金额波动频繁，幅度较大，金额在 2017 年之前波动上升，2017 年达到峰值，为 823.4 亿美元，此后总体呈下降趋势，2020 年，第二产业跨境并购金额逆势微弱上涨，下降 0.6 亿美元，2021 年小幅下降。第二产业跨境并购数量相对平稳，具有微弱变化，2016 年达到峰值，为 253 起，此后有所下降，2020 年跌破 200 起，2021 年与 2020 年基本持平。第三产业跨境并购金额先经历稳步攀升过程，在 2016 年达到峰值，为 857.6 亿美元，此后稳步下降，2020 年仅有 80.4 亿美元，2021 年增长超过 50%，达到 124.6 亿美元。第三产业跨境并购数量趋势具有相同特征，在 2016 年达到峰值，为 479 起，此后减少近半，徘徊在每年 200 起左右，2020 年逆势增长

① 杨攻研.大国竞争背景下中国国有企业海外投资的外交影响[J].世界经济与政治，2022(03)：92—119，159.

② 陈剑，黄朔，刘运辉. 从赋能到使能——数字化环境下的企业运营管理[J].管理世界，2020，36(2)：117—128，222.

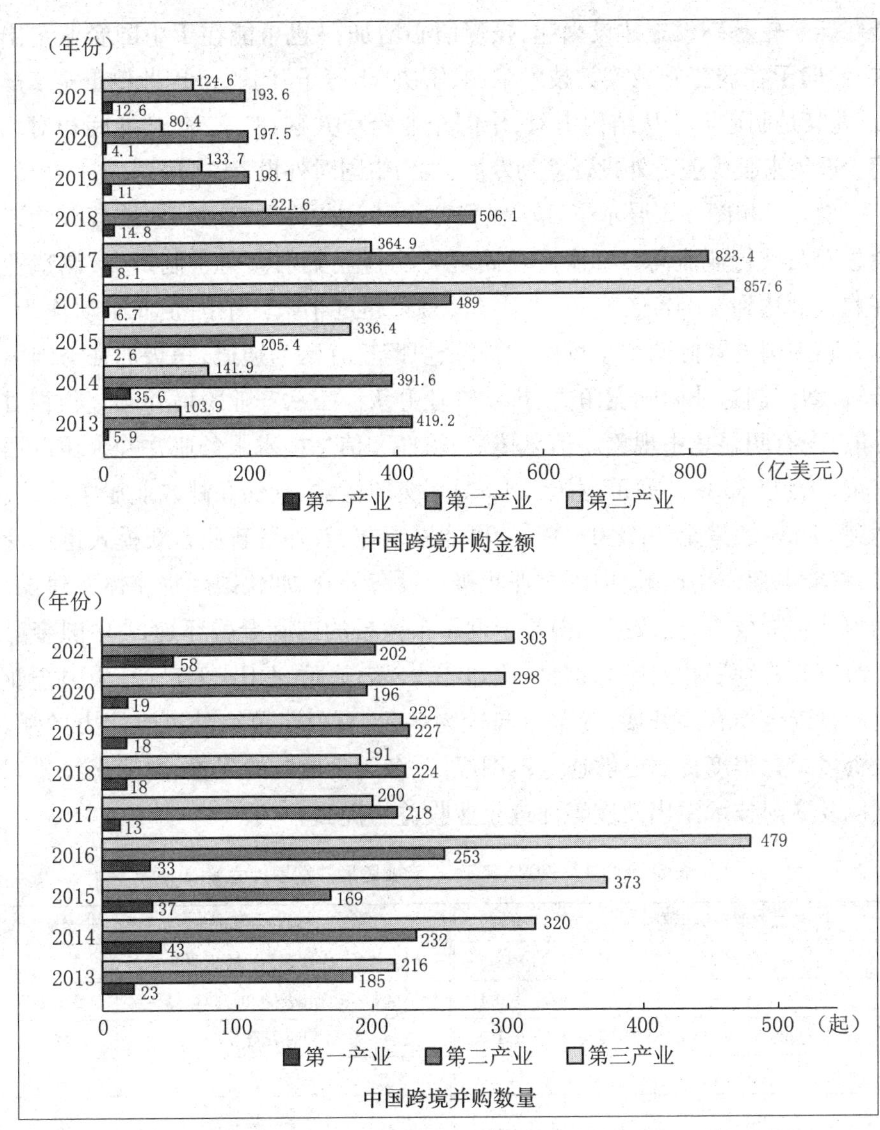

图 5-5　2013—2021 年中国跨境并购金额与数量在三次产业的分布

· 数据来源：历年《中国对外直接投资统计公报》。

到 298 起，2021 年为 303 起。二次产业跨境并购金额、三次产业跨境并购项目数量，在 2020 年依然保持增长，为全球经济复苏注入动力。在 2013 年、2014 年与 2020 年，二次产业跨境并购金额占据主导地位，三次产业跨境并购数量占据主导地位，二次产业单笔交易更大，三次产业交易数量更多。2017 年开始，二次产业在金额与数量上开始占据主导地位，可能在于全球新一轮基础设施建设兴起,投资信心增加,①也可能在于中国企业走出去,倾向于在弱势领域攻关技术难题,解决"卡脖子"问题,②因此侧重第二产业,尤其是制造业。从结构上看,中国企业跨境并购在二三次产业间相对均衡。近年来服务业对外投资蓬勃发展,成为中国对外投资流向的主要产业。

表 5-1 和图 5-6 展示了 2013—2021 年间中国二、三次产业跨境并购资金总额及其行业流向。二次产业跨境并购行业集中倾向于制造业,制造业并购金额达到 1 842 亿美元,占比 53.8%,超过半数。中国企业主动作为,充分利用国内国际两个市场两种资源,以跨境并购为通道,积极加强与国际接轨,增强制造业国际竞争力,推动产业升级。三次产业跨境并购金额相对分散,未有明显集中现象。信息传输、软件和信息技术服务业并购金额占据首位,达到 585.2 亿美元,占比 24.8%。交通运输、仓储和邮政业居于其次,达到 379.3 亿美元,占比 16.1%。可能原因在于,外贸新业态新模式迅速发展,跨境电商作用凸显,中国企业积极建设海外仓,加快国际物流体系建设,助力外贸降成本、提效率。得益于近年来宽松的国际金融环境,③中国金融业跨境并购发展相对顺利,金额达到 274.2 亿美元,占比 11.7%。中国企业对外投资合作有序开展,资金流向较为多元,有效防范海外风险能力增强。投资多元化程度提高能够通过范围经济、多元价值链的配置、国际化经验积累以及逆向技术溢出效应等促进企业收益的提高。④

表 5-1 2013—2021 年二、三产业跨境并购累计金额 (亿美元)

第二产业行业类别	金额	第三产业行业类别	金额
制造业	1 842	信息传输、软件和信息技术服务业	585.2
采矿业	940.4	交通运输、仓储和邮政业	379.3
电力、热力、燃气及水的生产和供应业	621.5	租赁和商务服务业	302.4
建筑业	20	金融业	274.2
—	—	房地产业	183
—	—	住宿和餐饮业	163.9
—	—	其他	473.6

• 数据来源:历年《中国对外直接投资统计公报》。

①③ 联合国贸易和发展会议.世界投资报告 2022 国际税收改革与可持续投资(概述)[DB/OL].(2022-6-9)[2022-9-8]. https://unctad.org/system/files/official-document/wir2022_overview_en.pdf.

② 中华人民共和国商务部.中国对外投资合作发展报告 2020[EB/OL].(2021-2-2)[2021-2-4]. https://www.gov.cn/xinwen/2021-02/03/content_5584540.htm.

④ 杨连星,牟彦丞,张迪.对外直接投资如何影响企业收益?[J].世界经济研究,2021(01):104—116, 136.

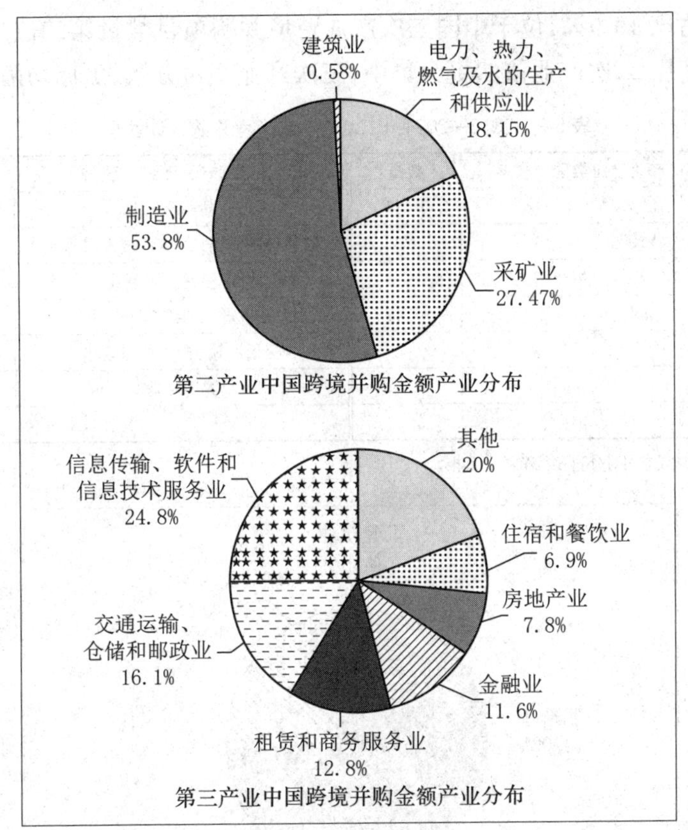

图 5-6 2013—2021 年第二、三次产业跨境并购资金的行业门类分布

• 数据来源：历年《中国对外直接投资统计公报》。

表 5-2 和图 5-7 展示了 2013—2021 年间中国二、三次产业跨境并购项目数量及其行业分布，项目数量行业分布更加集中。制造业占据二次产业并购数量绝对主导地位，项目数量达到 1 411 项，比重 74%，数量相对于金额更加集中，建筑业数量占比相对于金额占比有所提升。中国企业重点关注制造业，聚焦跨国产业体系建设，利用国内国际两个市场两种资源，推动产业链供应链稳定和自主可控，在薄弱环节攻关难题，在优势领域巩固供应链市场份额。①第三产业中，批发和零售业居于首位，总数达到 616 起，占比 24%。得益于中国企业加速推进数字化转型，催生国内数字产业发展完善，信息传输、软件和信息技术服务业具备走出去的内部基础，表现优异，数量达到

① 中华人民共和国商务部. 中国对外投资合作发展报告 2020[EB/OL]. (2021-2-2)[2021-2-4]. https://www.gov.cn/xinwen/2021-02/03/content_5584540.htm.

512 起，占比 19.9％，位于中国三次产业跨境并购项目数量第二位。在跨境并购数量上，二次产业依然更为集中，三次产业相对分散，更加均衡。

表 5-2 2013—2021 年二、三产业跨境并购累计数量 （起）

第二产业行业类别	数量	第三产业行业类别	数量
制造业	1 411	批发和零售业	616
采矿业	239	信息传输、软件和信息技术服务业	512
电力、热力、燃气及水的生产和供应业	209	租赁和商务服务业	427
建筑业	47	科学研究和技术服务业	424
		交通运输、仓储和邮政业	123
		房地产业	123
		其他	341

• 数据来源：历年《中国对外直接投资统计公报》。

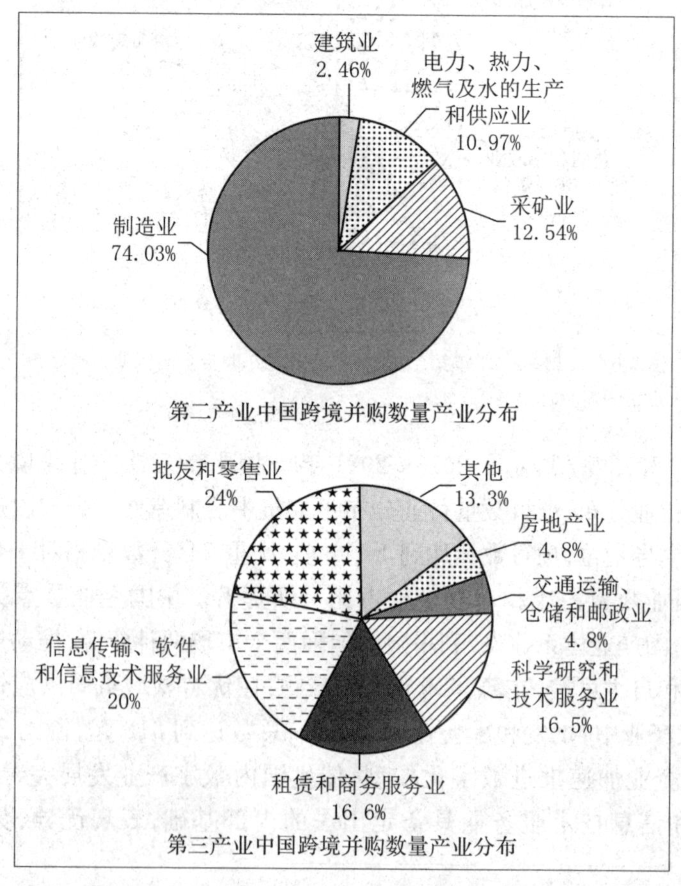

图 5-7 2013—2021 年第二、三次产业跨境并购数量的行业门类分布

• 数据来源：历年《中国对外直接投资统计公报》。

（二）跨境并购行业流向与投资收益

中国跨国并购行业流向多元化发展，结构持续优化，发展不断均衡。多元化对外投资充分发挥企业核心能力，获取、整合、共享海外资源，高效利用信贷资源，充分发挥规模经济效应。[①]多元化发展有助于企业积累海外市场知识和经验，避免短期倾向，着眼长期规划，审视复杂外部环境，立足自身实力，化解挑战，规避风险，把握机遇。[②]

中国跨国并购行业流向有所侧重，持续向制造业倾斜，为增强制造业核心竞争力，促进工业经济平稳运行，维护产业链供应链安全稳定奠定长期基础。企业通过跨境并购可以加强与海外知识双向流动，接轨国际营销网络与创新网络，拓宽创新边界，[③]提高母公司创新能力。创新引领，技术驱动，是中国企业实现产业链升级、价值链攀升的战略导向。中国企业处于积累薄弱的后发劣势中，通过跨境并购实现技术跃迁是一条行之有效的渠道。

中国跨境并购紧随产业趋势，布局数字产业，在信息传输、软件和信息技术服务业等数字产业，跨境并购金额与数量分别位居三次产业首位与次位，凸显其重要地位。随着数字经济时代来临，各国争相布局，力争上游，推动传统产业融合，转型升级。中国企业在产业革命潮流中，以市场为导向，推进数据要素市场培育，释放数据要素潜力，提高应用能力，赋能产业发展，满足消费者日益增长的物质需求。

三、挑战与收益并存的中国对外直接投资策略选择

中国是全球第一大制造业国，制造业增加值在全球占有重要比重，但目前中国制造业面临发达国家、发展中国家两面挤压，要素成本快速上升、传统竞争优势削弱。通过“走出去”引进、获取先进技术、设计、品牌、渠道等高端要素，推动提质增效、转型升级，可保持和增强制造业竞争力。[④]

（一）不同方式对外直接投资机遇

第一，我国已建成全球规模最大、技术领先的网络基础设施，数据资源

---

① 刘笑萍，蒋依鸣.中国制造业企业海外多元化投资与经营绩效[J].国际贸易，2022(10)：87—95.

② 杨连星，牟彦丞，张迪.对外直接投资如何影响企业收益？[J].世界经济研究，2021(01)：104—116，136.

③ 吴先明，马子涵.制度嵌入如何影响跨境并购后的企业创新质量？[J].经济管理，2022，44(04)：98—115.

④ 中华人民共和国商务部政策研究室.走出去引进高端要素 促进制造业创新升级[EB/OL].(2016-09-05)[2017-03-04]. http://zys.mofcom.gov.cn/article/d/201609/20160901384886.shtml.

价值加快释放。[①]全球数字经济快速发展,与传统产业深度融合,产业升级加速进行。中国数字基础设施赋能企业创新能力,一方面赋予中国企业新的要素禀赋和竞争优势,另一方面使中国企业更加快速、更加准确把握目的地区位优势,[②]利用当地禀赋优势,选择投资策略,提高"走出去"效率。

第二,区域伙伴关系持续深化发展。《中国商务统计年鉴》数据显示,截至2021年底,中国共与159个国家和地区签订过贸易协定、议定书或经济合作协定,与134个国家和地区签订过投资协定(协议),成为稳定双边投资关系的切实行动。高水平贸易协定和投资协定的签订与实施,推动贸易投资趋向自由化,走向便利化,为跨境投资创造良好条件。[③]中国企业能够高效把握投资策略与当地政策融合程度,减少对外投资不确定性,畅通"走出去"环节,通过跨国并购提升价值链攀升效率,通过绿地投资加快传统产能"走出去"。

第三,推动共建"一带一路"高质量发展。共建"一带一路"倡议是跨区域经济合作构想,具有更高层次和更广阔视野,加速推动构建"双循环"新发展格局,促进中国与沿线国家优势互补,实现不同国家循环联动、产能转接,推动中国产业结构升级,扩大全球价值链攀升空间,[④]为中国企业"走出去"提供了良好的政治互信基础、政策确定环境。

(二)中国对外投资的策略选择

第一,强化企业创新主体地位,持续推进关键核心技术攻关。一方面,要坚持市场化运作,深化"放管服"改革,激发企业天然创新动机,催化企业获利动机,鼓励企业走出去,在薄弱环节开展并购,攻克难题,突破技术垄断,在优势领域开展绿地投资,扩大市场,赚取利润,推动更加充分发展目标的实现。另一方面,要加强引导,强化统一开放大市场,使企业聚焦先进技术路线和商业模式,改善中国在全球价值链分工中的格局,在国内国际两个市场培育要素优势,引导高端产业进入中国。

---

① 国家互联网信息办公室.数字中国发展报告(2021年)[EB/OL].(2022-08-02)[2022-09-13]. https://www.cac.gov.cn/2022-08/02/c_1661066515613920.htm.

② Alnuaimi, Bader K., et al. Mastering digital transformation: The nexus between leadership, agility, and digital strategy[J]. Journal of Business Research. 2022(145).

③ 王跃生,杨丽花.区域贸易协定赋能双循环新发展格局构建[J].中国特色社会主义研究,2022(04):28—34, 2.

④ 武宵旭,葛鹏飞."一带一路"倡议与非沿线国家OFDI:增量引致还是存量转换[J/OL].财贸经济:1-16[2022-10-21].

第二，构建新发展格局，实现国内国际两个市场循环流转和产业关联畅通。一方面，要立足国内市场，实现国民经济体系高水平完整，打通堵点，补齐短板，锻造长板，实现供求动态均衡，为中国企业“走出去”提供后备力量，为引进吸收先进技术准备坚实基础。另一方面，要推动更高水平对外开放，充分利用国内国际两种资源，开展国际并购，消化吸收先进技术与管理经验，完善规则体系，提高质量标准，推动国内国际接轨，打造更高水平开放平台。

第二节 中国吸收外资的产业结构不断优化

在数字经济进程加快的背景下，数字经济时代高技术产业已经成为中国吸收外资的一个新的增长点。“双循环”新发展格局下，中国吸收外资的结构不断优化，质量不断提升。

一、数字经济背景下外商投资发展面临的新形势

数字经济的发展影响着国际投资决策，为吸引外商投资带来了重要机遇。早在2017年，联合国贸发组织（UNCTAD）就以“投资与数字经济”为主题发布了年度报告，阐述了数字经济正在对全球投资模式产生重大影响，创造了很多新的可持续发展机遇，正在成为全球经济运行中越来越重要的一部分，未来将逐渐实现全球范围内各部门的供应链数字化；另外根据《世界投资报告2019》对国际投资促进机构的一项调查显示，75％的发达经济体受访机构和40％的发展中和转型经济体投资促进机构认为，信息通信业最具吸收外资增长潜力。据中国信息通信研究院2021年发布的《全球数字经济白皮书》数据，中国数字经济规模已经连续多年位居世界第二，2020年高达39.2万亿元，同比增长9.7％，而同期名义GDP增速仅为6.7％，数字经济已成为推动国民经济增长的重要力量。中共十八大以来，国家高度重视发展数字经济，在2016年G20峰会、2017年中央政治局会议、2018年中央经济工作会议以及2021年世界互联网大会乌镇峰会上多次强调发展数字经济，推动数字技术与实体经济深度融合，并将发展数字经济上升到了国家战略的层面。2022年习近平总书记在《不断做强做优做大我国数字经济》一文中指出，数字经济发展速度之快、辐射范围之广、影响程度之深前所未有，正在成为重组全球要素资源、重塑全球经济结构、改变全球竞争格局

的关键力量。[①]数字经济正在从根本上改变企业跨境生产、营销和服务的方式，越来越多地涉及全球供应链的数字化，数字技术的运用、数字生产要素的流动正在影响着国际投资决策，改变FDI的流动方向。

根据UNCTAD的研究，全球在应用数字平台方面的持续扩张和传统部门的数字化转型可能会在未来10年改变国际生产和国际投资格局。随着跨国公司利用数字技术的能力提高，其运作模式将会产生变化，这些变化一方面将重塑全球FDI流动，同时也将被FDI流动所影响。预计未来可能主要有两个转变趋势：一方面某些行业的FDI规模可能会收缩，并产生一定的回流，因为数字技术可以对某些经营环节实现远程控制从而降低成本；另一方面FDI会出现“去民主化”，也就是说FDI会再次集中于经济发展水平较高的经济体，流向数字相关的前沿行业。目前布局数字制造的企业集中在10个国家，特别是美国、日本、德国、中国、法国、英国、瑞士、韩国和荷兰，这9个国家先进专利量已经约占到全球先进数字生产专利总量的91%、出口总量的70%以及进口总量的46%。FDI的回流可能也集中于这些国家，并且反过来进一步促进这些区域数字经济发展水平的提高。[②]

根据近几年商务部发表的《中国外商投资报告》以及UNCTAD发布的《世界投资报告》，在世界经济缓慢复苏、全球产业链供应链受阻等复杂多变的国际经济形势下，全球范围内的外商投资具有下行趋势；但中国科学统筹经济社会发展，国民经济持续稳定恢复，高质量发展不断取得新成效，对外商投资形成了强大吸引力，在信息产业、电子商务和研发的强力推动下，外商投资量逆势增长。

中国数字经济全球领先，产业数字化转型进度加快，对外资的吸引力加强。2021年，中国数字经济规模达到45.5万亿元，同比名义增长16.2%。一方面，数字基础设施加快铺设，为外商投资拓展了空间。2021年，中国“双千兆”网络加快建设，累计开通142.5万个5G基站，建成世界上规模最大的光纤网络和5G网络；具备全国影响力的工业互联网平台超过150个，平台服务的工业企业超过160万家。另一方面，产业数字化转型持续纵深发展，为外商投资提供了新动能。2021年，中国“5G+工业互联网”在建项

① 习近平.不断做强做优做大我国数字经济[J].先锋，2022(03)：5—7.

② Premila Nazareth Satyanand. Foreign Direct Investment and the digital Economy[J]. ARTNeT on FDI Working Paper. 2021(6).

目超过 2 000 个，规模以上工业企业关键工序的数控化率达到 55.3%，数字化研发工具的普及率达到 74.7%，工业机器人同比增长 30.8%。开展网络化协同和服务型制造的企业比例分别达到了 38.8%和 29.6%。产业数字化转型进程加速，不仅为外资企业转型发展拓展了空间，而且通过“机器换人”，缓解了劳动力成本上升的压力，进一步提升了对外资企业在华投资的吸引力。

二、高技术产业吸收外资呈现快速增长

随着中国经济发展的逐步深化，国家加强战略科技力量的建设和布局，大力推进科技创新和发展高技术产业，加快高技术产业链的铺设，高技术产业成为引资重要增长点，吸引外资的规模持续扩大。

（一）中国高技术产业吸收外资总体情况

中国高技术产业实际利用外资额快速增长。根据商务部外资统计，2021 年中国高技术产业实际使用外资额为 522 亿美元，同比增长 22.1%，高技术产业实际使用外资额占比从 2018 年的 23.2%提升至 28.8%，3 年间提高了 5.6 个百分点(图 5-8)。

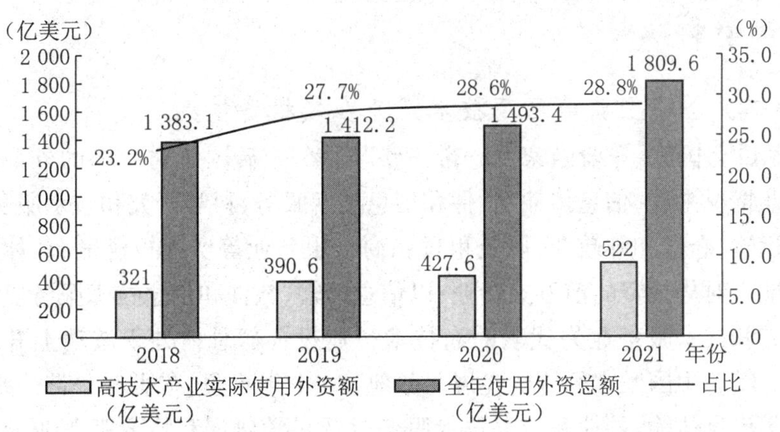

图 5-8　2018—2021 年中国高技术产业实际使用外资情况

• 数据来源：商务部外资统计公开数据。

中国利用外资结构持续优化。2017—2021 年，中国高技术制造业实际使用外资金额从 98.9 亿美元增长至 120.6 亿美元；占制造业实际使用外资金额的比重从 29.5%提升到 35.8%，提高了 6.3 个百分点；占总实际

使用外资金额的比重从7.3%降低至6.7%，减少0.6个百分点，说明制造业的比重稍有下降。高技术服务业实际使用外资金额从260.7亿美元波动增长至401.4亿美元；占服务业实际使用外资金额的比重从25.9%提升到27.9%，提高了2个百分点；占总实际使用外资金额的比重从19.1%波动上涨至22.2%，增加3.1个百分点，说明服务业的比重在上行(图5-9)。

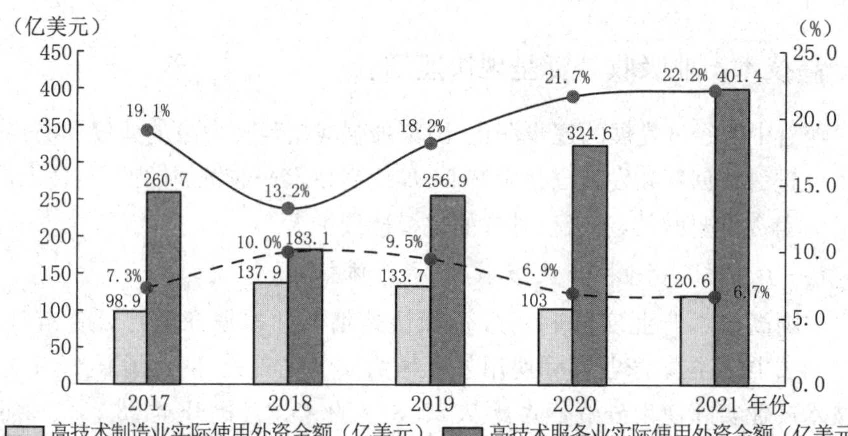

图5-9　2017—2021年中国高技术制造业和服务业实际使用外资情况

• 数据来源：商务部外资统计公开数据。

（二）全球主要地区高技术产业在华投资情况

从欧盟国家、东盟国家、"一带一路"国家、金砖国家对中国的外商投资分行业情况来看，信息传输、软件和信息技术服务，科学研究和技术服务业，交通运输、仓储和邮政业，以及租赁和商务服务业等实际投资额，总体上属于各地区对华投资的前五大行业；以信息传输、软件和信息技术服务以及科学研究和技术服务业为代表的高技术产业投资额总体处于波动上升的趋势。伴随着中国数字经济的发展与落地，2021年欧盟、东盟、"一带一路"国家对华信息传输、软件和信息技术服务以及科学研究和技术服务业的投资额有着较大跃升：欧盟国家2021年科学研究和技术服务业对华实际投资额4.5亿美元，同比增长80%(表5-3)；东盟国家对华投资以批发零售和制造业为主，2021年东盟信息传输、软件和信息技术服务对华投资额为8.5亿美元，成为东盟对华投资的主要行业之一(表5-4)；"一带一路"国家过往对华投资以批发零售、制造业、房地产为主，2021年信息传输、软件和信息技术服务对华投资额为 8.5 亿美元，同样成为对华投资的主要行业之一（表 5-5）；2021 年金砖国家科学研究和技术服务业对华投资额从 2020 年的 200 万美元增长至 1 000 万美元，也展现出强劲的增长态势（表 5-6）。

表 5-3　2017—2021 年欧盟对中国主要行业的实际投资额　（亿美元）

年份	制造业	租赁和商务服务业	科学研究和技术服务业	批发和零售业	金融业	房地产
2017	42.4	10	—	6.91	6.71	7.066
2018	66.33	15.596	2.36	7.3	5.98	—
2019	42.52	8.67	5.697	6.14	3.75	—
2020	29.9	18.4	2.5	2.4	1.7	—
2021	27.8	7.3	4.5	4.4	—	—

• 数据来源：商务部外资统计公开数据。
• 注："—"表示数值较小，不计入。

表 5-4　2017—2021 年东盟对中国主要行业的实际投资额　（亿美元）

年份	批发和零售业	制造业	房地产	租赁和商务服务业	交通运输、仓储和邮政业	信息传输、软件和信息技术服务
2017	4.82	13.74	10.52	7.13	3.88	—
2018	4.997	17.38	9.9	8.06	5.41	—
2019	4.21	22.49	13.33	18.19	6.07	—
2020	5.6	21.8	17.6	14.7	6.3	—
2021	23.3	20.8	16	15.7	—	8.5

• 数据来源：商务部外资统计公开数据。
• 注："—"表示数值较小。

表 5-5　2017—2021 年"一带一路"沿线国家对中国主要行业的实际投资额（亿美元）

年份	批发和零售业	制造业	房地产	租赁和商务服务业	交通运输、仓储和邮政业	信息传输、软件和信息技术服务
2017	4.98	15.28	10.52	7.396	—	4.5
2018	5.21	20.13	9.93	8.09	5.42	—
2019	4.64	24.18	13.43	18.22	6.08	—
2020	5.8	22.6	17.8	14.7	6.3	—
2021	26.3	22.2	16.3	15.8	—	8.5

• 数据来源：商务部外资统计公开数据。
• 注："—"表示数值较小。

表 5-6 2017—2021 年金砖国家对中国主要行业的实际投资额 (万美元)

年份	批发和零售业	制造业	信息传输、软件和信息技术服务	科学研究和技术服务业	交通运输、仓储和邮政业	租赁和商务服务业
2017	336	15 291	12 675	—	194	—
2018	401	12 014	—	2 973	120	—
2019	2 337	5 651	430	106	—	93
2020	1 000	4 000	300	200	—	60
2021	1 000	1 000	—	1 000	—	300

• 数据来源:商务部外资统计公开数据。
• 注:“—”表示数值较小。

三、中国引进高技术产业外资的政策支持

中国不断扩大鼓励外商投资产业目录、完善扶持政策、优化监管制度、健全服务保障机制,为外商投资企业营造了良好的投资环境,促进了以高技术产业为代表的重点行业利用外资规模持续增长、在华外资企业经营稳步发展。

第一,扩大鼓励外商投资产业目录,引导外资投向重点产业。2021 年发布的《鼓励外商投资产业目录(2020 年版)》开始施行,鼓励目录总条目达到 1 235 条,比 2019 年版增加 127 条,进一步扩大了鼓励外商投资范围,鼓励外资投向生产性服务业。在研发设计领域,新增或修改第五代移动通信技术研发、区块链技术开发等条目。在商务服务领域,新增高端装备维修、数字化生产线改造与集成等条目。在现代物流领域,新增或修改跨境电子商务零售、大宗商品进出口分拨中心、社区连锁配送等条目。

第二,落实细化减税降费优惠政策,支持企业研发和投资发展,提升对高技术产业外商投资吸引力。一方面,进一步支持外资企业研发创新政策:财政部发布《关于进一步完善研发费用税前加计扣除政策的公告》《关于“十四五”期间支持科技创新进口税收政策的通知》等文件,明确外资研发中心采购进口设备免税资格,支持外资研发中心发展,进一步激励企业加大研发投入。另一方面,免征重点产业关键产品进口关税政策——《关于支持集成电路产业和软件产业发展进口税收政策的通知》《关于 2021—2030 年支持新型显示产业发展进口税收政策的通知》等文件中提示,对集成电路产业和新型显示产业的关键原材料、零配件免征进口关税。

第三,健全外资服务保障机制,提升高技术产业外商投资服务能级。商务部对重点外资项目加大服务力度,快速响应并解决问题,保障企业稳定经

营。在重点外资项目用地、用能、环保、人员出入境等方面增加保障，推动项目早签约、早投产、早达产。2021 年以来，商务部先后召开医药行业外资企业座谈会、汽车产业链外资企业座谈会，与中国美国商会、中国德国商会等开展会谈，加强沟通和支持。

第四，完善知识产权保护制度，鼓励国际科技创新合作，提升高技术产业外商投资质量。数字经济时代，外商投资企业对于专利、商标、版权等知识产权保护要求极高，中国持续加强知识产权保护，保护各类市场主体的合法权益：加快制定完善专利、商标、版权侵权假冒判断、检验鉴定等相关标准；突出重点，强化整治，深化打击侵犯知识产权违法行为专项行动，重罚严惩各类侵权违法行为；推动知识产权快速协同保护，加强知识产权保护国际合作，支持企业海外获权维权；继续提升知识产权审查质量和效率，实现商标注册智能化系统建设，并提高知识产权授权注册质量，促进高价值核心领域专利的积累。

四、各细分高技术产业外商投资的总体情况

以下从电子信息制造业、汽车制造业等高技术产业分别展现外商投资总体情况。

（一）电子信息制造业

电子信息制造业是外资进入最早的行业之一，也是中国经济发展的重要支柱产业之一。在经济发展初期，中国凭借劳动力和市场优势，吸引了大量跨国电子信息企业来华投资。其业务早期以组装加工为主，随着电子信息产业发展，逐渐向高附加值的环节延伸，形成了产业链配套完备的电子信息产业体系。近年来，中国密集出台了一系列支持电子信息产业发展的政策措施：《“十四五”数字经济发展规划》《“十四五”信息通信行业发展规划》《基础电子元器件产业发展行动计划》等文件，为电子信息产业健康发展和内外资企业公平竞争提供了良好的制度和政策保障，支持集成电路、新型显示、智慧健康养老、超高清视频等重点领域发展，加强集成电路关键技术攻关、研发设计和产品制造，鼓励全球领先电子信息企业深化对华合作；推动电子元器件产业国内国际相互促进，与境外企业开展多种形式的技术、人才、资本合作，构建开放发展、合作共赢的产业格局；扩大外商投资产业目录范围，引导外商投向电子信息重点领域；对不同类别集成电路生产原材料、设备等免征进口关税，加大重点领域政策支持力度等。

电子信息制造业是中国制造业中利用外资规模最大的行业，中国计算机、通信和其他电子设备制造业外资企业发展已经进入相对稳定阶段。近年来，电子信息制造业利用外资规模占制造业利用外资规模的比重一直保持在20%左右，对维护制造业产业链供应链稳定和安全发挥了重要作用。部分外资半导体企业通过设立由中国大陆资本主导的合资企业，推进本地化发展。部分外资电子信息企业顺应中国产业升级趋势，对中国电子信息产业链高端环节加大投资，并将落后产能向东南亚国家转移。2021年中国电子信息制造业利用外资规模大幅回升，同比增长14.2%，高技术制造环节利用外资稳步增长。集成电路制造业实际使用外资金额占计算机、通信和其他电子设备制造业比重从2011年的4.9%提升至2021年的11%，智能消费设备制造利用外资从无到有，2021年实际使用外资金额占比达到6.4%。另外，从存续外资企业数来看，2012—2019年，规模以上外资计算机、通信和其他电子设备制造企业数量呈现逐步下降趋势，但2020年，规模以上外资计算机、通信和其他电子设备制造企业数量呈现增长态势，存续企业数量逐步稳定，企业发展进入稳定期(图5-10)。

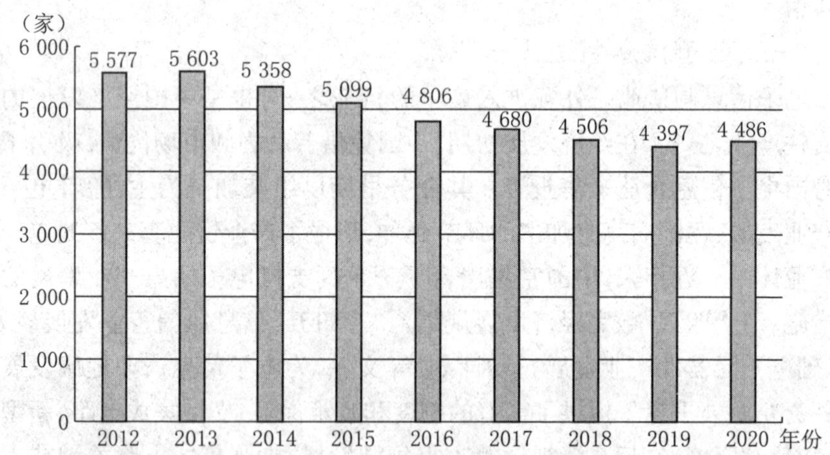

图5-10 2012—2020年规模以上外资计算机、通信和其他电子设备制造企业数量

• 数据来源：国家统计局公开数据。

中国计算机、通信和其他电子设备制造业外资企业发展进入相对稳定阶段。从计算机、通信和其他电子设备制造业固定资产投资来看，全行业固定资产投资增长率由2019年的16.8%降至2020年的12.5%。外商投资企

业固定资产投资增长率由3.4%增长至4.5%。表明近年中国电子信息外资企业发展进入相对稳定阶段(图5-11)。

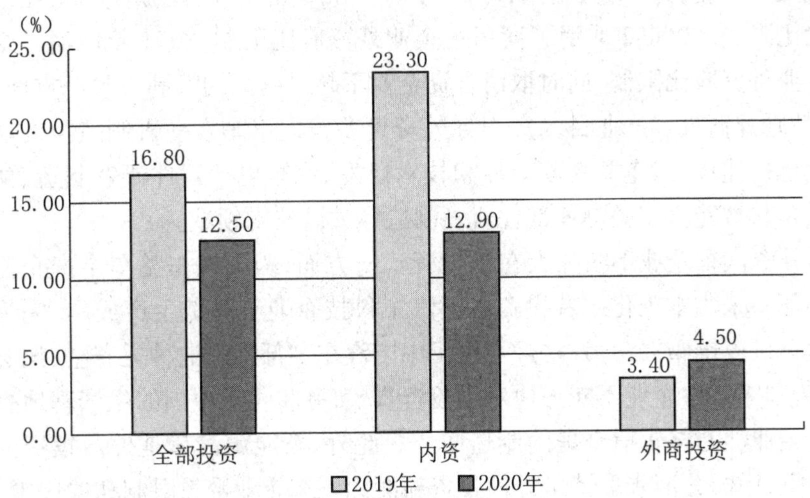

图5-11　2019—2020年电子信息产业按登记注册类型分固定资产投资增长率

• 数据来源:国家统计局公开数据。

(二)汽车制造业

汽车制造业是中国国民经济的重要支柱产业之一。汽车消费占国内社会消费品零售总额的10%左右,是国内消费市场的重点领域且市场潜力巨大,但中国与海外成熟市场相比,汽车人均保有量仍有较大增长空间。

政府鼓励外资汽车企业智能化和绿色低碳转型,支持汽车行业推广智能制造。中国持续出台新能源领域相关政策,支持新能源汽车与动力电池发展,加快关键核心技术创新应用,支持汽车龙头企业建设智慧供应链协同平台。此外,随着新一代信息技术与汽车产业加速融合,汽车数据处理能力日益增强,外资汽车制造企业对中国智能汽车、智能网联汽车的投资也逐步增多,由此产生了大量的汽车数据跨境传输需求。中国出台汽车数据处理规范,明确了外资和合资企业数据处理及跨境传输的合规义务,保障外资企业合规经营。同时,鼓励智能网联汽车发展,对智能网联汽车的产业标准、研发验证、行业准入等方面进行了规范,促进内外资企业规范发展智能网联汽车。

随着中国消费市场不断扩大和放宽对外资企业投资汽车领域的限制,

中国市场对外资汽车企业投资的吸引力不断增强。一方面,随着中国持续深入推进高水平对外开放,汽车领域的外资准入限制逐步取消,外资车企在华发展有了更为广阔的空间:2018 年取消了专用车、新能源汽车企业的外资股比限制,2020 年取消了商用车企业外资股比限制,2021 年取消了乘用车企业外资股比限制,同时取消合资企业不超过两家的限制。另一方面,扩大《鼓励外商投资产业目录》,引导外资更多投向汽车发动机制造及发动机研发机构建设、汽车关键零部件和技术研发、汽车电子器件研发制造、新能源汽车与智能汽车关键零部件研发制造等关键技术领域。

外资汽车企业不断加大在华投资。一方面,跨国汽车整车生产企业通过零部件采购本土化或者投资本土汽车科技企业等降低生产成本,完善在华汽车供应链布局。另一方面,由于中国汽车零部件产业种类齐全、配套完整,跨国零部件企业不断加快对华投资步伐,并将位于中国的生产基地打造为立足亚洲乃至辐射全球的制造中心。此外,新能源汽车是外商投资的新增长点,中国分两步取消了外商投资新能源汽车企业数量限制和股比限制,为深耕中国的外资车企提供了巨大市场空间以及持续的增长潜力,外资对中国新能源汽车产业的投资和布局加快。

外资汽车企业持续加大技术研发,反过来促进了中国汽车行业发展。汽车企业合资体系中,汽车基础系统、核心技术的设计和开发一般在母国进行或由中国的全资子公司负责。跨国车企为了使产品贴合中国消费者的需求,通过在中国设立研发中心或加强与本土企业合作的方式,加快自身本土化转型的步伐,且外资已不再局限于传统内燃机零部件的研发,而是更多聚焦于电动汽车零部件、软件等新领域,以及高等级智能研发的应用及落地。从汽车领域的发明专利情况看,中国汽车专利申请主体以外资企业为主,2021 年汽车发明专利公开量排名前 5 名中就有 4 名为外资企业。

外资汽车企业在华营收和销售额持续增长,且人均营收远超同业,为经济增长带来活力。国家统计局数据显示,2016—2020 年,规模以上汽车制造业外资企业营业收入从 36 904.8 亿元增加至 43 418.4 亿元,利润总额从 3 511.6 亿元增长至 3 522.7 亿元,营收利润率从 9.5%下降至 8.1%,但明显高于全国车企利润率水平。此外,从人均营业收入来看,外资汽车制造企业的人均收入从 224.3 万元/人增长到 288.3 万元/人,也远超同行业企业平均水平 195.7 万元/人,具有较高的生产效率(图 5-12、图 5-13)。

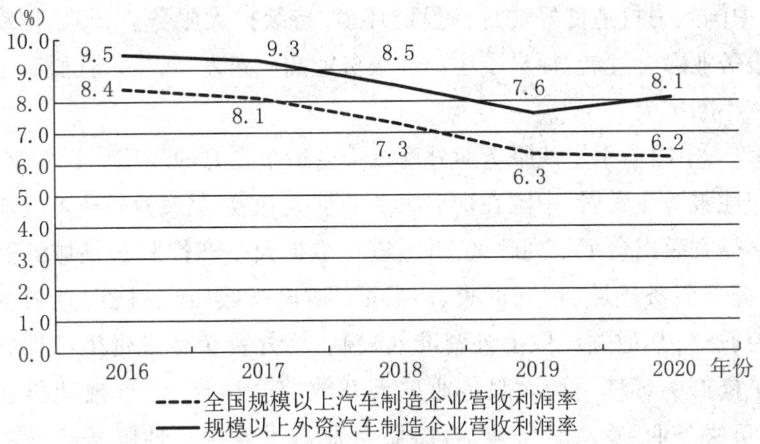

图 5-12　2016—2020 年规模以上汽车制造企业营收利润率情况

• 数据来源：国家统计局公开数据。

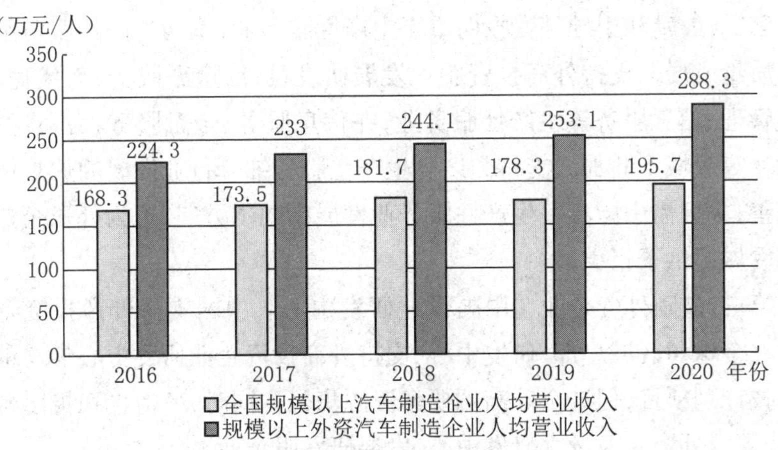

图 5-13　2016—2020 年规模以上汽车制造企业人均营收情况

• 数据来源：国家统计局公开数据。

（三）生产性服务业

生产性服务业是指为保持工业生产过程的连续性、促进工业技术进步、产业升级和提高生产效率提供保障服务的服务行业。按照国家统计局印发的《生产性服务业统计分类(2019)》，生产性服务业主要包括研发设计与其他技术服务、信息服务、金融服务、商务服务、批发与贸易经纪代理等。[①]近

① 中华人民共和国商务部外国投资管理司. 中国外商投资报告 2022[R/OL]. (2023-01-04)[2023-01-26]. http://wzs.mofcom.gov.cn/article/ztxx/202301/20230103377273.shtml.

年来,中国致力打造良好的外商投资环境,持续扩大服务业开放、推动制造业与服务业融合发展,促进了生产性服务业高质量发展,生产性服务业使用外资额不断扩大。

第一,中国为生产性服务业外商投资营造了良好的环境。近年来,为促进生产性服务业发展,中国在推动服务业扩大开放、鼓励重点生产性服务行业发展等方面出台了系列政策文件,进一步扩大生产性服务领域的开放范围,在商务服务领域、市场调查领域除广播电视收听、收视调查领域须由中方控股外,其他领域取消外资准入限制,为外资企业投资生产性服务业营造了良好的环境。增设服务业扩大开放综合试点,注重推动科技服务业、商务服务业、物流服务业、金融服务业等重点生产性服务行业深化改革,扩大开放,发挥生产性服务业对制造业发展的支撑作用,先行先试引领全国服务业发展。

第二,鼓励和引导外资投向重点生产性服务业,推动生产性服务细分行业高质量发展。支持外商投资企业发展研发设计、金融服务、现代物流、供应链管理、信息服务等生产性服务业,在信息服务、金融服务、交通运输、研发设计等领域不断加大支持力度。生产性服务细分行业发展的规划体系不断完善,不仅为中国相关生产性服务业发展指明了方向,也为外资企业的投资和发展提供了指引。

第三,鼓励外资企业在中国设立研发中心。中国支持外商投资企业在华设立全球和区域总部、研发中心,支持外商投资企业研发中心参与承担国家科技计划项目,促进全球高端要素资源集聚。同时,各地也积极出台鼓励政策,支持外资企业设立研发中心,发展研发服务业。

生产性服务业利用外资规模持续扩大、结构持续优化,对推动中国生产性服务业快速发展起到了重要作用。

近年来,中国生产性服务业利用外资规模持续扩大。2020 年中国生产性服务业利用外资额为 1 012.2 亿美元,相比 2016 年增长 36.9%;2016—2020 年生产性服务业实际使用外资额占中国实际使用外资总额的比重由 54.2%提升至 55.9%(图 5-14)。此外,从新设的生产性服务业外资企业数量来看,2017 年以来呈现波动增长态势,由 2017 年的 27 813 家增加至 2021 年的 35 772 家,增长 28.6%,生产性服务业对外资的吸引力不断增强,成为利用外资的重要领域之一(图 5-15)。

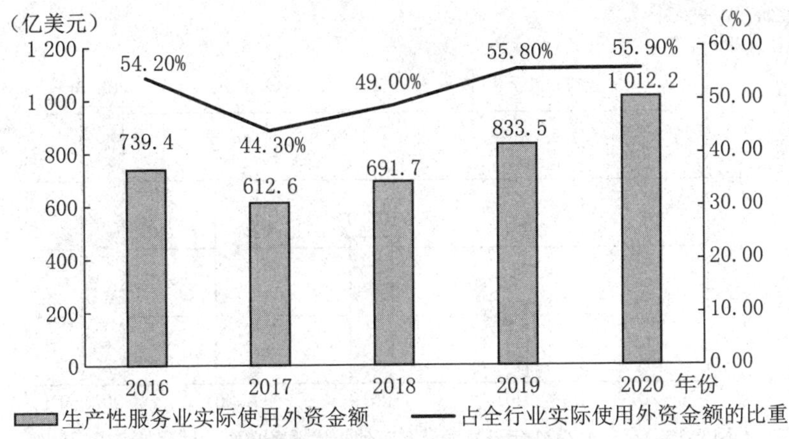

图 5-14 2016—2020 年生产性服务业实际使用外资情况

• 数据来源：商务部外资统计公开数据。

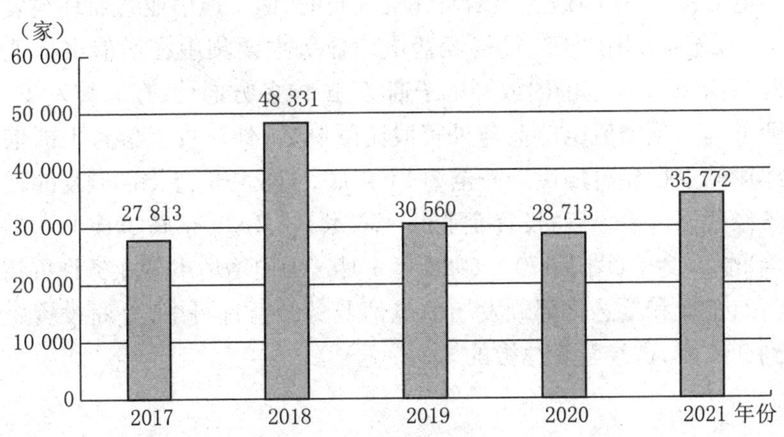

图 5-15 2017—2021 年生产性服务业新设外资企业数

• 数据来源：商务部外资统计公开数据。

具体来看，不同生产性服务业领域利用外资规模变化趋势存在差异。

研发设计与其他技术服务业实际使用外资额快速增长。外资研发中心在中国主要从事生物医药、信息技术、汽车零部件，以及化工、电子设备和机械制造等资本技术密集型行业的研发与服务，且呈现出从过去以服务本地市场的应用技术研究向承担全球研发核心技术的基础性研究转变的趋势。2017—2021 年，研发设计与其他技术服务业实际使用外资金额从 2017 年的 46.3 亿美元增长至 2021 年的 205.6 亿美元，呈现高速增长态势，实现了巨大的突破（图 5-16）。

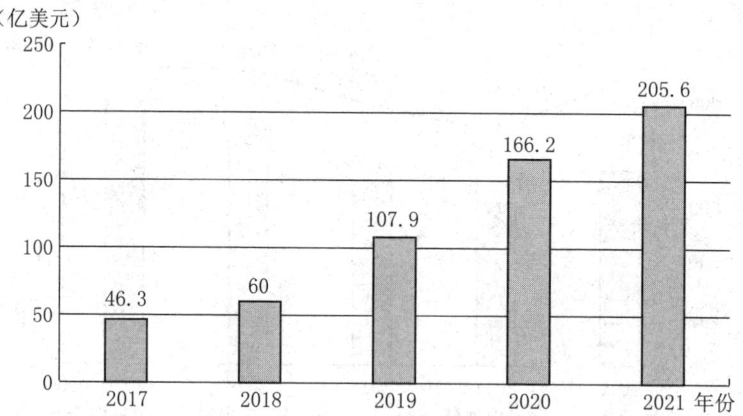

图 5-16　2017—2021 年研发设计与其他技术服务业实际使用外资情况

• 数据来源:商务部外资统计公开数据。

在电信领域,中国信息通信研究院发布的《信息通信业营商环境发展报告(2022)》显示,中国外商投资经营电信业务主要集中在增值电信业务领域。2019 年在全国范围内放开电子商务、国内多方通信、存储转发类、呼叫中心业务等 4 项增值电信业务外资股比限制后,外商投资参与中国信息通信业建设的步伐显著加快。截至 2021 年底,工业和信息化部颁发的增值电信业务经营许可中,外商投资企业共 753 家,较 2020 年底增长 123.4%,是 2017 年的 13.2 倍(图 5-17)。2022 年 6 月,《国内增值电信业务许可情况报告》显示,工业和信息化部颁发增值电信业务经营许可中,外商投资企业已经达到 964 家,占经营者总数的 3.3%。

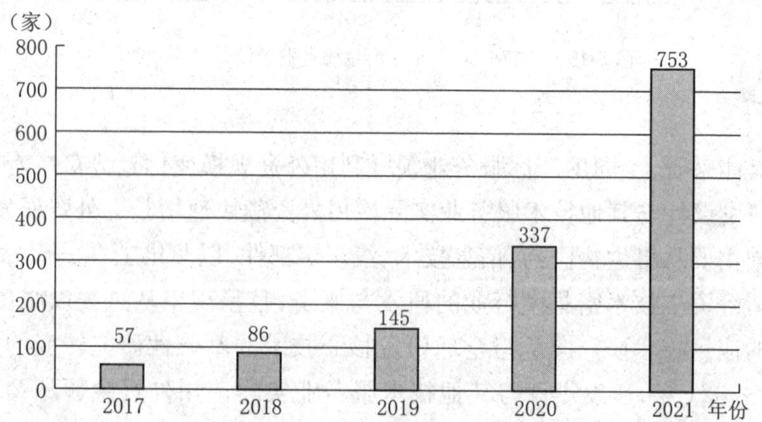

图 5-17　2017—2021 年工业和信息化部颁发增值电信业务经营许可的外资企业数量

• 数据来源:中国信息通信研究院公开数据。

信息服务业实际使用外资额自2018年稳步提升：2017年，信息服务业实际使用外资金额为210.4亿美元，2018年有所下降，此后开始稳步回升，2021年信息服务业实际使用外资额增加至184亿美元，同比增长16.5%（图5-18）。

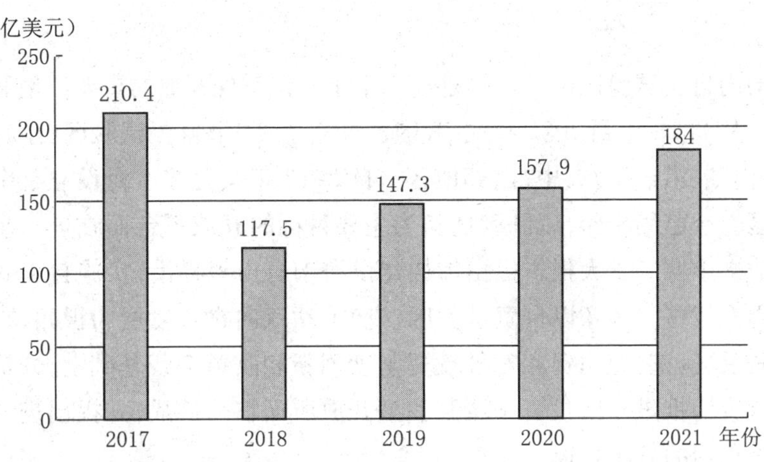

图5-18　2017—2021年信息服务业实际使用外资情况

• 数据来源：商务部外资统计公开数据。

在金融领域，在华外资银行总资产从2013年的4 159亿元增长至2020年的3.8万亿元，年均增长率为13.9%。截至2020年，外资银行在华共设立41家法人银行、115家银行分行和149家代表处，营业性机构共975家（含总行、分行、支行）。境外保险机构在华共设立了66家外资保险机构、117家代表处和17家保险专业中介机构，外资保险公司总资产1.7万亿元，外资保险公司实现原保费收入3 524.4亿元，占市场份额7.8%，同比上升0.6个百分点。①外资保险公司的发展进一步优化了中国保险市场的构成，促进中国形成了中外资保险公司公平竞争、优势互补的格局。

① 中华人民共和国商务部外国投资管理司.中国外商投资报告2022[R/OL].(2023-01-04)[2023-01-26].http://wzs.mofcom.gov.cn/article/ztxx/202301/20230103377273.shtml.

第六章
中国双向投资的发展——自贸区(港)篇

国内自贸试验区(港)是推进高水平全方位对外开放的重要高地和开放平台。从2013年到2022年底,我国已设立了21个自贸试验区(港),覆盖沿海、内陆、沿边等东、中、西部地区。自2013年9月在上海设立首个自贸试验区至今已约十年,以制度创新为主要目标的开放平台面临进一步升级的挑战。中共二十大报告提出加快建设海南自由贸易港,实施自由贸易试验区提升战略。本章以自贸试验区(港)推动双向投资发展为视角,在总结自由贸易区(港)在引资和对外投资制度创新和改革实践基础上,分析当前自贸区(港)推进双向投资领域制度型开放所面临的挑战,并提出进一步推进制度创新的若干建议。

从影响方向而言,自贸区(港)国际投资制度创新可大致分为三类:一是吸引外资的制度,典型如外资准入制度以及外国投资行政服务便利化措施等;二是促进对外投资的制度,如境外投资管理制度和境外投资所得税税收优惠制度;三是能同时促进吸引外资和对外投资的制度创新,例如跨境资金利用的自由化和便利化、人员流动的便利化、园区的跨境合作,以及促进政府、企业和相关行业商会互相交流的国际合作平台。本章根据这三类制度措施分别进行阐述。

第一节　自贸区(港)在引资领域的制度创新

本节集中于自贸区(港)对引资产生影响的制度改革和创新,主要包括率先试点的外资准入负面清单制度、投资便利化制度改革、重点产业发展和特殊的税收政策,以及其他开放平台的制度叠加等。对于具有双向性的政策如跨境资金利用便利化和自由化政策,本章将其放在第二节部分阐述。

一、外资准入负面清单管理制度

外资准入负面清单管理制度是内资和外资在投资领域差别待遇的集中体现。全国第一个自贸试验区即上海自贸区设立时就首次推出外商投资准入负面清单制度,以对接国际高标准投资贸易规则。外资准入负面清单管理制度简化了外国投资者在中国设立企业的程序,提高了外资准入透明度。2013 年到 2017 年,全国仅在自贸试验区内试点外资准入负面清单管理制度。经过 4 年多自贸区试验,2018 年开始,外资负面清单管理制度在全国复制推广。截至 2022 年底,目前全国版、自贸试验区版和海南自贸港版外资准入负面清单并存,其中全国版和自贸区版均为 2021 年版,而海南自贸港负面清单为 2020 年版。①

从 2013 年至今,我国对外国投资开放的行业不断扩大,负面清单条目数量明显缩减。2013 年版首张外资准入负面清单(上海自贸区内实施)共 190 条特别管理措施,2021 年版全国和自贸试验区外资准入负面清单分别缩减至 31 条和 27 条,而 2020 年版海南自贸港版外商投资准入负面清单共 27 条。2021 年自贸试验区版外资负面清单已实现制造业条目清零,2021 年全国版仅 2 条制造业条目(分别为出版物印刷、中药饮品炮制技术应用和中成药保密处方产品的生产)。2020 年版海南自贸港外资负面清单仅 1 条制造业特别管理措施,为“卫星电视广播地面接收设施及关键件生产”。由于“卫星电视广播地面接收设施及关键件生产”一项已在 2021 年全国版负面清单中删除,这也意味着海南自贸港版实际上已不包含该项特别管理措施。值得一提的是,外资负面清单删除特殊管理措施意味着外资和内资在准入阶段不实行差别待遇,但并不意味着不需要其他准入审核。例如上述删除的“卫星电视广播地面接收设施及关键件生产”项目,无论是外资和内资都需要经过政府部门审批,而其准入制度则要遵从“市场准入负面清单”以及相应法律法规。②

---

① 国家发展改革委、商务部 2021 年 12 月 27 日对外发布《外商投资准入特别管理措施(负面清单)(2021 年版)》和《自由贸易试验区外商投资准入特别管理措施(负面清单)(2021 年版)》,自 2022 年 1 月 1 日起施行。国家发展改革委、商务部 2020 年 12 月 31 日对外发布《海南自由贸易港外商投资准入特别管理措施(负面清单)(2020 年版)》,自 2021 年 2 月 1 日起施行。

② 市场准入负面清单常更新。截至 2022 年底,我国目前施行的是 2022 年版市场准入负面清单,由国家发展改革委和商务部发布实施,相应政策文件见《国家发展改革委 商务部关于印发〈市场准入负面清单(2022 年版)〉的通知》(发改体改规〔2022〕397 号)。

目前,全国版、海南自贸港版和自贸试验区版外资准入负面清单在部分领域存在差别,特别是较为敏感的增值电信、法律事务和教育领域。表 6-1 列出目前这三版的主要差异。从开放水平看,海南自贸港版开放水平高于自贸试验区版,而自贸试验区版开放水平高于全国版。以电信领域为例,全国版关于电信公司的特殊管理措施为:“限于中国入世承诺开放的电信业务,增值电信业务的外资股比不超过 50%(电子商务、国内多方通信、存储转发类、呼叫中心除外),基础电信业务须由中方控股(且经营者须为依法设立的专门从事基础电信业务的公司)。”自贸试验区版负面清单则将上海自贸试验区原有区域(28.8 平方公里)试点政策推广至所有自贸试验区执行。上海自贸区试点政策根据为 2014 年 1 月实施的《工业和信息化部、上海市人民政府关于中国(上海)自由贸易试验区进一步对外开放增值电信业务的意见》。该政策放宽以下业务的外资股比:信息服务业务(仅含应用商店)、存储转发类业务;呼叫中心业务、国内多方通信服务业务、互联网接入服务业务(为上网用户提供互联网接入服务);国内互联网虚拟专用网业务、在线数据处理与交易处理业务(经营类电子商务)。海南自贸港外资准入负面清单则在自贸试验区外资准入负面清单基础上,进一步开放互联网数据中心、内容分发网络等业务。

表 6-1 外商投资准入负面清单比较

行业大类	具体条目	海南自贸港(2020 年)	自贸试验区(2021 版)	全国 2021 版
	特别管理措施数量	27 项	27 项	31 项
农、林、牧、渔业	禁止投资中国管辖海域及内陆水域水产品捕捞	未列入清单	未列入清单	在清单中
	玉米新品种选育和种子生产的中方股比	中方股比不低于 34%	中方股比不低于 34%	中方控股
采矿业	禁止投资稀土、放射性矿产、钨勘查、开采及选矿	未列入清单	在清单中	在清单中
制造业	卫星电视广播地面接收设施及关键件生产	列入清单	未列入清单	未列入清单
	出版物印刷须由中方控股	未列入清单	未列入清单	在清单中
	禁止投资中药饮片的蒸、炒、炙、煅等炮制技术的应用及中成药保密处方产品的生产	未列入清单	未列入清单	在清单中

续表

行业大类	具体条目	海南自贸港(2020年)	自贸试验区(2021版)	全国2021版
	特别管理措施数量	27项	27项	31项
信息传输、软件和信息技术服务业	电信公司中增值电信业务存在差异	除在线数据处理与交易处理外,增值电信按自贸试验区外资负面清单;允许实体注册、服务设施在海南自由贸易港内的企业,面向自由贸易港全域及国际开展互联网数据中心、内容分发网络等业务	上海自贸试验区原有区域(28.8平方公里)试点政策推广至所有自贸试验区执行	限于中国入世承诺开放的电信业务,增值电信业务的外资股比不超过50%(电子商务、国内多方通信、存储转发类、呼叫中心除外),基础电信业务须由中方控股
租赁和商务服务业	法律事务政策存在差异	部分涉海南商事非诉讼法律事务除外	与全国版相同	禁止投资中国法律事务(提供有关中国法律环境影响的信息除外),不得成为国内律师事务所合伙人
	市场调查存在差异	广播电视收听、收视调查须由中方控股	广播电视收听、收视调查须由中方控股	市场调查限于合资,其中广播电视收听、收视调查须由中方控股
	社会调查政策存在差异	社会调查中方股比不低于67%,法定代表人应当具有中国国籍	社会调查中方股比不低于67%,法定代表人应当具有中国国籍	禁止投资社会调查
教育	教育政策存在差异	学前、普通高中和高等教育机构限于中外合作办学(境外理工农医类高水平大学、职业院校、非学制类职业培训机构除外),须由中方主导	非学制类职业培训机构、学制类职业教育机构可单独设立以中国公民为主要招生对象的学校及其他教育机构	学前、普通高中和高等教育机构限于中外合作办学,须由中方主导

• 资料来源:笔者整理。

二、投资便利化制度改革

投资便利化是相对于投资准入政策和投资激励政策而言的,如上述外资准入负面清单主要聚焦于投资准入政策。投资便利化在内涵和政策范围上与投资促进政策有所重合,但也略有不同。自 WTO 推动投资便利化多边谈判以来,投资便利化的内涵和范围更为明确,其中提高投资政策和程序的透明度、加快和简化投资程序、建立投资领域电子政务系统和单一窗口制度,以及建立和完善多元化投资者上诉和复议渠道等成为投资便利化的主要核心内容。①自贸试验区设立以来,地方政府在商事登记制度、政府审批

① 王惠平、赵蓓文、沈玉良主编. 海南蓝皮书:海南自由贸易港发展报告(2022)[M]. 北京:社会科学文献出版社,2022.

事项下放和流程改造、投资者单一窗口、事中事后监管领域推进多方面改革，典型如实施“证照分离”制度、投资单一窗口以及设立招商引资项目库和资源库等措施，这些措施均可纳入投资便利化范畴。投资便利化制度多属于地方政府事权范围，因此成为各地自贸区积极推进的重要改革领域，也是各地方快速将改革经验推广复制至自贸试验区外的政策。根据商务部信息，截至2022年底，各省、自治区、直辖市已经累计向自贸试验区下放了超过5 400项省级管理权限，大幅减少了审批层级，山东、广西等地还创新开展了“负面清单”式的放权。①

投资便利化领域制度与改善营商环境制度多数情况下重叠，这类制度改革同时适用于内资和外资，如外债管理便利化、跨境资金使用便利化以及外汇管理便利化、各类市场主体管理制度的简化和完善等，但外资在资金和跨境往来方面更多，因此部分政策的便利化改革对外资特别有益。另外，部分自贸区（港）专门针对外资设立了集中办理政务的窗口，进一步提升投资各环节行政事务的透明度和便利化水平，典型如海南省国际投资单一窗口制度。2020年8月，海南省国际投资单一窗口制正式上线，为外资企业提供“一站式”服务。该单一窗口围绕投资咨询、企业开办、项目建设、配套服务四个方面进行数字化系统集成，加快和精简投资相关事项的申请和审批流程，提高投资相关行政效率，成为国内首个国际投资“单一窗口”。在数字化基础上，海南各市县、重点园区政务服务中心增设线下服务窗口，以实现线下窗口“就近服务”，推进职能下沉、服务延伸。截至2022年8月2日，已有7 358家外资企业通过“单一窗口”系统线上办理了15 969件投资相关业务。②其他地区例如上海市在自贸区前期试点的基础上，2019年在国家部委支持下，通过窗口整合、业务流程再造，整合打造“一窗受理、一并发证”的“外国人工作、居留单一窗口”，为外籍人士在沪工作提供了便利，也为相应国内企业吸引国际人才创造了更好的制度环境。③

① 国务院新闻办公室.国务院新闻办发布会介绍2022年商务工作及运行情况[EB/OL].(2023-02-03)[2023-05-15]. https://www.gov.cn/xinwen/2023-02/03/content_5739888.htm.

② 海南日报.海南国际投资“单一窗口”升级上线[R/OL].(2022-08-04)[2022-09-11]. https://www.hainan.gov.cn/hainan/zymygxwzxd/202208/451d2e8b0bfa41f9afc2a37840380ab8.shtml.

③ 上海市公安局.“外国人工作、居留单一窗口”今日启用[R/OL].(2019-12-02)[2020-01-28]. https://gaj.sh.gov.cn/shga/wzXxfbGj/detail?pa=110ef360e4374a4148ab14b3a80237395a4b35ab69969817f3b390be3bfea91d.

三、产业和税收政策支持

随着自贸区(港)在全国推广布局,制度创新和产业发展二者关系越来越密切,各地自贸区在其原有产业基础上推出具有导向性的支持政策,其中包括对外开放的政策、放松审批的政策,也包括了各类税收优惠政策。

在重点产业选择上,各地自贸区根据其区域特点和产业基础优势进行差异化探索的特点明显。海南自贸港重点发展旅游业、现代服务业和高新技术产业,同时作出许多具有特色的制度探索,如推动发展医疗旅游业务、国际教育行业,在特许医疗器械和特许药品制度进口方面以及外国投资教育行业方面获得国家特殊政策;浙江自贸区舟山片区以油气产业链发展和大宗商品贸易为核心业务;北京自贸区以高科技产业和数字经济产业发展为其重点支持产业;上海临港新片区则大力发展集成电路、人工智能、生物医药、民用航空等产业。

在政策上,国家部委和地方政府对特定自贸区(港)相关行业的开放和监管制度方面作出特定安排。对重点发展产业,各自贸区(港)一般在税收政策、土地使用、人才吸引以及相关审批政策或监管政策上给予特殊优惠待遇。例如在国际教育和医疗卫生行业上,国家授予海南自贸港更开放的特殊措施。在税收优惠政策方面,部分早期试点的政策如上海试点的个人非货币资产投资分期缴税、天津自贸区试点的融资租赁出口退税政策等已在全国推广。近年为推动重点产业发展,国家对部分自贸区(港)重点产业给予特殊税收优惠,主要是对海南自贸港和上海临港片区。2020 年 6 月,财政部和国家税务总局发布《关于海南自由贸易港企业所得税优惠政策的通知》(财税〔2020〕31 号)和《关于海南自由贸易港高端紧缺人才个人所得税政策的通知》(财税〔2020〕32 号),分别推动实施海南自贸港特殊的企业所得税和高端紧缺人才个人所得税政策,即企业所得税和个人所得税“双15%税收优惠”。根据财税〔2020〕31 号文,在 2025 年前,对注册在海南自贸港并实质性运营的鼓励类产业企业,减按 15%的税率征收企业所得税;对在海南自由贸易港设立的旅游业、现代服务业、高新技术产业企业新增境外直接投资的所得,免征企业所得税。另外根据财税〔2020〕32 号文,对在海南自由贸易港工作的高端人才和紧缺人才,其个人所得税实际税负超过15%的部分,予以免征。上述优惠政策都有特定的适用范围和前提条件,如企业所得税税收优惠仅限于《海南自由贸易港鼓励类产业目录》中的产业,个人所得税优惠政策也仅适用于管理清单中的高端人才和紧缺人才。该两项税收优惠均针对注册在海南自贸港并实质性运营的企业,因此有助于促进海南吸引投资,包括内资和外资。

目前,部分特殊区域也不同程度获得国家的税收优惠政策支持,对重点产业实施15%企业所得税,主要包括横琴粤澳深度合作区和上海自贸区临港新片区,①同时对符合要求的个人实施15%的实际税负。②不过无论在企业所得税优惠政策产业覆盖范围还是个人所得税优惠覆盖的个人范围,海南自贸港的税收优惠力度远大于其他区域。

四、系统集成改革和制度叠加

自贸试验区是国内开放高地,各地多数将已具备一定开放基础的区块纳入自贸试验区范围,自贸区内企业能够叠加各类开放平台特殊制度,如海关特殊监管区、经济技术开发区、经济特区或新区等开放平台政策,且在后续新的开放试点中,自贸试验区通常也被纳入其范围,如边境经济合作试点、跨境电子商务试点以及服务业开放试点等。例如广西自贸区崇左片区内叠加七大国家级开放平台,包括广西自贸区崇左片区、广西凭祥综合保税区、凭祥边境经济合作区、中越凭祥—同登跨境经济合作区、广西沿边金融综合改革试验区、广西凭祥重点开发开放试验区、中国—东盟边境贸易凭祥检验检疫试验区等。开放平台的叠加,既有利于自贸试验区制度创新并发挥改革的示范效应,同时具有特色的平台和试点叠加有助于各地自贸区进行差异化制度创新,从而提升对外资和内资的吸引力。

从投资促进角度看,在具备产业经济基础情况下,要提高内资和外资的质量和实现高质量发展,就需要集成系统的改革制度,单一的投资自由化措施不足以吸引高质量投资。例如要吸引高技术含量的研发投资,仅投资准入政策和公共基础设施配套建设远远不够,而是要在知识产权保护力度、国际人才吸引能力、产学研合作能力,以及研发所需的特定物品国际贸易监管

---

① 横琴粤澳深度合作区企业所得税优惠政策依据:财政部 税务总局.财政部 税务总局关于横琴粤澳深度合作区企业所得税优惠政策的通知[EB/OL].(2022-05-12)[2022-06-11].http://www.zqxq.gov.cn/attachment/0/192/192656/2852488.pdf.

上海自贸区临港新片区企业所得税税收优惠政策文件依据:财政部 税务总局.财政部 税务总局关于中国(上海)自贸试验区临港新片区重点产业企业所得税政策的通知[EB/OL].(2020-07-13)[2020-08-11].http://shanghai.chinatax.gov.cn/zcfw/zcfgk/qysds/202012/t456327.html.

② 海南自贸港的个人所得税优惠政策是国家政策,而上海临港新片区和横琴粤澳合作区个人所得税采用地方政府财政补贴方式实现高端紧缺人才个人所得税优惠政策。

政策等方面进行配合。这种高质量引资下的公共政策需求对投资政策提出了更多挑战,例如需要跨政府部门的协调、特定专业领域的专家支持,以及上下产业链的配套完善等。因此,要实现高质量发展和高质量引资,就需要系统集成化的制度改革和开放,这也是高质量引资政策和要素投入型经济发展模式下引资政策的主要差异之一。

第二节 自贸区(港)在对外投资和双向投资领域的制度创新

本节关注自贸区(港)在对外投资以及具有促进引资和对外投资双向性影响的制度创新。自贸区(港)是服务国家战略的地方试验,相比于引资,地方试验在境外投资方面能有所作为的政策领域相对较少,特别是在局部区域试验且专门针对境外投资的政策较少,目前集中于境外投资备案程序下放、打造境外投资服务平台、境外投资股权基金投资试点、境外投资所得税收优惠等,而具有双向投资影响的制度相对较多,如人员、资金、数据的跨境流动相关政策、园区跨境合作、国际交流合作平台以及对接"一带一路"的国际通道建设等。

一、对外投资相关制度创新

在自贸区(港)总体方案和政策实践中,专门针对对外投资的任务措施不多,任务措施阐述相对笼统。总体而言,主要包括以下方面改革措施:

第一,对外投资管理制度改革。自贸试验区率先实现以备案制为主的对外投资管理制度,并将备案权限下放,以提高境外投资便利化水平。2013年境外投资备案制在上海自贸试验区率先试点,2014 年 5 月开始,境外投资备案制在全国推广。目前多数省市将省级政府境外投资备案管理事项下放至自贸区管委会,以提高自贸区企业境外投资的便利化水平。换言之,自贸区内和区外在境外投资管理方面主要是备案部门的差异,而在备案和核准管理范围方面,区内外无差异。

第二,构建对外投资促进体系和服务平台,将自贸试验区建设成为内地企业"走出去"的窗口和综合服务平台。该任务在全国各地自贸试验区总体方案中均有所体现。从覆盖范围上,境外投资促进体系和服务平台可包含的内容较多,包括金融服务支持、信息咨询交流平台支持以及其他涉外专业服务领域的支持。例如四川自贸区在其“总体方案”中提出要“提高办理境外资产评估和抵押处置手续便利化程度。探索开展知识产权、股权、探矿权、采矿权、应收账款、订单、出口退税等抵质押融资业务。推动企业用好‘内保外贷’等政策,开展企业‘走出去’综合性金融创新服务”,要“加强与港澳在项目对接、投资拓展、信息交流、人才培训等方面交流合作,共同赴境外开展基础设施建设和能源资源等合作”。重庆自贸区也在其“总体方案”提出“要依托港澳在金融服务、信息资讯、国际贸易网络、风险管理等方面的优势,推进企业‘走出去’综合服务平台建设。加强与港澳在项目对接、投资拓展、信息交流、人才培训等方面交流合作,共同开拓国际市场”。另外在服务平台方面,部分自贸区“总体方案”将“境外投资事后监管、境外资产和人员安全风险预警体系建设”等任务措施也纳入该范围。

相比于引资领域的具体措施和实践,对外投资促进平台和体系方面虽然涉及政策领域很多,但对外投资企业大部分运营环节在境外,地方政府能有所作为的领域不多,主要集中在企业境外投资的审核备案程序的便利化,在金融和财政资金支持方面,金融机构和金融要素市场是市场化运作行业,财政资金的支持规模和范围均有限,政府可作为的范围较少。近年地方政府通过信息平台、发布项目信息库、支持海外产业园建设等方面促进企业海外投资。一些自贸区正建立具有产业和项目针对性的海外投资服务中心,例如 2022 年 12 月,天津自贸区在滨海新区中心商务片区设立天津自贸试验区跨境投融资综合服务中心,在天津港(东疆)片区设立天津自贸试验区海外工程投资服务中心,[①]以“银行+政府+中介”联合服务机制,推动跨境投融资政府服务、市场服务和资金服务的集成式创新,以及增强对海外工程跨境投融资、设计施工、贸易结算、物流通关领域的服务功能。该两大中心成立不久,实施效果尚待观察。海南省商务厅于 2022 年 12 月发布了《海南自由贸易港境外投资招商指南》,[②]详细介绍海南自贸港关于境外投资相关政策,包括境外投资行政流程、税收优惠政策以及鼓励支持产业等,并以案例方式说明其税收优惠政策。

第三,率先试点境外投资股权投资基金。上海自贸区 2013 年“总体方

① 天津日报.聚焦跨境投融资和海外工程投资 天津自贸试验区设两大服务中心[R/OL].(2022-12-21)[2023-05-05]. https://www.tj.gov.cn/sy/tjxw/202212/t20221221_6059151.html.

② 海南省商务厅.海南自由贸易港境外投资招商指南[EB/OL].(2022-12-01)[2023-05-05]. https://dofcom.hainan.gov.cn/dofcom/zwdt/202212/624f96e3eabb490a8d9203bb63a901fd.shtml.

案”的“对外投资服务促进”部分中,明确要“在试验区设立专门从事境外股权投资的项目公司,支持有条件的投资者设立境外投资股权投资母基金”,其他自贸试验区“总体方案”中也多有涵盖,例如江苏和安徽自贸区均在其“总体方案”中提出要探索设立跨境双向股权投资基金。实际上,上海在2012年就已经开始试点合格境内有限合伙人试点(Qualified Domestic Limited Partner, QDLP),其他区域也多是在全市范围内推进类似试点,例如深圳于2014年推出与QDLP类似的合格境内投资企业(Qualified Domestic Investment Enterprise, QDIE)制度。QDLP是指经批准的投资管理机构,在境内发起设立基金,面向境内投资者(合格境内有限合伙人)募集资金,并将募得资金购汇或直接以人民币形式对境外投资标的进行投资。QDLP是我国在资本项目管制背景下境内资本投资海外资产的渠道之一,其投资类型介于直接境外投资和证券投资之间,其性质取决于投资标的。一些QDLP基金投资于境外一级和二级资本市场或大宗商品,一些基金投资于境外非上市股权。在政府管理审批方面,QDLP能在获批额度内进行快速的境外投资,在外汇管理方面比境外直接投资(ODI)渠道下的投资更便利化。根据国家发改委的说明,[①]当QDLP的投资标的属于《企业境外投资管理办法》的投资范围时,QDLP境外投资仍需要进行ODI备案。

目前QDLP尚属于地方试点,不同地方对试点主体资格、门槛以及境外资产范围的要求均有差异,多以地级市或省为范围进行试点。由于许多地方自贸试验区将境外投资股权基金也纳入试点范围,近年越来越多的地方以自贸试验区为依托或平台推进QDLP试点,例如重庆2021年试点QDLP,成为中西部首个获得QDLP试点的城市,其中两江新区企业在全市率先获批QDLP试点,[②]海南自贸港也于2021年开始实施QDLP试点,并

---

① 根据国家发改委于2021年8月发布的咨询帮助(第三十二条):“投资主体通过QDII、QDLP、QDIE等途径开展境外投资,有关投资活动属于《企业境外投资管理办法》(‘11号令’)第二条所称境外投资的,投资主体应当按照11号令履行境外投资有关手续”,详见中国国家发展和改革委员会网站,https://services.ndrc.gov.cn/ecdomain/portal/portlets/bjweb/mobile/answerconsult/interactiveinfo.jsp?idseq=&itemcode=0101235,最近访问日期:2023-05-05.

② 重庆商务委.重庆自贸试验区按下金融创新“快进键”[EB/OL].(2022-03-15)[2023-05-05].http://www.cq.gov.cn/zwgk/zfxxgkml/lwlb/cqzxd/zzdt/202203/t20220315_10506221.html.
重庆QDLP试点文件依据:重庆市政府办公厅.重庆市人民政府办公厅关于印发重庆市合格境内有限合伙人对外投资试点工作暂行办法的通知[EB/OL].(2021-07-05)[2023-05-05].http://www.cq.gov.cn/zwgk/zfxxgkml/lwlb/cqzxd/zcwj/202107/t20210705_9449886.html.

于2021年8月试点首支合格境内有限合伙人基金。[①]

第四,特殊的境外投资税收优惠政策。海南自贸港企业所得税优惠政策中包括了一项促进海南境外投资的政策,即对在海南自由贸易港设立的旅游业、现代服务业、高新技术产业企业新增境外直接投资所得,免征企业所得税。新增境外直接投资所得为:从境外新设分支机构取得的营业利润,或从持股比例超过20%(含)的境外子公司分回的、与新增境外直接投资相对应的股息所得,且被投资国(地区)的企业所得税法定税率不低于5%。相应旅游业、现代服务业、高新技术产业则按照海南自由贸易港鼓励类产业目录执行。在现行企业所得税制度下,在不考虑税收优惠的情况下,居民企业境外投资的股息、红利等权益性投资收益,一般按25%的企业所得税税率征税。2020年1月1日至2024年12月31日,海南自由贸易港相关行业的新增境外直接投资所得,满足法定条件可免征企业所得税。该项税收优惠有助于促进海南自贸港企业进行境外投资,也有助于促进海南总部基地建设,以及吸引本国跨国企业、国内大型企业集团在海南设立国际总部和区域总部。[②]基于海南自由贸易港税收优惠政策、投资和跨境资金利用的自由化、便利化等多方面政策因素,许多企业落地海南后开展对外投资。2022年,海南实际对外投资18.95亿美元,同比增长137.46%,[③]远高于全国对外直接投资同比增长率。

目前横琴粤澳深度合作区也实行类似的新增境外投资所得免税政策,但其涵盖的产业目录不同。上海自贸区临港新片区仅实施重点行业15%税收优惠政策,并无相应境外直接投资免税政策。上海自贸区2013年总体方案提出要“研究完善适用于境外股权投资和离岸业务的税收制度”。北京自贸区“总体方案”中也提出相同内容,不过该项任务一直在“研究探索”阶段,尚未落实。

二、对双向投资有影响的制度创新

影响投资的制度因素较为复杂且多面,本部分所列自贸区(港)改革任

① 海南日报.海南自贸港首支QDLP基金落地[EB/OL].(2021-08-24)[2023-05-05].https://www.hainan.gov.cn/hainan/zxztc/202108/02127e290d414a7ba2f960fb895f475c.shtml.

② 2018年发布的《中共中央 国务院关于支持海南全面深化改革开放的指导意见》明确“支持海南推进总部基地建设,鼓励跨国企业、国内大型企业集团在海南设立国际总部和区域总部”。

③ 海南日报.海南自贸港集聚开放发展新动能,外贸外资发展活力足[J/OL].(2023-02-28)[2023-05-05].https://www.hainan.gov.cn/hainan/zymygxwzxd/202302/afaf4de19ef84095a8285d3ef75cf88f.shtml.

务和措施属于对吸引外资和对外投资具有双向影响的政策,包括国际通道建设、跨境资金利用自由化和便利化、人员跨境流动、园区国际合作以及国际交流合作平台等方面。

第一,与"一带一路"建设相衔接和通道门户经济建设。"一带一路"建设推动我国全方位开放。自贸试验区(港)在全国布局时,已充分结合"一带一路"建设,各地将自贸试验区(港)定位为"一带一路"建设的引领区、重要平台或枢纽。例如上海自贸区在其2017年发布的"全面深化方案"中提出要"成为服务国家'一带一路'建设、推动市场主体走出去的桥头堡";河南自贸区的定位之一为"将自贸试验区建设成为服务于'一带一路'建设的现代综合交通枢纽、全面改革开放试验田和内陆开放型经济示范区",类似地如广西自贸区定位之一则是"建设成为西南中南西北出海口、面向东盟的国际陆海贸易新通道,形成21世纪海上丝绸之路和丝绸之路经济带有机衔接的重要门户"。

自贸区(港)对接"一带一路"建设的定位通常是以平台、通道、门户枢纽和支点为重点,即自贸区为当地对接"一带一路"建设的重要开放交流平台、重要国际通道建设(或门户枢纽)或支点等。国际通道建设通常是内陆型和边境型自贸试验区的重点推进内容,包括中欧班列、公路和水路运输以及航运路线的进一步拓展。例如湖南自贸区总体方案提出要畅通国际化发展通道,包括推动对外航权谈判,增加国际货运航班,以及中欧班列(长沙)运营规模和质量。与沿海地区促进投资的地理禀赋比较,内陆地区相对高昂的国际交通和物流成本是其吸引国际化运营企业的主要障碍之一。从投资角度看,这类国际化通道建设能降低国际贸易物流成本,从而间接促进当地投资(包括内资和外资)。同时,当地和邻近区域企业基于国际通道便利性水平的提高而积极拓展海外市场,因此也有助于境外投资(更直接的影响是促进国际贸易)。从间接效应看,这类建设促进国际人文交流、国际展会商会往来以及其他要素往来,从而间接对引资和对外投资产生影响。但这类影响不一定能快速体现在数据上,特别是不能体现在自贸试验区双向投资数据上。从本质上而言,自贸试验区以功能性和平台建设相关的制度创新为主,以提高对邻近区域企业产生的辐射效应。

第二,跨境资金流动便利化和自由化制度改革。金融开放和跨境资金便利化自由化改革一直是自贸区(港)的重要改革内容,包括跨国公司跨境资金池试点、外汇管理便利化改革、外债管理制度改革,以及建立自由贸易账户体系等。跨境资金流动便利化、自由化制度的影响具有双向性,使得企业能更好利用国内外两个市场、两种资源,降低企业融资成本,提高资金运营效率。无论是引进外资还是对外投资都涉及跨境资金往来,其中特别是对具有总部经济功能的跨国企业而言,跨境资金的集中运用以及灵活化、便利化制度是企业国际化运营的基本要求。自贸试验区许多跨境资金制度已推广至全国或全省市,例如全口径跨境融资宏观审慎管理、跨国公司人民币和外汇资金池试点等均经过自贸区试点后再在全国推广,但自贸区(港)试点在某些方面仍保留其特殊性,如自贸区和全国版跨境资金池对试点企业门槛仍有区别,另外目前自由贸易账户仅在部分自贸区(港)试点。

第三,人员跨境来往便利化。人是重要生产投入要素,对于国际化运营企业而言,商务人员跨境往来是否便利是企业开展国际化业务的重要考虑因素,因此其影响具有双向性。各地自贸区(港)总体方案,特别是近年新设立的自贸试验区,一般将人员进出自由便利与贸易、投资、资金、运输及数据等要素进出自由便利相并列,即涵盖商务人员进出自由、人才高地建设或国际人才吸引政策等改革任务。在人员进出自由便利方面,自贸区(港)改革措施主要包括更宽松的商务人员临时出入境政策、便利或自由化的外籍人士工作签证制度和居留制度、境外职业资格认可制度等,海南自贸港还涵盖为邮轮游艇提供出入境通关便利,并提出对外籍人员在海南自贸港工作许可实行负面清单管理。相比较而言,海南自贸港人员往来政策比自贸试验区涵盖的改革内容更多。

第四,国际产能合作和园区国际合作。在各地自贸试验区改革任务中,国际产能合作、园区国际合作往往属于“一带一路”建设或对外投资促进体系建设任务内容。国际产能合作通常包括装备制造、能源、资源、各类基础设施项目以及技术合作,而国际园区合作是国际产能合作的重要载体。在一些自贸试验区方案中提出要探索或启动“两国双园”的国际产能合作创新,广西自贸试验区就是重点依托已建立的中国马来西亚“两国双园”加强两国产业链合作。目前各地包括经济特区、经济技术开发区等正利用其当地产业特点,推进不同模式的产业园区国际合作,而在此过程中,自贸试验区通常作为其国际园区合作的一部分或将之作为国际园区合作的功能平台。例如中国与马来西亚“两国双园”中,中方园区的中马钦州产业园与广西自贸区钦州港片区存在重叠,中国与越南“两国双园”中,中方园区为位于广西凭祥边境出口加工产业园,与广西自贸区崇左片区存在重叠,而2023

年福建省推进的中国与菲律宾和中国与印度尼西亚经贸创新发展示范园区[①]的“两国双园”模式中,中方园区与自贸试验区在空间上没有重叠部分,但这并不妨碍企业利用一定方式依托自贸区平台进行国际业务运营。

第五,人文交流以及标准认可等其他领域的改革。企业拓展新的境外市场需要境外市场信息以及进入境外市场商务网络,包括项目信息对接,与当地华人商业协会对接和信息交流,关于境外市场法律、金融、投资政策以及劳动政策方面的专业服务等。一般欧美等成熟市场相关商业协会网络较为完善、专业服务业发展成熟、人员和信息交流往来较为密切,而发展中的新兴境外市场,特别是“一带一路”沿线国家市场以及中南美洲和非洲等市场,相关商业协会网络、信息交流以及专业服务等领域发展均存在各方面不足,因此政府在此领域需要积极有所作为,以协助企业拓展新兴境外市场。国内自贸区(港)不同程度包括了相关领域的改革任务,例如陕西自贸区提出要“创建与‘一带一路’沿线国家人文交流新模式”,其中包括在科技、教育、文化以及旅游等方面的合作交流,湖南自贸区提出要支持办好中国非洲经贸博览会,建设中非经贸深度合作先行区。许多自贸区均提及要推动涉外专业服务业的发展以及标准、检测机构结果、海关“经认证的经营者”(AEO)等方面的互认合作。虽然部分政策领域并非与投资直接相关,但这些措施促进和便利了经贸往来,从长远来看,这些措施也会促进双向投资。

第三节　主要挑战和政策建议

从 2013 年首个国内自贸试验区设立至今已约十年,自贸区(港)试点任务随着改革深入而不断演变,许多自贸区改革措施已推广复制至全国。自贸试验区内和区外的政策差异越来越小,自贸区改革需要进一步提升和差异化探索。相比之下,海南自贸港特殊政策措施较多,且其以全岛纳入自贸港的方式能使政策推进和落实更加容易。本节结合上两节自贸区(港)双向投资相关制度改革和实践,分析其目前面临的主要挑战并提出未来改革思路。

---

① 政策依据是《国务院关于同意设立中国—菲律宾经贸创新发展示范园区的批复》(国函〔2023〕3 号),《国务院关于同意设立中国—印度尼西亚经贸创新发展示范园区的批复》(国函〔2023〕2 号)。

一、主要挑战

第一，对接高标准国际经贸规则的试点任务仍未完成，投资负面清单与国际规则标准仍存在差距。对接国际高标准经贸规则以进一步提升我国开放水平，是自贸区重要改革目标。2013 年我国在上海自贸区首次推出外资准入负面清单并扩大服务业开放，是我国对接高标准经贸规则的一大重要举措。虽然外资负面清单不断缩短且已在全国实行，但实际上与高标准国际经贸协议下的投资和服务贸易负面清单仍有不少差距。例如全面与进步跨太平洋伙伴关系协定（Comprehensive and Progressive Agreement for Trans-Pacific Partnership，CPTPP）要求不仅仅是投资准入和运营设立过程的国民待遇和最惠国待遇，同时对不符合“禁止业绩要求”“本地存在”要求的行业或业务也要纳入负面清单之中。目前，我国在 RCEP 中仍以正面清单方式作出服务业投资和跨境服务承诺，未来需要转换为负面清单，同时我国要加入的 CPTPP 也要采用全行业负面清单制度。虽然海南自贸港推出了跨境服务贸易负面清单制度，但其措施数量较多、覆盖行业较广，其开放度水平有限。同时，随着近年数字经济发展，高标准国际经贸规则本身也在演变之中，其中数字流动和本地化规则、隐私保护规则为新的具有高度影响力的国际规则，我国也正在积极加入数字经济国际协议中。因此，对接高标准国际经贸规则的试点任务尚未完成并且任务内涵正随着国际规则的演变而变化。

第二，自贸区（港）在促进境外投资方面的可选政策工具有限。在政策工具和项目招商方面，地方政府引资政策工具更加多样，涵盖消除投资准入障碍、加大基础设施建设、土地财税政策支持、行政审批改革以及其他各方面政策改革等，且从结果效应看，引进外资对当地经济和就业的正面效应是直接且有形的，地方政府有动力积极作为。相比之下，在企业境外投资过程中，除了投资出境和利润汇回，其他大部分行为均在境外，地方政府特别是自贸区相关政府部门能够有所作为的政策选择范围很少，且这些政策对当地经济和企业的影响比较难掌握和评估，地方政府往往动力不足。从企业整体而言，有效成功的境外投资项目能提高本国企业的效益水平和国际竞争力，但这是企业视角的结果。从局部区域而言，境外投资很可能造成当地的投资转移。因此，地方政府在境外投资促进措施方面，与引资政策相比，不仅政策工具有差异，激励动力机制也存在相当大的区别。

第三,不同区域自贸区(港)需要探索差异化制度改革重点和方向。目前国内自贸试验区分布在中、东、西部以及东北地区,体现我国全方位对外开放的要求。这些自贸试验区在经济规模、基础设施、国际化水平、产业发展基础以及未来发展方向均存在相当大的差异。高度差异化区域显然需要不同的制度探索。实际上,随着自贸试验区(不包括海南自贸港)特殊政策快速推广至区外,自贸区政策吸引力越来越依赖于原来的开放平台,如经济特区或新区、原来的海关特殊监管区等,同时许多地方政府通过新的区域发展和改革开放平台来寻求新的综合性和差异化的改革突破,例如粤港澳大湾区、浦东新区社会主义现代化建设引领区、深圳中国特色社会主义先行示范区综合改革试点,以及边境地区如广西自贸区和云南自贸区则重点推进边境经济合作区的制度探索。这种地区差异化探索越来越需要特殊性政策,其可复制性、推广性有限,且许多制度创新并不需要依赖于自贸区平台。

第四,自贸区内政策特殊性正在消失,自贸区深化改革推进面临瓶颈。自贸区多数政策已复制推广至全国,自贸区改革措施实际具有全国性影响,近年专门针对自贸区的政策越来越少,部分政策文件具有目标性和口号性特点,而部分政策在自贸区内保持特殊性的期限很短而且快速在全国推进。各地基于保持其政策特殊性和先行试点优势,地方政府越来越趋向于通过其他国家级开放平台向中央部委争取政策。自贸区政策特殊性和差异性越来越小,目前海南自贸港以自贸港为平台推出不少新政策试点,但自贸港许多政策不允许推广复制至其他自贸区。

第五,部分改革难以在局部区域推进,主要包括具有全国性影响的改革以及部分对接国际经贸规则且约束政府行为的改革。例如资本项目开放问题,资金流动具有全国性影响,而基于我国目前资本项目管制的背景,资本项目开放推进只能是有序、可控的逐步开放,因此该领域改革只能通过特定渠道进行有序、可控开放。另外在对接国际经贸规则方面,自贸试验区在设立之初就明确要对接高标准国际规则。但对于部分规则,典型如国有企业、竞争中立、补贴政策,以及高标准的业绩禁止要求等 CPTPP 规则,涉及地方政府的产业政策和引资政策工具,因此地方政府没有动力推进这类自我约束的制度改革。

第六,系统化制度集成推进缺乏机制支持。当我国经济发展到新的阶段,要素投入式的对外开放和改革模式已不能满足经济升级需求,高质量发展需要具有系统性和定制化特点的制度型开放。①要推动科技创新升级和高质量经济发展,开放和改革政策需要更加专业化,同时需要综合性和跨部门的合作,而非限于传统的经济管理改革部门,例如涉及人员进出境和停居留政策、打造国际人才生活工作的便利化环境、产学研一体化所需的相关科技和教育体制改革等,均需要跨部门的协调和合作。虽然许多自贸区以及其他示范区的改革方案已不同程度提及人才政策和科技体制改革问题,但实际改革推进相当困难,这既有制度性问题,也有部门改革激励和部门协调问题。这类非经济领域的改革和经济效益(包括投资促进)的相关性相当弱,且其间接效果的产生需要一段时间,同时这类改革往往需要中央不同部委的支持,但许多系统化制度集成推进以地方层面为主,中央部委系统化集成推进改革的参与度不高。

二、政策建议

第一,建议中央和地方政府以专项方式共同合作推进自贸区差异化制度创新。在自贸区设立初期,许多试点政策以复制其他自贸区为主,随着自贸试验区在全国推进以及大部分自贸区试点政策的复制推广,自贸区需要以专项化方式差异化推进改革。浙江舟山以油气产业链为重点推进改革就具有其改革特色,该项改革也使得舟山片区油气产业链发展能具有相当长时间的先行优势。建议对设立较早的自贸试验区重新进行评估,特别突出其产业发展方向和重点,以专项政策突破重点产业链发展制度瓶颈为改革聚焦点,增加特殊政策的时效性和针对性,以提升地方政府推动差异化探索的动力机制。

第二,引资方面,不同地区要有差异化制度探索重点。东部沿海地区经济较为发达且产业发展基础较好,应以推进高质量 FDI 和高技术产业链发展为重点引资对象,例如重点吸引跨国公司地区总部、资金管理业务总部、研发区域总部等;对中西部产业发展基础相对较弱的自贸区,应给予更多中央授权和允许更大范围、程度的产业支持政策;对边境地区的自贸区,则要发挥其边境地区特点,对接国际通道建设和“一带一路”互联互通建设,发挥数字经济带来的贸易新业态和新机遇,推动边境地区“通道经济”向“产业经济”转换。

---

① 崔卫杰.制度型开放的特点及推进策略[J].开放导报,2020(4).

第三,对外投资政策的差异化探索建议。对外投资的局部地区制度创新相对较难,自贸区应重点以公共服务平台建设和创新、专业服务提供、金融资金制度提供以及产业园区国际合作等方面为重点。对于境外投资或境外产业园区较多的省市,中央和地方政府共同合作以推进境外投资促进服务体系和境外园区企业行为监管制度的改革和创新,并在自贸区试点开放境外市场集中区域的部分涉外专业服务业(可以是商业存在也可以是跨境提供模式),为境外投资企业或有意愿进行境外投资的企业提供更专业化和更有针对性的专业服务。对中西部和边境地区的自贸区,建议根据其产业和区域特点,推进产业园区的跨境合作以及国际通道建设等具有双向投资影响的改革,同时吸引边境国重要法律咨询、商务咨询机构或其人员向自贸区企业提供服务,使得境内企业能从自贸区更便利地获得进入边境国家商业网络的渠道以及相应的专业咨询服务。

第四,以监管沙盒方式推进改革试点,即开放试点和约束性监管并行推进。争取特殊政策试点,以率先推动其产业和区域发展,从而获得先行改革红利,这是地方政府的改革动力。但从对接国际经贸规则以及深化改革需要这两方面来看,开放需要相应监管制度与之相适应。如若要对接 CPTPP 部分具有约束性的规则,地方企业一般没有动力推进竞争中立、国企改革和补贴政策等对政府造成约束性的规则,若中央政府将特定开放政策试点和约束性监管改革绑定推进,则地方政府更有动力推进相应改革。例如适当的地方财力下放改革与离岸税制改革相结合,境外园区财税支持政策与境外园区标准化规划和绿色标准、运营主体的行为监管相结合,数字跨境自由流动和安全评估试点相结合等。当然如何适当选择领域,绑定开放试点和约束性规则,则需要中央不同部委之间的协调,并与地方政府合作推进。在部分领域,开放试点和约束性监管措施的并行推进可以通过单独或若干企业进行,而这类企业可物理上不在自贸区地理范围内,典型如对特定业务企业给予数字跨境自由化试点同时进行相应详细的数字出入境安全评估监管,即建议以虚拟化自贸区区域为范围,以“监管沙盒”思路推进改革。

第五,以工作专班或任务小组方式建立系统集成制度推进工作机制。各地方自贸区多数已具备一定产业基础,在此基础上要突破的制度瓶颈往往具有其行业特点,需要针对性专业化的政策改革,而这类改革需要跨政府部门协调乃至行业协会、科研院所以及相关专业人士的共同参与,例如特定国际职业资质认可制度需要国际化企业、相关专业的教育和研究人士、行业协会以及科技相关部门的共同参与推进。因此,以专家组和跨部门人员构成的工作专班或任务小组模式更有助于定制化、针对性的系统集成制度推进。

第六,建立差异化和全面持续的自贸区(港)成效评估机制与上下联动反馈和改革动态推进机制。到 2023 年 9 月,上海自贸区已成立十周年。这十年间,许多改革措施已推广至全国实施。但一些需要研究探索的改革措施因各种原因而无法推进,例如离岸业务相关税收政策;一些改革措施仅在有限的几个自贸区内实施,例如自由贸易账户体系;一些改革措施仅以个例实施而未形成规模。经过十年,要进一步推进制度改革创新,则要对过去具体政策进行全面性评估,不仅分析评估具体政策措施的落实和未落实情况、未落实的主要原因,以及已落实但未产生重要影响的原因,还要分析具体政策措施以及系统化措施组合对企业主体、贸易、投资等方面的经济影响,既要考虑自贸区政策措施对区内企业的经济影响,同时要考虑制度创新的辐射程度等。通过调研评估,形成企业、地方政府和中央政府部门之间的上下联动反馈,在此基础上再根据产业发展和改革需要,推出新的改革措施,以持续动态推进自贸区改革。因区域差异,建议改革评估的重点和方法应有所不同。

总体而言,由于企业投资具有长期性和持续性特点,从投资商务考察、投资设立、企业运营到破产清算,在投资全周期过程中,影响投资的制度因素非常多,既包括投资领域内的如投资自由化和便利化制度,也包括其他影响企业运营的各类制度因素,例如行政服务能力、知识产权保护能力、人力资源与国际人才的可获得性和数据跨境流动的便利性、基础设施环境以及其他影响营商环境的制度因素。相对而言,自贸区(港)在引资方面可作为的范围较多,而在境外投资方面以双向性影响的制度改革创新为主。经过多年改革,自贸区的未来发展和定位正面临一些挑战,这种挑战包括新形势下不同自贸区改革定位问题,也包括差异化探索、中央授权以及跨部门协调问题。为此,笔者建议自贸区要根据各地产业发展需求和地理因素,通过专项推进、“监管沙盒”试点等方式推进自贸区(港)制度创新,以破除发展国际货物和服务贸易新业态、企业在双向投资和国际化发展中所面临的各类制度障碍,发挥自贸区(港)的开放引领和制度创新辐射效应,推动自贸区(港)高质量发展。

第七章
中国双向投资的发展——
境外经贸合作区与开发区篇

境外经贸合作区和开发区，分别在中国对外投资和引进外资的过程中发挥了重要作用。从其发展历程和近年表现来看，是非常具有中国特色的双向投资模式。

第一节　境外经贸合作区的迅速发展

20 世纪 90 年代以来，中国的境外经贸合作区历经三个阶段的发展，目前在中国的双向投资中具有重要作用。其中，“一带一路”沿线国家和地区是中国境外经贸合作区分布最集中的地带，具有十分显著的特点。

一、境外经贸合作区的发展历程

境外经贸合作区，是指在中华人民共和国境内(不含香港、澳门和台湾地区)注册、具有独立法人资格的中资控股企业，通过在境外设立的中资控股的独立法人机构，投资建设的基础设施完备、主导产业明确、公共服务功能健全、具有集聚和辐射效应的产业园区。①其在我国改革开放的大背景下已蓬勃发展 20 多年，其间不断深化与他国间的经贸合作关系，助力东道国工业化发展进程，为我国转向“制度型开放”和实现“共同发展”提供了重要平台。商务部数据显示，截至 2021 年末，纳入商务部统计的境外经贸合作区分布在 46 个国家，累计投资 507 亿美元，上缴东道国税费 66 亿美元，为东道国创造了 39.2 万个就业岗位。②

① 中国境外经贸合作区.中国境外经贸合作区投资促进工作机制[N].(2021-02-24)[2022-4-3]. http://www.cocz.org/news/content-243519.aspx, 2021-02-24.

② 商务部.商务部就 2021 年我国对外投资合作有关情况等答问[EB/OL].(2022-1-20)[2022-4-3]. https://www.gov.cn/xinwen/2022-01/20/content_5669535.htm?eqid=b80f7c7a0098df1b00000002646ffbd9.

从发展历程来看,我国境外经贸合作区发展主要经历了三个时期,分别是初始探索期(1990—2005 年)、政府引导期(2005—2013 年)和快速发展期(2013 年至今)。

首先是初始探索期。自 20 世纪 90 年代开始,部分实力强劲的中国企业为了适应复杂多变的全球市场经济环境,满足海外业务发展的需求,开始在海外开设园区。例如,福建华侨实业公司在古巴投资创办了面积为 6 万平方米的加工贸易园区,海尔集团在美国南卡罗来纳州创立了海尔美国工业园,天津保税区投资公司在美国南卡州成立天津美国商贸园区。企业通过在海外投资、建设园区来寻求海外市场和先进技术,这个阶段的境外园区投资基本还是企业自发行为,由于尚在探索期,其发展也较为缓慢。

其次是政府引导期。中国加入世界贸易组织后,中国企业开拓海外市场、寻找先进技术的需求更加迫切。2005 年末,商务部正式提出要将建设境外经贸合作区作为对外投资的一种方式,2006 年《境外中国经济贸易合作区的基本要求和申办程序》发布,文件详细规定了境外经贸合作区的申请与审批流程。建设新的境外经贸合作区一般分为三步:考察、招标、建设。在 2006 年 6 月和 2007 年 7 月,商务部联合相关部门接连举办了两次有关建设境外经贸合作区的公开招标,确定了在 15 个国家的 19 个境外经贸合作区建设项目(表 7-1)。政府的参与推动标志着境外经贸合作区开始进入政府引导、规范投资的新阶段。

表 7-1 最初的 19 个境外经贸合作区

序号	境外经贸合作区名称	园区所在国家
1	柬埔寨大湖国际经贸合作区	柬埔寨
2	泰中罗勇经济贸易合作区	泰国
3	越南中国经济贸易合作区	越南
4	越南中国龙江经济贸易合作区	越南
5	俄罗斯波罗的海经济贸易合作区	俄罗斯
6	俄中托木斯克木材工业贸易合作区	俄罗斯
7	俄罗斯乌苏里斯克经济贸易合作区	俄罗斯
8	阿尔及利亚中国江铃经贸合作区	阿尔及利亚
9	埃及苏伊士经济贸易合作区	埃及
10	埃塞俄比亚东方工业区	埃塞俄比亚
11	毛里求斯天利经贸合作区	毛里求斯
12	尼日利亚广东经济贸易合作区	尼日利亚

续表

序号	境外经贸合作区名称	园区所在国家
13	尼日利亚莱基自贸区	尼日利亚
14	赞比亚中国经济贸易合作区	赞比亚
15	韩中国际工业贸易园区	韩国
16	墨西哥中国古利工业贸易合作区	墨西哥
17	委内瑞拉中国科技工业贸易合作区	委内瑞拉
18	巴基斯坦海尔鲁巴经济贸易合作区	巴基斯坦
19	印度尼西亚中国沃诺吉利经济贸易合作区	印度尼西亚

• 资料来源:根据境外经贸合作区各官方网站资料整理。

最后是快速发展期。为进一步促进境外经贸合作区的发展,商务部又在 2013 年颁布了《境外经济贸易合作区确认考核和年度考核管理办法》,规定自 2014 年起,境外经贸合作区的投资建设流程减少招标的环节,先由企业自主在海外建设园区,满足一定条件后就可以申请成为境外经贸合作区,商务部再针对提交申请的企业进行统一考核,考核通过的企业即可成为国家级境外经贸合作区,享受国家政策支持和资金补贴。在"一带一路"倡议提出后,商务部又将境外经贸合作区作为"一带一路"战略重要承接点大力发展。这一系列政策的出台推动我国境外经贸合作区建设进入快速发展期。

二、境外经贸合作区的分布特征

境外经贸合作区的发展历程包括企业自发建设、政府主导建设公开招标和企业自发建设政府审核申请三个阶段,在不同阶段形成的境外经贸合作区有着不同的特点。

(一) 境外经贸合作区的分类

境外经贸合作区可根据运营模式、园区功能分类。

1. 按运营模式分类

境外经贸合作区的建设运营模式主要可以概括为两种:一种是以核心企业为主导推动建设的以其产业为中心的合作园区。另一种是地产开发企业投资建设的提供完整配套设施服务的综合性园区,开发企业在完成开发建设后广泛进行招商引资,吸引企业入驻,因此这类园区通常没有前一类园区那样的主导性产业,但这种方式丰富了园区的商业价值。

2. 按园区功能分类

在境外经贸合作区的建设中,企业往往会根据东道国的比较优势、经济结构等情况因地制宜地制订建设计划,运用东道国优势资源,发展东道国优势产业,因此形成了功能不同的境外经贸合作区。截至 2018 年上半年,纳入统计的 99 个境外经贸合作区大致可分为六大类:加工制造型 41 家、农业开发型 23 家、资源利用型 12 家、商贸物流型 9 家、技术研发型 3 家、综合发展型 11 家。①其中,传统产业占据主导地位,这符合企业起初在海外开设园区的目的,企业可以通过在海外加入经贸合作区寻求更实惠的上游供应商和更广阔的下游市场。

(二) 境外经贸合作区集中分布在“一带一路”沿线国家和地区

截至 2016 年,商务部公布的全国确认通过考核的境外经贸合作区一共 20 家,其中位于亚洲的园区最多,共 10 家,位于欧洲的有 6 家,位于非洲的有 4 家。值得注意的是,在 20 家确认通过考核的境外经贸合作区中有 17 家都位于“一带一路”沿线国家。据商务部数据统计,截至 2022 年底,我国企业在沿线国家建设的境外经贸合作区已累计投资 3 979 亿元,为当地创造了 42.1 万个就业岗位。②

表 7-2 通过确认考核的境外经贸合作区名录

序号	合作区名称	园区所属国家	境内实施企业名称
1	柬埔寨西哈努克港经济特区	柬埔寨	江苏太湖柬埔寨国际经济合作区投资有限公司
2	泰国泰中罗勇工业园	泰国	华立产业集团有限公司
3	越南龙江工业园	越南	前江投资管理有限责任公司
4	巴基斯坦海尔—鲁巴经济区	巴基斯坦	海尔集团电器产业有限公司
5	赞比亚中国经济贸易合作区	赞比亚	中国有色矿业集团有限公司
6	埃及苏伊士经贸合作区	埃及	中非泰达投资股份有限公司
7	尼日利亚莱基自由贸易区(中尼经贸合作区)	尼日利亚	中非莱基投资有限公司
8	俄罗斯乌苏里斯克经贸合作区	俄罗斯	康吉国际投资有限公司
9	俄罗斯中俄托木斯克木材工贸合作区	俄罗斯	中航林业有限公司

① 文汇快讯.中国境外经贸合作区高速发展 学者倡园区发展理念向“东道国-中国”转变[J/OL].(2018-7-10)[2022-4-3]. http://news.wenweipo.com/2018/07/10/IN1807100043.htm?from=singlemessage&isappinstalled=0.

② 人民日报.去年商务运行总体实现稳中有进(权威发布)[J/OL].(2023-2-3)[2023-4-1]. http://finance.people.com.cn/n1/2023/0203/c1004-32616789.html.

续表

序号	合作区名称	园区所属国家	境内实施企业名称
10	埃塞俄比亚东方工业园	埃塞俄比亚	江苏永元投资有限公司
11	中俄(滨海边疆区)农业产业合作区	俄罗斯	黑龙江东宁华信经济贸易有限责任公司
12	俄罗斯龙跃林业经贸合作区	俄罗斯	黑龙江省牡丹江龙跃经贸有限公司
13	匈牙利中欧商贸物流园	匈牙利	山东帝豪国际投资有限公司
14	吉尔吉斯斯坦亚洲之星农业产业合作区	吉尔吉斯斯坦	河南贵友实业集团有限公司
15	老挝万象赛色塔综合开发区	老挝	云南省海外投资有限公司
16	乌兹别克斯坦"鹏盛"工业园	乌兹别克斯坦	温州市金盛贸易有限公司
17	中匈宝思德经贸合作区	匈牙利	烟台新益投资有限公司
18	中国·印度尼西亚经贸合作区	印度尼西亚	广西农垦集团有限责任公司
19	中国印度尼西亚综合产业园区青山园区	印度尼西亚	上海鼎信投资(集团)有限公司
20	中国·印度尼西亚聚龙农业产业合作区	印度尼西亚	天津聚龙集团

• 资料来源:中国境外经贸合作区投促办公室官网。

除通过确认考核的境外经贸合作区外,还有大量境外经贸合作区,其中"一带一路"沿线国家的密集程度也远高于非沿线国家。数据显示,截至2021年底,中国在24个"一带一路"沿线国家建设79个境外经贸合作区,累计投资430亿美元,为当地创造34.6万个就业岗位,在境外经贸合作区总体建设情况中占比较大。①

境外经贸合作区集中分布在"一带一路"沿线国家主要有以下几个原因:第一,"一带一路"沿线国家在地理位置上与我国距离较近,具有天然的区位优势,例如:印度尼西亚、泰国等东南亚国家本就与我国邻近,且长期与我国维持着友好的经贸往来关系。这些国家正处于发展转型期,发展潜力巨大,对中国企业的投资吸引力也大。第二,"一带一路"沿线国家劳动力价格大部分相对低廉,且当地相关产业开发程度较低,增长潜力大。第三,"一带一路"倡议提出后,沿线国家和我国的贸易关系更加紧密,各方友好合作为境外经贸合作区的发展打下了更坚实的基础。

三、境外经贸合作区经典案例分析

以下展示几个有代表性的境外经贸合作区。

① 新华社.从开放共享走向绿色发展——从第六届丝博会看"一带一路"新机遇[J/OL].(2022-8-17)[2022-8-19]. https://www.gov.cn/xinwen/2022-08/17/content_5705765.htm.

（一）泰中罗勇工业园

泰中罗勇工业园成立于2006年，由中国华立集团与泰国安美德集团在泰国合作开发，地处泰国“东部经济走廊”核心区域，距离泰国首都曼谷100多公里，是我国首批经商务部、财政部确认审核的国家级境外经贸合作区之一。园区总体规划面积12平方公里，分三期开发，其中一期开发面积1.5平方公里，二期开发面积2.5平方公里，三期开发面积8平方公里，现已完成前两期开发，第三期也即将建设完工。园区毗邻泰国最大的深海港口廉差邦深水港。它也是世界上最繁忙的海港之一，为园区发达的货运打下了坚实的基础。园区建成十几年来，带动中国企业对泰国投资超40亿美元，累计工业总值超160亿美元，在为当地创造就业的同时，也带来了技术先进的生产线。2020年后，全球经济进入低谷，在投资人无法进入园区实地考察的背景下，园区进行了云招商、云服务，截至2021年7月，园区新吸收了近20家企业入园，10多家新企业破土动工，罗勇工业园焕发出新的生机。

（二）中非经贸合作区

中非经贸合作区是中国境外经贸合作区的重要组成部分，也是从20世纪90年代我国境外经贸合作区的探索阶段就开始建设的园区。2006年，中非合作论坛北京峰会发布了《中非合作论坛——北京行动计划(2007—2009年)》，提出要支持有实力的中国企业在有条件的非洲国家建立3—5个境外经贸合作区。经过多轮招标及审核，商务部在非洲备案建设了多个境外经贸合作区，随后一直倡导借鉴中方企业的发展理念和成功经验、适应非洲国家的发展需要，将单一功能型产业园区转型为多功能综合经贸园区，招商引资工作颇有成效。截至2017年底，毛里求斯晋非经贸合作区入园企业达30多户，90%以上为外资企业，租赁园区土地面积21.68公顷，是山投集团接手园区以前土地租赁面积的10倍。尼日利亚莱基自由贸易区已有119家注册企业，其中55家企业正式签署投资协议并投产运营，实际完成投资1.80亿美元，累计实现总产值超过1.34亿美元。[①]

截至2015年中非合作论坛约翰内斯堡峰会召开前，中国企业在非洲投资建设的经贸合作区吸纳企业超过360家，累计投资额达47亿美元，总产值达到近130亿美元，累计上交东道国的税费达到5.6亿美元，解决当地就

---

① 黄玉沛.中非经贸合作区建设——挑战与深化路径[J].国际问题研究，2018(04)：112—126.

业 2.6 万人次。

在"一带一路"议题提出之后，我国与非洲 20 多个国家如尼日利亚、乌干达、南非等合作数十个重大项目，合作领域包括公路、水电站、港口等。而且，"一带一路"议题与非洲联盟的《2063 年议程》逐渐契合，在发展理念、发展策略等方面都有相似点。同时，中非经贸区已经逐步转型为多功能综合型园区，在多种利好因素的共同影响下，未来中非经贸合作区发展前景良好，资产规模将进一步扩大，经济效益会进一步变好。

（三）尼日利亚莱基自贸区

2006 年 5 月，中土北亚公司在尼日利亚拉各斯与尼方企业共同组建了莱基自由区开发公司，计划共同开发尼日利亚拉各斯州莱基自贸区。莱基自贸区是中国政府批准的国家级境外经贸合作区，位于西非最大的城市尼日利亚经济首都拉各斯东南部的莱基半岛，占地 30 平方公里，是目前中国最大的境外经贸合作区。在莱基自贸区，企业可以享受一系列极为优惠的政策，比如：在税收方面，永久免除企业所得税，取消进口配额限制，允许外商独资，等等，这些政策都是以政府法案的形式颁布，确保其能在园区内稳定地执行，多年下来园区发展成绩斐然。截至 2019 年 4 月，莱基自贸区投资累计超过 1.9 亿美元，总产值超过 2.5 亿美元，向尼日利亚上交税费 124 亿奈拉，创造就业岗位 1 500 多个。

四、境外经贸合作区建设的意义

境外经贸合作区的建设给东道国带来多方面的益处。

（一）增加东道国就业

境外经贸合作区的建设为东道国创造了大量就业岗位。例如：柬埔寨西哈努克港经济特区自建设至今已吸纳 109 家企业，创造了 1.6 万个就业岗位。根据规划，其全部建成后将可以吸纳 300 家企业，为 10 万名工人提供就业机会。泰中罗勇工业园自建成以来已吸引了 180 家中国制造企业、30 多家配套企业在泰投资，为当地解决超过 4.5 万个就业岗位。[①]越南龙江工业园已为当地提供了约 1 万个就业岗位，全部建成后将提供 5 万个左右就业机会。

---

① 新华网.助力周边繁荣 带动当地就业——走进泰中罗勇工业园[J/OL].（2022-11-21）[2022-12-13]. http://world.people.com.cn/n1/2022/1121/c1002-32570618-4.html.

（二）促进东道国基础设施建设

多年来合作区基础设施建设成效显著，截至 2017 年底，赞比亚经贸合作区的基础设施建设超过 1.97 亿美元，修建了超过 20 千米的主干道路，6 000 平方米的办公设施。尼日利亚莱基自由贸易区的基础设施建设投资累计超过 2.05 亿美元，建设了园区交通网络，硬化道路 30 多千米。

（三）发挥各国优势，助力中国企业海外发展

目前，我国企业在传统制造业的技术已经非常成熟，在纺织、电器制造、食品、轻工机械、中药中医等行业拥有较强的比较优势，可以向具有相对区位优势的东道国进行直接投资。这些东道国的传统制造业尚处于转型期，市场潜力巨大，为中国企业提供了广阔的市场。同时在供应端，东道国提供了充足的劳动力和丰富的自然资源，为中国企业以更低的成本进行生产提供了条件。境外经贸合作区的建立，可以帮助中国参与国际资源分配，更好地利用和开发境外资源，同时在上下游两端助力中国企业的发展。

第二节　开发区在“稳外资”中发挥重要作用

开发区作为中国吸收外资的重要载体，无论是在东部、中部还是西部地区，无论是在哪一个阶段，均对中国吸收外资起到了重要作用。面对新的国际经济形势，国家级经开区积极推行创新驱动战略，充分发挥了“稳外资”主阵地的作用，总体发展态势稳中向好。

一、开发区是中国吸收外资的重要载体

开发区一般是指通过实行特定经济政策手段来达到某一经济目标所设立的区域。开发区是中国吸收外资的重要载体，也是中国经济发展的重要支柱。我国开发区类型众多，其中国家级经济技术开发区（简称“经开区”）以发展技术、知识密集型工业为主，对引进外资、促进地区与国家经济增长以及形成产业集聚效应产生重大影响，代表了我国开发区的最高水平。国家级经济技术开发区是中国在改革开放背景下通过引进外资形成高新技术企业而建立的对外开放区域。1984 年我国经济发展面临瓶颈，技术、资金与管理等各方面都出现落后问题。对此，中国在大连建立了第一个经开区，并陆续在沿海地区的其他城市设立类似区域，其后扩展到全国范围。截至 2021 年，中国已设立 230 家国家级经开区。

国家级开发区大致有以下几个特点:一是经济发展速度快,国家级开发区作为中国对外开放的重要平台,按照政策吸引外资、创办公司,通过招商引资辐射带动当地经济与技术飞速发展。其经济相关指标也高于国家平均水平,成为中央与地方财政的重要收入来源。二是有明显区位优势,由于开发区地理位置大多在沿海地区、交通枢纽地区以及知识密集型地区如高校聚集区等,因此有交通运输以及人才等要素优势。这也是国家级开发区飞速发展的坚实基础。三是体制优势显著,中国国家级开发区由国务院批准设立、人民政府管理,招聘开发区从业者工作也都是以公开、公平、透明、竞争的模式完成,从而提升了开发区发展的原动力。四是有良好的政策优势,国家级开发区是中国经济发展的重要支柱,长期以来国家出台了一系列优惠政策支持开发区的发展,如政府财政投入、财政补贴、税收优惠、科技奖励与专利保护等,这些政策都对提高开发区的创新发展能力具有积极作用。

二、开发区发展及国家级开发区的建立

开发区是中国经济发展的重要推动力,主要类型有:前文所及的国家级经济技术开发区、国家级高新技术产业开发区以及海关特殊监管区域。国家级经开区通过吸收外资大力发展知识与技术密集型产业,形成以先进制造业和现代服务业为主的产业体系。国家级高新技术产业开发区以发展高新技术产业为主要目的,实现产业升级、推动传统产业转型并逐步提升国际竞争力。海关特殊监管区域是指经国务院批准,设立在中国境内、赋予特殊功能和政策、由海关实施封闭监管的特定区域,包括保税区、出口加工区、保税物流园区、跨境工业区等。①

开发区最初在国外设立,利用自身要素优势吸引外资,从而辐射带动地区经济发展。1984 年邓小平南方考察后于东部沿海地区设立国家级经开区,至今我国开发区的发展大致可分为以下四个阶段:

(一) 初创期

初创期为 1984—1991 年,这一时期我国设立了 14 个国家级经开区。此阶段中国经济发展不稳定,开发区无产业基础、资源欠缺、基础薄弱、吸引外资能力不足,引进企业大多为劳动密集型企业,技术水平较低。当时的国

① 商务部. 中国外商投资指引 2022 版[M]. 北京:中国商务出版社, 2022.09.

际经济形势发生变化,20 世纪 80 年代末至 90 年代初,东欧剧变、苏联解体等国际重大事件发生。中国经济发展也刚刚起步。好在管理方面,因国家级开发区由国务院审批设立,因此管理权集中,部门结构也呈现精简模式。总体来说,这一阶段国家级开发区为后续发展奠定了基础。

(二) 兴盛期

兴盛期为 1991—2001 年,1992 年邓小平南方谈话以后,国家级开发区设立地区由东部沿海扩展到中西部,18 个新的国家级开发区设立,实现了重要战略调整。引进产业以第二产业为主,第三产业为辅;以单一产业为主,多元产业为辅。这一阶段国家级开发区不仅在数量与地区方面有所发展,引进外资质量方面也突破了劳动密集型瓶颈,更多引进了技术密集型跨国公司,对外开放的程度进一步提升。此时企业主导的管理模式也有所变革,管理更加灵活、高效。

(三) 稳定发展期

此阶段为 2001—2013 年,2002 年中国国家级开发区数量已经达到了 54 个,许多国家级开发区成为综合体制改革和创新发展试验区。2003 年国务院下发《关于暂停审批各类开发区的紧急通知》,国家级开发区进行结构调整升级以及改革创新,探索出了新的发展模式。2004 年国务院提出了"三为主、两致力、一促进"的发展方针,在管理体制、产业升级以及产业革新等方面做出指示。这一阶段更加注重从高数量向高质量发展以及从高速向高效发展的模式,充分利用各地区优势。东部沿海城市区位优势明显,利用先发优势带动其他地区发展,并逐步为转型蓄力。中部地区要素资源优势较为显著,成为各地区发展的桥梁。西部地区则以土地资源为主要发展优势。

(四) 转型升级期

转型升级发生于 2013—2017 年,此阶段产业园区发展迅速,开发区结合自身要素优势发展战略性新兴产业。2013 年,《国家高新区率先实施创新驱动发展战略共同宣言》出台,高新区开始"三次创业";2014 年国务院印发《国务院办公厅关于促进国家级经济技术开发区转型升级创新发展的若干意见》,提出"三个成为、四个转变"方针,对科技创新驱动和绿色发展提出要求,通过二轮驱动实现升级。此外政策还提出提高发展质量与效益,以及转变政府职能,提高政府服务水平。此后,开发区步入规范化的发展轨道,为后续发展探索出新型模式。

（五）体制改革、转型升级和创新驱动发展期

自2017年至今，国家级开发区注重制度创新，大力推进体制改革、创新升级以及创新驱动。此前国家级开发区呈现出资源分散与恶性竞争的劣势，如何进行资源整合优化并建立统一的管理模式成为这一阶段的热点话题。2019年，《国务院关于推进国家级经济技术开发区创新提升打造改革开放新高地的意见》强调，应坚持新发展理念，以供给侧结构性改革为主线，以高质量发展为核心目标。[①]政策对历史遗留的管委会权力集中等开发区体制问题也做出规范，要求属地政府、管委会、开发公司建立清晰有效的分工机制，统筹安排开发区发展战略。另一方面，打造高水平开放平台也是此阶段的重要任务，国家级开发区注重提升产业竞争力，大力推动体制机制改革以及建立健全工作机制。此外践行碳中和理念，将原有的高污染、高能耗模式转变为绿色发展，建立绿色环保园区也是这一阶段的主要任务。

三、国家级经开区利用外资整体情况

本节首先对国家级经开区利用外资总体情况进行分析，后续从分区域角度对东部、中部和西部国家级经开区的利用外资情况进行分析，数据来源为中国商务部。根据对跨区域经开区吸收外资情况的比较研究发现，国家级经开区综合发展水平仍存在不平衡问题，中西部国家级经开区相较东部地区仍然呈现相对落后的状态，因此仍应实行差异化区域吸收外资政策。

（一）国家级经开区在产业集聚方面作用显著

国家级经开区作为对外开放平台，设立以来始终坚持大力对外开放，发挥着产业集聚作用，吸收优质外资并辐射带动区域经济发展，同时积极推动全球分工体系发展，是中国改革开放的重要动力源。中国在沿海经济技术开发区基础上发展技术密集型产业、推动区域产业升级，取得显著成效。目前国家级经开区已进入高质量发展阶段，对我国经济架构调整、科技制度创新发展都有着重要贡献。

图7-1显示了2017年至2022年国家级经开区的地区生产总值和同比增长率情况，可见地区生产总值每年都有所增长，其中2020年增幅有大幅收窄，2021年同比增长率大幅反弹提升。

---

① 中国政府网.国务院关于推进国家级经济技术开发区创新提升打造改革开放新高地的意见[EB/OL].(2019-05-28)[2023-08-07]. https://www.gov.cn/zhengce/content/2019-05/28/content_5395406.htm?tdsourcetag=s_pcqq_aiomsg.

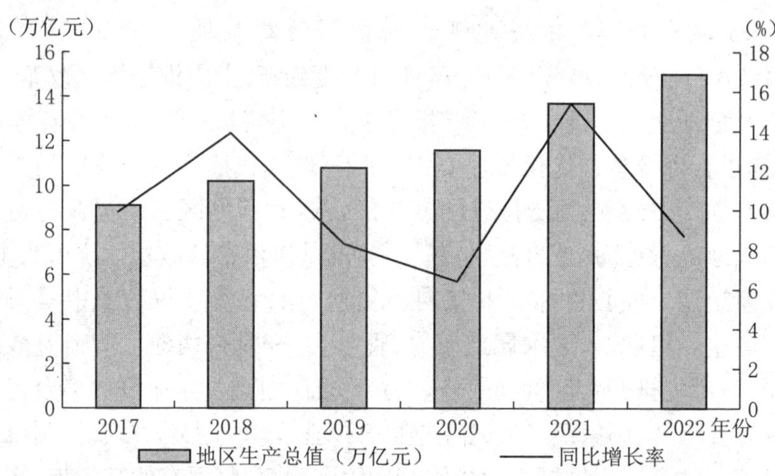

图 7-1 2017—2022 年国家级经开区地区生产总值与同比增长率

• 资料来源：中国商务部。

根据商务部公布结果，2022 年全国 230 家国家级经开区实现了生产总值 15 万亿元，较前一年增长 8.7%（表 7-3），占同期国内生产总值比重为 11.4%。其中：第二产业增加值 9.2 万亿元，同比增长 9.4%，占同期全国第二产业增加值比重为 17.4%；第三产业增加值 5.6 万亿元，同比增长 7.3%，占同期全国第三产业增加值比重为 8.2%。230 家国家级经开区财政收入 2.5 万亿元，同比下降 3.3%，占全国财政收入比重为 12.9%。税收收入 2.3 万亿元，同比下降 0.8%，占全国税收收入比重为 13.7%。230 家国家级经开区进出口总额 10 万亿元（其中，出口 6 万亿元，进口 4 万亿元），同比增长 11.1%，占全国进出口总额比重为 21.5%。实际使用外资 423 亿美元，同比增长 9.2%。[①]总体来看，经开区发展态势稳中向好，虽占国土面积仅为 3‰，但所贡献的地区生产总值为全国十分之一。可见经开区是我国经济的重要支撑、财政收入的重要渠道以及引进外资和对外贸易的重要平台。

表 7-3 2017—2022 年国家级经开区地区生产总值与同比增长率

年　份	2017	2018	2019	2020	2021	2022
地区生产总值（万亿元）	9.1	10.2	10.8	11.6	13.7	15
同比增长率（%）	9.9	13.9	8.3	6.4	15.4	8.7

• 资料来源：中国商务部。

① 中国商务部. 2022 年国家级经济技术开发区主要经济指标情况［EB/OL］.（2023-05-22）［2023-08-07］. http://wzs.mofcom.gov.cn/article/ezone/tjsj/nd/202305/20230503411328.shtml.

（二）国家级经开区利用外资情况

国家级经开区利用外资仍存在区域分布不平衡现象。

1. 东部地区国家级经开区利用外资情况

东部地区 112 家国家级经开区地区生产总值 9.3 万亿元，同比增长 7.8%。其中：第二产业增加值 5.5 万亿元，第三产业增加值 3.7 万亿元，同比分别增长 7.8%和 7.6%。财政收入 1.7 万亿元，税收收入 1.5 万亿元，同比分别下降 5.7%和 3.4%。进出口总额 8.3 万亿元（其中，出口 4.9 万亿元，进口 3.4 万亿元），同比增长 9.4%。实际使用外资 378 亿美元，同比增长 11.4%（表 7-4）。①

表 7-4　2017—2022 年东部国家级经开区外资利用情况

年份	同比增长率(%)	年份	同比增长率(%)
2017	10.7	2020	14.8
2018	2.1	2021	14.4
2019	12.3	2022	11.4

• 资料来源：中国商务部。

2. 中部地区国家级经开区利用外资情况

中部地区 68 家国家级经开区地区生产总值 3.4 万亿元，同比增长 7.8%。其中：第二产业增加值 2.2 万亿元，第三产业增加值 1.1 万亿元，同比分别增长 8.3%和 6.8%。财政收入 4 760 亿元，税收收入 4 281 亿元，同比分别增长 1.5%和 1.1%。进出口总额约 1.2 万亿元（其中，出口 7 377 亿元，进口 4 437 亿元），同比增长 15.7%。实际使用外资 31 亿美元，同比下降 10.1%（表 7-5）。②

表 7-5　2017—2022 年中部地区经开区外资利用情况

年份	同比增长率(%)	年份	同比增长率(%)
2017	19.2	2020	25.1
2018	9.3	2021	13.3
2019	1.7	2022	−10.1

• 资料来源：中国商务部。

①② 中国商务部.2022 年国家级经济技术开发区主要经济指标情况[EB/OL].(2023-05-22)[2023-08-07]. http://wzs.mofcom.gov.cn/article/ezone/tjsj/nd/202305/20230503411328.shtml.

3. 西部地区国家级经开区利用外资情况

西部地区 50 家国家级经开区地区生产总值 2.3 万亿元，同比增长 13.9%。其中：第二产业增加值 1.5 万亿元，第三产业增加值 7 312 亿元，同比分别增长 17.2%和 6.4%。财政收入 3 310 亿元，税收收入 3 163 亿元，同比分别增长 3.6%和 10.7%。进出口总额 5 220 亿元(其中，出口 3 159 亿元，进口 2 061 亿元)，同比增长 32.5%；实际使用外资 14 亿美元，同比增长 8.2%(表 7-6)。①

表 7-6　2017—2022 年西部地区经开区外资利用情况

年份	同比增长率(%)	年份	同比增长率(%)
2017	17.7	2020	11.9
2018	15.9	2021	13.4
2019	7.3	2022	8.2

• 资料来源：根据中国商务部历年数据整理所得。

以上数据显示，从地域分布来看，虽然中西部地区承接产业转移优势逐渐显现，但是国家级经开区吸收外资能力仍存在不平衡的问题，东部地区大幅领先，中西部地区则有更大发展空间，需要在高质量发展中进一步实现资源有效配置，逐步缩小与东部地区发展差距，实现跨越式发展。

四、国家级经开区综合发展水平评估

本节根据商务部发表的国家级经开区综合发展水平考核评价结果对国家级经开区的综合发展水平加以分析。

2023 年初，商务部结束 2022 年国家级经开区综合发展水平考核评价工作，此次考核评价首次实施新修订的《国家级经济技术开发区综合发展水平考核评价办法(2021 年版)》，对 217 家国家级经开区 2021 年度综合发展水平情况进行考核评价。②与 2016 年的综合考评指标体系不同，2021 年版更加突出增速指标重要性，强调稳定增长与核心竞争力提升。

考核评价就经济增长、开发带动、科技创新、绿色发展、协调发展五个方面进行评价，结果显示：2022 年国家级经开区维持对外开放高水准，同时积极推进高质量发展，总体发展稳中提质。

①② 中国商务部. 2022 年国家级经济技术开发区综合发展水平考核评价结果[EB/OL]. (2023-01-13)[2023-08-07]. http://file.mofcom.gov.cn/article/syxwfb/202301/20230103379178.shtml.

第一,就“经济增长”而言,报告给出了“稳中提质”的评价,并突出了高新技术产业集聚所产生的经济效应及其对经济增长的影响。报告强调经济技术开发区吸引了大量高新技术企业、研发机构和创新型企业进驻,形成了产业集聚效应。这些企业之间的合作和竞争促进了技术创新和产业升级,从而推动经济增长。2021 年,国家级经开区实现地区生产总值 12.8 万亿元,占国内生产总值比重为 11%。东部地区、中西部地区国家级经开区 2021 年主营业务收入分别为 30 亿元以上、15 亿元以上,制造业企业共 1 682 家,上市企业共 894 家,较前一年均有显著上升。

第二,就“开放带动”而言,报告给出了“作用显著”的评价,并强调了经开区在优化营商环境中的作用。报告指出国家级经开区放宽市场准入,优化商业环境,简化行政审批程序,为外商投资和合作提供财税政策、知识产权保护、人才交流合作等方面的支持。2021 年,国家级经开区实现进出口总额 8.9 万亿元,占全国进出口总额比重为 22.8%。其中高新技术产品进出口额 3 万亿元,占全国高新技术产品进出口额比重为 25.4%。实际使用外资金额 381.6 亿美元,占全国实际使用外资比重为 22%。

第三,就“科技创新”而言,报告给出了“实力增强”的评价,并强调了官产学研共同发展的重要性。报告指出经开区通常与高等院校、科研机构等紧密合作,促进科研成果向市场转化。经开区提供了创新环境和政策支持,鼓励企业进行技术研发和创新,从而推动新技术、新产品的产生。截至 2021 年末,国家级经开区拥有国家级孵化器和众创空间 573 家,省级及以上研发机构 1.04 万家,高新技术企业 5.03 万家,较上年末均有明显提升。

第四,就“绿色发展”而言,报告给出了“成效明显”的评价,并突出了绿色发展和生态保护之间的相关性。报告强调国家级经开区支持绿色科技和环保领域的创新企业发展,鼓励企业研发和应用环保技术,推动绿色产业创新;鼓励企业采用清洁能源,如太阳能、风能等,以减少对传统化石能源的依赖,促进低碳技术研发和应用,减少温室气体排放,有助于环境保护。2021 年,国家级经开区规模以上工业企业单位工业增加值能耗、水耗和 COD(化学需氧量)排放同比显著下降,工业固体废物综合利用率较上年提高 3.8 个百分点。经开区也在土地利用规划中注重生态保护,保留自然生态空间,进行生态修复和植被恢复工作,提高了生态环境质量。

第五,就“协调发展”而言,报告给出了“扎实推进”的评价,并突出了东部、中西部协调发展在数量上的比较意义。报告显示,截至 2021 年末,东部地区国家级经开区与中西部地区国家级经开区开展合作共建以及国家级经开区对口援疆、援藏、援助边(跨)境合作区数量比上年增加 91 个。

表 7-7 为 2021 年国家级经开区综合实力榜单,列出了综合实力排名前 30 的经开区。表 7-8 为 2021 年国家级经开区实际使用外资的前十名。

表 7-7 2021 年国家级经开区综合实力榜单

排名	国家级经开区	省份
1	苏州工业园区	江苏
2	广州经济技术开发区	广东
3	天津经济技术开发区	天津
4	北京经济技术开发区	北京
5	昆山经济技术开发区	江苏
6	合肥经济技术开发区	安徽
7	青岛经济技术开发区	山东
8	江宁经济技术开发区	江苏
9	杭州经济技术开发区	浙江
10	烟台经济技术开发区	山东
11	松江经济技术开发区	上海
12	南京经济技术开发区	江苏
13	广州南沙经济技术开发区	广东
14	上海漕河泾新兴技术开发区	上海
15	大连经济技术开发区	辽宁
16	沈阳经济技术开发区	辽宁
17	宁波经济技术开发区	浙江
18	嘉兴经济技术开发区	浙江
19	上海金桥经济技术开发区	上海
20	芜湖经济技术开发区	安徽
21	萧山经济技术开发区	浙江
22	东侨经济技术开发区	福建
23	郑州经济技术开发区	河南
24	吴江经济技术开发区	江苏
25	吴中经济技术开发区	江苏
26	武汉经济技术开发区	湖北
27	长春经济技术开发区	吉林
28	西安经济技术开发区	陕西
29	宜宾临港经济技术开发区	四川
30	宁波杭州湾经济技术开发区	浙江

• 资料来源:中国商务部。

表 7-8　2021 年国家级经开区吸收利用外资前十名

排名	国家级经开区	省份
1	广州经济技术开发区	广东
2	天津经济技术开发区	天津
3	苏州工业园区	江苏
4	广州南沙经济技术开发区	广东
5	上海金桥经济技术开发区	上海
6	杭州经济技术开发区	浙江
7	萧山经济技术开发区	浙江
8	大连经济技术开发区	辽宁
9	青岛经济技术开发区	山东
10	合肥经济技术开发区	安徽

• 资料来源:中国商务部。

第八章
中国双向投资的发展——“一带一路”篇

2013 年，中国政府正式提出“一带一路”合作倡议，希望通过国家间更好地互联互通促进经济繁荣和经济合作。“一带一路”合作倡议依托连接亚洲和欧洲的古代丝绸之路，加入连接东亚、东南亚、南亚、西亚和非洲的“海上丝绸之路”，覆盖了亚欧非 65 个国家，包括 25 个“海上丝绸之路”沿线国家以及 40 个“陆上丝绸之路”国家。2015 年，国家发展改革委、外交部及商务部联合发布了《推动共建丝绸之路经济带和 21 世纪海上丝绸之路的愿景与行动》，明确了“一带一路”合作倡议“5 大走向、6 大经济走廊、多国多港”的框架思路，以及“政策沟通、设施联通、贸易畅通、资金融通、民心相通”的合作重点，为促进中国的对外开放及各国的发展带来了新的机遇与条件，促进了中国与沿线国家的双边投资合作。

第一节　中国对“一带一路”沿线国家和地区投资的发展趋势

2013 年以来，中国对“一带一路”沿线地区直接投资总量及占全球总投资份额双双提升。投资存量由 2013 年的 13.2 亿美元增长到 2021 年末的 2 138.4 亿美元，占中国对外直接投资存量总额的比例从 0.2% 上升到 7.68%。2021 年中国对“一带一路”沿线地区直接投资流量达到 241.5 亿美元，创历史新高，同比增长 7.1%，占当年中国对外直接投资流量总额的 13.5%，较 2012 年翻一番。此外，中国对“一带一路”沿线国家投资的行业集中度有所下降，投资份额差额进一步减小，行业结构更加均衡，投资行业分布越来越多样化。

一、中国对“一带一路”沿线国家投资总体稳步增长

根据“一带一路”沿线国家的地理位置和经济发展水平，我们可以将沿线的 65 个国家分为东南亚、东亚、非洲、中亚、独联体、西亚、南亚及中东欧

8个区域(见表8-1)。人口总量约为44亿,占世界生产力的1/3。随着共建“一带一路”倡议的持续推进及沿线国家的基础设施互联互通建设,中国对“一带一路”沿线国家直接投资快速增长。截至2021年末,“一带一路”沿线国家存量位列前10的国家分别是新加坡、印度尼西亚、越南、俄罗斯联邦、马来西亚、老挝、泰国、阿拉伯联合酋长国、哈萨克斯坦及巴基斯坦。

表8-1　“一带一路”65个沿线国家的地理分布

地　区	国　家
东南亚地区(11国,东盟10国加东帝汶)	新加坡、泰国、越南、马来西亚、印度尼西亚、菲律宾、缅甸、柬埔寨、文莱、老挝、东帝汶
东亚地区(1国)	蒙古
非洲地区(1国)	埃及
中亚地区(5国)	哈萨克斯坦、乌兹别克斯坦、土库曼斯坦、吉尔吉斯斯坦、塔吉克斯坦
独联体(7国)	俄罗斯、亚美尼亚、阿塞拜疆、格鲁吉亚、白俄罗斯、乌克兰、摩尔多瓦
西亚地区(16国)	阿富汗、土耳其、阿联酋、科威特、卡塔尔、阿曼、黎巴嫩、沙特阿拉伯、伊朗、约旦、也门、以色列、巴林、伊拉克、叙利亚、巴勒斯坦
南亚地区(7国)	孟加拉国、巴基斯坦、印度、斯里兰卡、尼泊尔、马尔代夫、不丹
中东欧地区(17国)	阿尔巴尼亚、波黑、保加利亚、克罗地亚、捷克、爱沙尼亚、希腊、匈牙利、拉脱维亚、立陶宛、黑山、北马其顿、波兰、罗马尼亚、塞尔维亚、斯洛伐克和斯洛文尼亚
合计65国	

• 资料来源:作者整理。

2013—2021年,中国对“一带一路”沿线国家直接投资流量累计达到1 640亿美元,总体稳步增长。中国在全球189个国家和地区设立对外直接投资企业4.5万家,在“一带一路”沿线国家设立境外企业超过1.1万家,占总设立企业的24.4%。2021年中国对“一带一路”沿线国家和地区直接投资流量创历史新高,较2012年翻一番。中国商务部官网每月发布的“一带一路”国家投资简报显示(见图8-1),中国对“一带一路”沿线国家非金融类投资流量在2014至2021年每月保持稳步增长,没有较大波动。

根据中国商务部网站公布的中国对全球及“一带一路”沿线地区非金融类直接投资流量统计数据显示(见表8-2),自中国2013年提出“一带一路”合作倡议以来,中国对“一带一路”沿线地区直接投资总量及占全球总投资的份额均有提升。其中,中国企业对“一带一路”沿线国家非金融类直接投资流量从2014年的125.38亿美元上升到2021年的203亿美元,占同期中

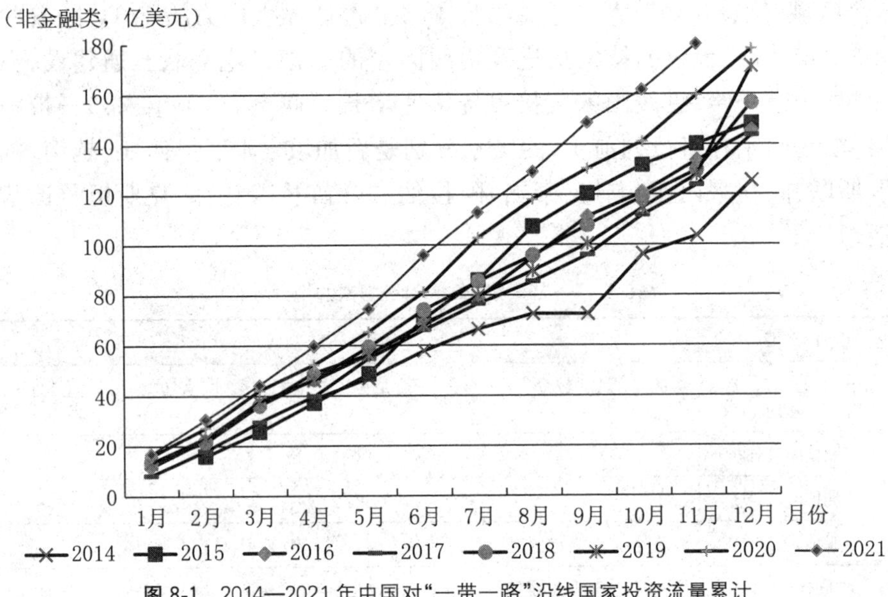

图 8-1 2014—2021 年中国对"一带一路"沿线国家投资流量累计

• 数据来源:中国商务部。①

国对外直接投资总额的比重从 11.7%上升到 13.35%。2021 年中国对"一带一路"沿线地区的非金融类直接投资增速为 14.1%,是全球投资增速的 1.05 倍(13.4%)。这表明中国对"一带一路"沿线地区投资的持续增长具有较大的潜力,并且非金融类直接投资的快速增长也表明中国企业投资将对东道国的经济发展和当地的基础设施建设提供越来越大的促进作用,将推动以合作共赢、共同发展的模式共建"一带一路"。

表 8-2 2014—2021 年中国对全球及"一带一路"非金融类直接投资流量

年份	2014	2015	2016	2017	2018	2019	2020	2021
全球投资总额(亿美元)	1 072.0	1 214.17	1 812.29	1 394.98	1 213.17	1 169.58	1 340.5	1 520.2
"一带一路"投资(亿美元)	125.38	148.2	145.3	143.6	156.4	150.4	177.9	203
"一带一路"占比(%)	11.7	12.21	8.02	10.29	12.89	14.62	16.15	13.35
全球投资增速(%)		13.26	49.26	−23.03	−13.03	−3.59	14.61	13.4
"一带一路"增速(%)		18.20	−1.96	−1.17	8.91	−3.84	18.28	14.1

• 数据来源:商务部。中国对外直接投资总额及"一带一路"流量数额数据均来自中国商务部数据,增速及占比数据来自作者计算。

① 中华人民共和国商务部.中华人民共和国商务部网站"'走出去'公共服务平台""服务'一带一路'"栏目"统计数据"[DB/OL].[2022-8-4]. http://fec.mofcom.gov.cn/article/fwydyl/tjsj/.

二、中国是“一带一路”沿线部分国家的主要投资国

“一带一路”沿线的一些国家吸收外资高度依赖中国企业投资。表 8-3 列出了 2017—2020 年中国每年对其直接投资份额占本国吸收外资前五的国家。2019 年，中国是塔吉克斯坦、柬埔寨、吉尔吉斯共和国、斯里兰卡的最大投资国，中国对其直接投资的份额占其本国吸收外国直接投资的份额分别是 49%、29%、26%及 17%，是该国吸收外国直接投资的第一大来源国。并且中国是缅甸、蒙古和尼泊尔吸收外国直接投资的第二大来源国，分别占其本国吸收外国直接投资的 24%、22%及 15%。此外，中国是哈萨克斯坦吸收外国直接投资的第四大来源国，是以色列及巴基斯坦吸收外国直接投资的第五大来源国。事实上，中国应该是更多沿线国家的前五大来源国，但由于这些国家没有向国际货币基金组织的数据库报告数据，因此没有包含在表 8-3 中。相较于 2017 年，2018 年和 2019 年中国对缅甸的直接投资有所减少，这与新加坡增加了对缅甸电信行业(及其他行业)的大规模投资有关。此外，中国对斯里兰卡的直接投资份额上升，成为斯里兰卡吸收外国直接投资的最大来源国。其主要原因在于斯里兰卡政府正在逐步引导经济向投资及出口导向型经济转型，并且中国对其旅游、信息技术等行业的投资增加。2020 年，中国对巴基斯坦的投资持续增加，这与中巴经济走廊恢复建设密不可分。

表 8-3　中国对其直接投资占本国吸收外资排名前五的国家(2017—2020 年)

国　家	2020 年		2019 年		2018 年		2017 年	
	中国占比(%)	中国排名	中国占比(%)	中国排名	中国占比(%)	中国排名	中国占比(%)	中国排名
塔吉克斯坦	50	1	49	1	50	1	44	1
柬埔寨	29	1	29	1	29	1	23	1
吉尔吉斯共和国	19	2	26	1	27	1	29	1
斯里兰卡	16	1	17	1	17	1	10	4
缅甸	*	*	24	2	25	2	33	1
蒙古	22	2	22	2	24	2	26	2
尼泊尔	16	2	15	2	10	2	10	2

续表

国家	2020 年		2019 年		2018 年		2017 年	
	中国占比(%)	中国排名	中国占比(%)	中国排名	中国占比(%)	中国排名	中国占比(%)	中国排名
哈萨克斯坦	4	4	5	4	6	4	6	4
以色列	#	#	3	5	3	4	3	5
巴基斯坦	8	3	6	5	#	#	7	4

• 数据来源:国际货币基金组织(IMF)的协调直接投资调查数据库(CDIS database)。①

三、中国对“一带一路”沿线地区投资主要流向东南亚

本节分析综合采用商务部数据以及美国企业研究所(American Enterprise Institute)公布的“中国企业全球投资数据库”(CGIT 数据库)②微观数据来进行分析。

比较 2005—2021 年 CGIT 数据库和中国商务部的历史数据(见图 8-2),CGIT 数据库统计加总的中国对外投资规模与中国商务部官方口径数据变化趋势在 2020 年以前基本保持一致:在 2016 年以前都保持快速上涨的态势,并且两者数据库的统计差额较小;在 2016—2019 年则都出现投资增长放缓,流量规模下降的趋势。

2020 年以后的数据存在两点主要差异:一是中国总投资规模顶点出现的时间不同,在 CGIT 中出现在 2017 年,在商务部数据中则出现在 2016 年。二是 2020 年和 2021 年的数据走向相反并且 2017 年以后两者差异变大:商务部统计的总投资表现为流量上升,从 2019 年的 1 369.08 亿美元先跌后升到 2021 年的 1 788.2 亿美元;而 CGIT 加总统计的数据则表现为下降,从 2019 年的 970.8 亿美元下降到 2021 年的 206.4 亿美元。美国企业

---

① 国际货币基金组织(IMF).协调直接投资调查数据库(CDIS database)[DB/OL].[2021-1-5]. https://data.imf.org/?sk=40313609-F037-48C1-84B1-E1F1CE54D6D5.该数据库目前报告了截至 2020 年的数据,其中 2020 年报告了 108 个国家吸收外国直接投资的前五大来源国。符号 # 表示中国对其直接投资在该年份并未进入该国吸收外国直接投资的前五,符号 * 表示该年份该国并未报告数据。

② 美国企业研究所(AEI).中国企业全球投资数据库(CGIT database)[DB/OL].[2023-8-7]. http://www.aei.org/china-global-investment-tracker/.该数据库记录了 2005 年至 2023 年中国企业对外直接投资和对外承包工程 1 亿美元以上的两类微观交易项目,前者为全样本口径,后者由于统计困难存在较多遗漏条目。此处分析基于 2021 年 6 月最新更改版本完成。

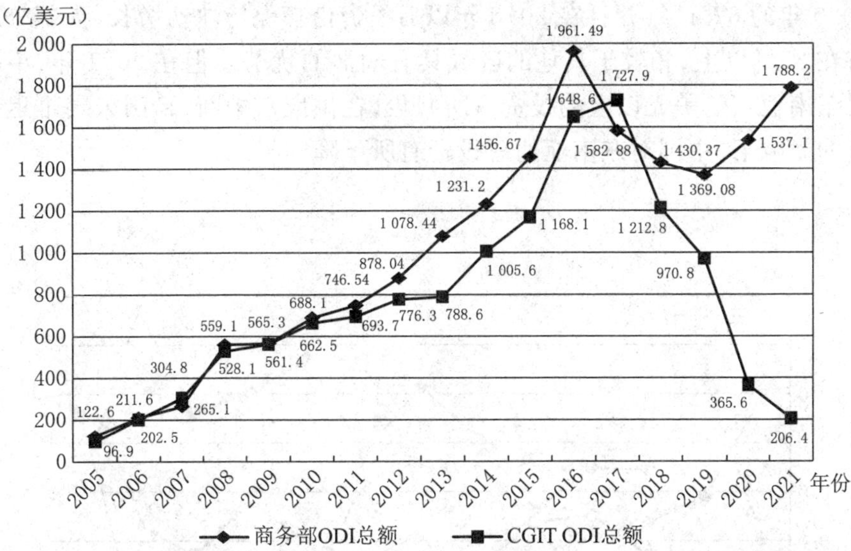

图 8-2　2005—2021 年商务部与 CGIT 数据库对外直接投资(ODI)统计口径比较

• 数据来源:中国商务部,统计值来自历年《中国对外直接投资统计公报》,CGIT 中国 ODI 数据来自美国企业研究所。

研究所(AEI)在其研究报告①中认为,CGIT 数据库与中国官方统计存在偏差的主要可能原因在于:第一,CGIT 数据库按实际目的地统计,特别是转经中国香港地区和其他离岸金融中心的对外投资与中国官方统计口径不同,并且排除了 1 亿美元以下的较小的交易;第二,由于 CGIT 统计的是企业具体项目的投资支出总额,部分支出的统计年份存在差异,可能提前或者滞后一年;第三,2017 年两套口径的较大差异可能在于一笔中国化工收购瑞士先正达(Syngenta)的交易(AEI 认为额度高达 430 亿美元)未被中国官方纳入统计(或只有部分纳入统计);第四,2017 年以后,中国企业可能选择不公开海外投资活动,企业披露的质量下降。

根据 CGIT 数据库的中国对外直接投资数据,在 2005—2021 年,中国对“一带一路”沿线国家的投资分布已经涵盖东南亚、东亚、非洲、中亚、独联体、西亚、南亚及中东欧地区等几大板块。在不同时期,对不同地区的投资侧重略有不同,在至 2021 年的相当长一段时间内,东南亚地区是中国企业重要的对外投资区域。根据 CGIT 数据统计(图 8-3),中国对东南亚地区的直接投资占“一带一路”总投资的份额从 2009 年的 20.3%上升到

① 美国企业研究所(AEI).China's Overseas Investment Starts the Long Climb Back[EB/OL].(2021-7-20)[2022-8-6]. https://www.aei.org/research-products/report/chinas-overseas-investment-starts-the-long-climb-back/.

2020 年的 67.1%，并且在 2013 年以后投资份额保持波动增长，大部分维持在 35%以上，相较于其他的区域具有明显的优势。但在 2021 年，中国对东南亚 1 亿美元以上的投资有所减少，在供应链中断、跨国公司推迟投资的影响下，中国对东南亚的总投资有所下降。

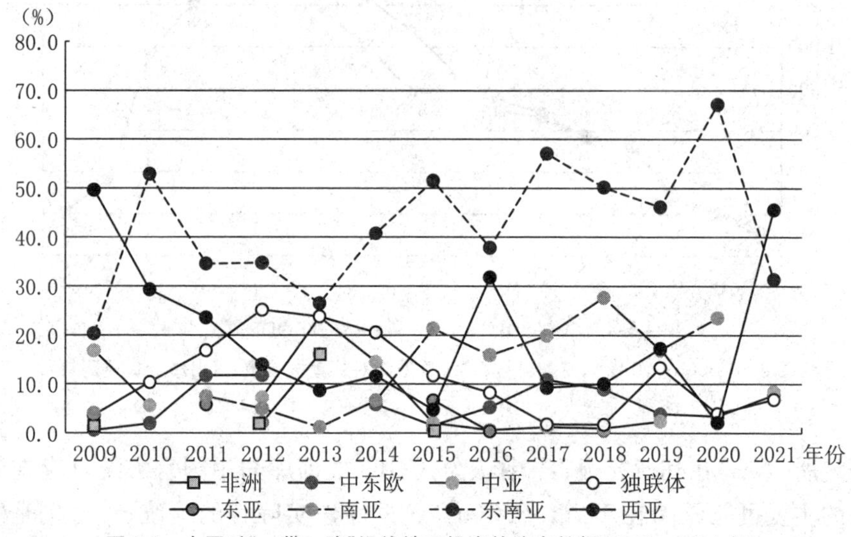

图 8-3 中国对“一带一路”沿线地区投资的分布份额(2009—2021 年)

• 数据来源：CGIT 数据。

从中国对“一带一路”地区 1 亿美元及以上规模的投资发展趋势来看(表 8-4)，2008 年开始，中国企业对沿线地区 1 亿美元及以上规模的投资逐渐增加，并且东南亚成为最主要投资地区。2008 年以前，中国企业对沿线地区投资选择具有较大波动，2005 年地区投资规模最大的是中亚地区(42 亿美元)；2006 年地区规模最大的是独联体区域(54.1 亿美元)，2007 年地区规模最大的则是西亚地区(60.8 亿美元)。2008 年以后，中国对东南亚地区的投资规模增长最快，使其上升为最大投资规模地区。在 2009—2013 年，中国对东亚北非、中亚、独联体区域的直接投资规模波动增加，对中东欧、南亚及西亚地区的直接投资规模波动减少，对东南亚地区的直接投资规模在数十亿美元区间。2015—2019 年，中国对东南亚地区的投资规模大幅度增加，超过百亿美元。此外，2013—2019 年，中国对南亚和西亚地区的投资规模也波动上升，对中亚及中东欧地区的直接投资规模则波动减少。

表 8-4　2005—2021 年中国对“一带一路”沿线地区投资规模　（亿美元）

年份＼地区	东亚北非	中东欧	中亚	独联体	南亚	东南亚	西亚
2005	2	#	42	#	#	#	2.9
2006	9.4	#	19.1	54.1	#	14.9	#
2007	1.5	#	#	#	7.1	3.7	60.8
2008	1.5	57.9	2.5	#	12	84.4	32.2
2009	10.3	1.2	35.4	7.8	8.5	42.8	104.4
2010	#	1.9	5.6	10.3	#	52.8	29.2
2011	10.1	20.4	#	29.4	13	60.2	41.1
2012	2.3	13	8	27.8	5.5	38.4	15.5
2013	36	#	53	53.1	2.6	59.1	19.4
2014	#	11.7	29.3	41.3	13.3	82	23.3
2015	26.4	5.4	7.5	43.1	78.6	189.9	17.5
2016	1	15.4	1.8	24.1	46.7	110.8	93.1
2017	#	36.7	4.1	6	67.7	193.9	31.3
2018	1.8	33	3.6	6.3	102.1	185.3	37
2019	#	13.8	8.5	47.5	60.5	164.8	61.7
2020	#	4.7	#	5.4	32.4	92.5	2.9
2021	#	4.1	4.4	3.6	#	16.5	24

• 注：表格中符号#表示在美国企业研究所的 CGIT 数据库中，这个区域在对应年份没有 1 亿美元及以上规模的投资，这种情况集中在 2013 年以前及非洲和东亚地区（在“一带一路”65 个国家中，非洲只有埃及，东亚只有蒙古国，说明中国企业对这两个国家的 1 亿美元及以上规模的投资仍然较少，所以表中将这两个国家合并统计为东亚北非地区）。

考虑到不同地区涵盖的国家数量不同，为了考察中国企业对“一带一路”地区的平均投资，本节计算了 2013—2021 年中国累计对每个地区的国均投资额（表 8-5）。按照地区国均投资从大到小，分别是东南亚（99.5 亿美元）、南亚（57.7 亿美元）、独联体（32.9 亿美元）、东亚北非（32.6 亿美元）、中亚（22.4 亿美元）、西亚（19.4 亿美元）及中东欧（7.3 亿美元）。因此，从 2013—2020 年中国累计对每个地区的国均投资来看，中国企业对东南亚的“一带一路”沿线国家平均投资最高，其次是南亚地区，对中东欧国家的平均投资最低。

表 8-5　2013—2021 年中国对“一带一路”沿线地区国均投资　（亿美元）

	东亚北非	中东欧	中亚	独联体	南亚	东南亚	西亚
总投资额	65.2	124.8	112.2	230.4	403.9	1 094.8	310.2
国家数量	2	17	5	7	7	11	16
国均投资	32.6	7.3	22.4	32.9	57.7	99.5	19.4

• 数据来源：作者根据美国企业研究所 CGIT 数据库测算。

四、中国对"一带一路"沿线国家投资主要流向新加坡、俄罗斯

根据CGIT数据库2005—2021年的数据,中国对"一带一路"沿线国家1亿美元及以上规模的直接投资总额累计流量前20的国家如图8-4所示。前七国分别是新加坡、俄罗斯联邦、印度尼西亚、哈萨克斯坦、马来西亚、印度、巴基斯坦,占2005—2021年中国对"一带一路"沿线直接投资累计流量总额的份额分别为11.08%、10.39%、8.38%、5.87%、5.82%、4.98%及4.95%,前七国直接投资累计流量总额加总占比为51.47%。

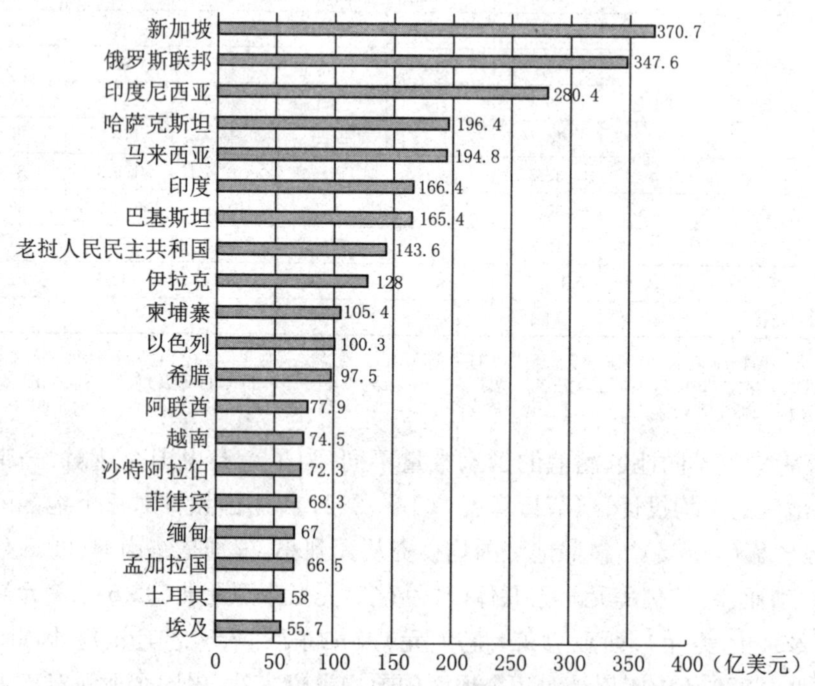

图8-4 2005—2021年中国对"一带一路"沿线投资累计流量前20国家

· 数据来源:作者根据美国企业研究所CGIT数据测算。

根据CGIT数据库2018—2021年的数据,中国对"一带一路"沿线国家1亿美元及以上规模的直接投资累计流量总额前20的国家,如图8-5所示。前七国家分别是印度尼西亚、老挝、印度、新加坡、俄罗斯联邦、菲律宾、孟加拉国,占2018—2021年中国对"一带一路"沿线直接投资总额的份额分别为12.69%、9.82%、9.49%、6.6%、6.56%、5.52%及5.47%,前七国直接投资额加总占比为56.15%。这表明近几年,中国对"一带一路"沿线投资的

国家集中度仍然较高。并且对新加坡投资从第 1 名调整至第 4 名，这主要是 2017 年中国对新加坡出现多笔大额直接投资导致当年投资额过高，2018 年以后基本恢复常规水平。①

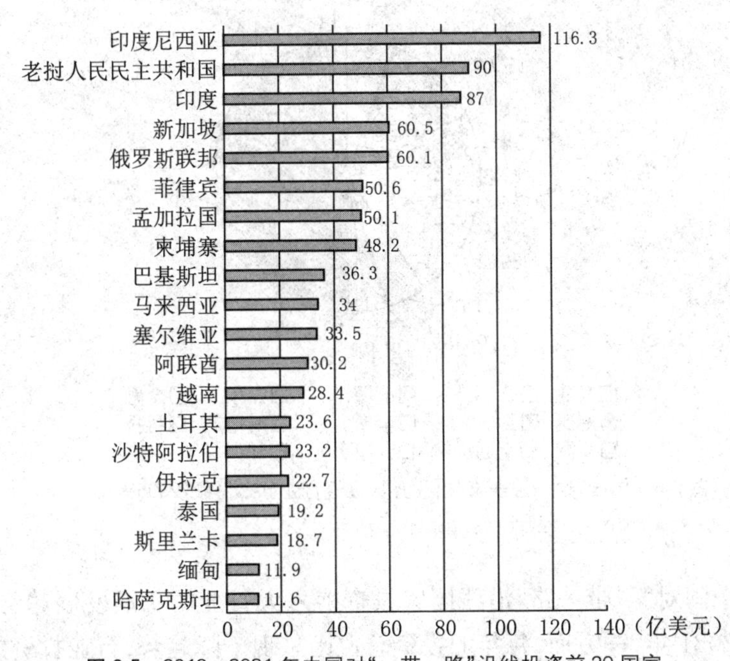

图 8-5　2018—2021 年中国对“一带一路”沿线投资前 20 国家

• 数据来源：作者根据美国企业研究所 CGIT 数据库自行测算。

五、中国对“一带一路”沿线国家投资主要流向能源业

从 2005—2021 年中国对“一带一路”沿线国家行业直接投资累计流量的分布来看，根据 CGIT 数据库统计，这时期中国对“一带一路”沿线国家直接投资 1 亿美元及以上规模的前六大行业分别是能源、交通运输、金属、房地产、物流及科技行业，占投资总额比重分别是 46.60％、11.69％、11.39％、6.38％、4.75％及 3.35％（图 8-6）。截至 2021 年前，前六大行业的投资比重加总超过 80％。其中行业直接投资最多流向能源业，占投资总额的比重长期维持在 30％以上，是最受中国企业对“一带一路”沿线国家投

① CGIT 中记录显示 2017 年中国企业对新加坡进行了 8 起投资，涉及交通、能源、物流、地产等多个投资领域，最大投资金额的一笔为万科、厚朴、高瓴资本、中银等联合收购新加坡物流地产巨头普洛斯（GLP）公司，金额超过 90 亿美元。

资偏好的行业领域。目前中国对“一带一路”沿线国家的农业、娱乐业、化工、健康、旅游业等行业的直接投资还相对较少。

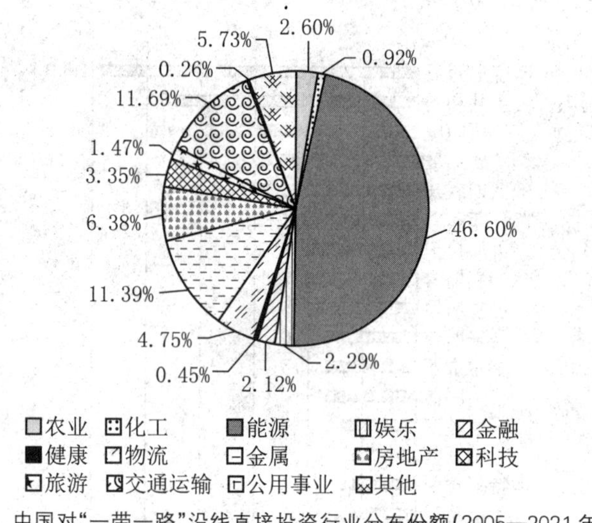

图 8-6　中国对“一带一路”沿线直接投资行业分布份额(2005—2021 年)

• 数据来源:作者根据美国企业研究所 CGIT 数据库测算。

从中国对“一带一路”沿线国家投资前六大行业的长期发展趋势来看,2006—2021 年,一方面,每年的投资总占比呈现下降趋势,行业投资的集中度有所下降,从 2006 年的 98.77%下降到 2021 年的 76.81%;另一方面,前六大行业的投资份额差额进一步减小,行业结构更加均衡。这表明中国对“一带一路”沿线国家的行业投资集聚性下降,投资行业越来越多样化。具体而言,近几年能源行业占投资总额的比重有所下降,在 2017 年以前占比大多保持在 50%左右,2017 年以后则下降到 30%左右,总体从 2006 年的 65.85%下降到 2021 年的 39.16%。其次,房地产及科技行业近几年的投资比重也有所下降,占比维持在个位数。相反,2018 年以后中国企业对“一带一路”沿线国家的交通运输与金属业投资有所上升,投资比重分别从 2006 年 9.95%和 9.64%上升到 2021 年的 21.29%和 11.03%(表 8-6)。

表 8-6　中国对“一带一路”沿线国家投资前六大行业份额(2006—2021 年)

行业 年份	能源	交通运输	金属	房地产	物流	科技
2006	65.85%	9.95%	9.64%	13.33%	#	#
2007	32.56%	#	59.10%	#	2.05%	6.29%

续表

年份＼行业	能源	交通运输	金属	房地产	物流	科技
2008	47.56%	32.13%	11.34%	#	#	#
2009	87.74%	2.23%	2.28%	2.85%	#	2.38%
2010	45.99%	1.50%	21.44%	5.01%	1.00%	3.01%
2011	50.46%	2.41%	15.73%	9.70%	8.84%	#
2012	32.22%	6.52%	20.63%	15.11%	1.36%	10.86%
2013	57.53%	2.73%	8.60%	15.19%	#	0.49%
2014	63.91%	1.44%	5.92%	4.48%	3.78%	6.97%
2015	56.65%	9.91%	7.33%	4.40%	3.28%	6.79%
2016	46.19%	3.82%	3.07%	6.32%	2.94%	0.85%
2017	26.94%	4.77%	3.50%	12.30%	29.70%	2.86%
2018	22.35%	33.30%	15.33%	4.01%	0.41%	5.47%
2019	36.04%	18.08%	18.13%	3.59%	#	3.48%
2020	39.96%	22.41%	17.55%	6.38%	5.44%	0.80%
2021	39.16%	21.29%	11.03%	#	2.66%	2.66%

• 数据来源：作者根据美国企业研究所 CGIT 数据库测算，该数据库中 2005 年只统计有能源投资 46.9 亿美元，故未列表。表格中符号 # 表示在美国企业研究所的 CGIT 数据库中，该行业在对应年份没有 1 亿美元及以上规模的投资。

六、中国对“一带一路”沿线投资集中在能源、交通运输和金属行业（基于地区—行业的二维分析）

本节同样结合地区和行业投资，从二维层面分析中国对“一带一路”沿线地区投资的重点行业布局。表 8-7 和表 8-8 显示了 2005—2021 年中国企业对“一带一路”沿线地区投资的行业分布，具体而言，中国对东亚北非地区超过 1 亿美元以上的直接投资主要集中在能源（55.43%）、金属（29.62%）、房地产（7.62%）和物流（1.47%）；中东欧地区主要集中在交通运输（37.82%）、能源（19.53%）、金属（9.99%）和科技（8.99%）等行业；中亚地区主要集中在能源（88.35%）、房地产（4.8%）、交通运输（3.16%）、金属（2.05%）等行业；独联体地区主要集中在能源（54.25%）、娱乐（10.67%）、金属（6.81%）及农业（6.89%）等行业；南亚地区主要集中在能源（39.2%）、交通运输（11.58%）、金属（10.87%）及科技（7%）等行业；东南亚地区主要集中在能源（32.67%）、交通运输（15.22%）、金属（14.83%）及房地产（10.27%）等行业；西亚地区主要集中在能源（66.36%）、金属（7.41%）、农业（7.38%）与娱乐（7.38%）等行业。

表 8-7　2005—2021 年中国对“一带一路”投资地区—行业分布　（亿美元）

行业＼地区	东亚北非	中东欧	中亚	独联体	南亚	东南亚	西亚
农业	0	0	0	24.8	5.1	12.9	44
化工	0	21.1	0	3.6	0	1.1	5
能源	56.7	42.8	198.6	195.2	176.4	454.8	395.7
娱乐	0	10.5	0	38.4	5.1	16.9	44
金融	0	5.5	1.1	13	12.8	33.1	5.3
健康	0	1	0	0	10.8	0	3.4
物流	1.5	0	0	3.9	8.2	128.1	17.3
金属	30.3	21.9	4.6	24.5	48.9	206.5	44.2
房地产	7.8	3.1	10.8	21.3	27.4	143	0
科技	0	19.7	0	8.8	31.5	47.4	4.6
旅游	0	0	0	0	12.7	31.9	4.5
交通运输	0	82.9	7.1	19.7	52.1	211.9	14.2
公用事业	0	1.4	0	0	3	7.3	0
其他	6	9.3	2.6	6.6	56	97.1	14.1

• 数据来源：作者根据美国企业研究所（AEI）CGIT 数据库测算。

表 8-8　2005—2021 年中国对“一带一路”投资的地区—行业分布　（%）

行业＼地区	东亚北非	中东欧	中亚	独联体	南亚	东南亚	西亚
农业	0.00	0.00	0.00	6.89	1.13	0.93	7.38
化工	0.00	9.63	0.00	1.00	0.00	0.08	0.84
能源	55.43	19.53	88.35	54.25	39.20	32.67	66.36
娱乐	0.00	4.79	0.00	10.67	1.13	1.21	7.38
金融	0.00	2.51	0.49	3.61	2.84	2.38	0.89
健康	0.00	0.46	0.00	0.00	2.40	0.00	0.57
物流	1.47	0.00	0.00	1.08	1.82	9.20	2.90
金属	29.62	9.99	2.05	6.81	10.87	14.83	7.41
房地产	7.62	1.41	4.80	5.92	6.09	10.27	0.00
科技	0.00	8.99	0.00	2.45	7.00	3.41	0.77
旅游	0.00	0.00	0.00	0.00	2.82	2.29	0.75
交通运输	0.00	37.82	3.16	5.48	11.58	15.22	2.38
公用事业	0.00	0.64	0.00	0.00	0.67	0.52	0.00
其他	5.87	4.24	1.16	1.83	12.44	6.98	2.36

• 数据来源：作者根据美国企业研究所 CGIT 数据库测算。由于四舍五入，数据统计与计算可能存在轻微误差。全书同。

总体而言，在 2005—2021 年这一较长时间内，能源业是中国对“一带一路”沿线地区投资的主要行业，但是近几年在有些地区的投资比重有所下降。2005—2021 年，能源业是中国企业对东亚北非、中亚、独联体、南亚、东南亚及西亚投资的最主要行业流向，占对该地区投资总额的份额都在 30% 以上。其中，能源占比最高的是中亚地区（超过八成），其次是西亚、东亚北非及独联体（超过五成），占比最低的是中东欧（少于两成）。但是在 2018—2021 年（表 8-9），能源仅是西亚（80.1%）和独联体（64.33%）及南亚（28.56%）地区的第一大投资行业，交通运输业成为中亚（33.94%）和东南亚（34.61%）地区的第一大投资行业，金属行业成为中东欧地区（37.23%）的第一大投资行业，并且金属行业在南亚（16.87%）和东南亚（21.06%）地区的投资增长也较快。

表 8-9　2018—2021 年中国对“一带一路”投资地区—行业分布　（%）

行业＼地区	中东欧	中亚	独联体	南亚	东南亚	西亚
农业	0.00	0.00	0.00	2.62	0.37	0.00
化工	0.00	0.00	5.73	0.00	0.00	3.98
能源	14.03	26.67	64.33	28.56	16.97	80.10
娱乐	0.00	0.00	0.00	2.10	3.16	0.00
金融	6.29	0.00	0.00	6.56	0.00	0.00
健康	1.80	0.00	0.00	0.00	0.00	0.80
物流	0.00	0.00	2.39	0.00	1.63	1.11
金属	37.23	0.00	1.59	16.87	21.06	0.00
房地产	0.00	29.70	0.00	1.33	6.29	0.00
科技	0.00	0.00	7.64	6.15	3.75	0.88
旅游	0.00	0.00	0.00	5.59	0.00	0.00
交通运输	29.86	33.94	12.90	14.00	34.61	10.35
公用事业	0.00	0.00	0.00	0.00	0.00	0.00
其他	10.79	9.70	5.41	16.21	12.15	2.79

• 数据来源：作者根据美国企业研究所 CGIT 数据库测算。在该数据库中，2018—2021 年没有中国对东亚北非 1 亿美元及以上规模的直接投资，故没有列入此表。

七、中国对“一带一路”沿线投资集中在能源和金属行业（基于国家—行业的二维分析）

根据 CGIT 数据库，2005—2020 年中国对“一带一路”沿线有 1 亿美元及以上规模直接投资的国家有50个,2018—2020年有1亿美元及以上规模直接投资的国家有30个,并且投资前七名国家的总额占比从51.87%上升到58.8%,说明近年来中国对"一带一路"沿线国家大额投资的集中度有所上升。表8-10展示了2005—2020年中国对"一带一路"沿线国家进行1亿美元及以上规模直接投资前七名国家,分2005—2020年、2013—2020年、2018—2020年三个不同时期重点投资行业进行展示。

从2005—2020年中国对"一带一路"沿线投资前七名国家的前三行业来看,能源和金属出现的频次较高,能源在7个国家都位列前三,金属在4个国家位列前三。此外,交通运输和房地产分别在3个国家位列前三,科研则在2个国家位列前三。2013—2020年,能源在6个国家都位列前三,不再是新加坡的前三投资行业,金融取而代之进入前三。金属仍然是印度尼西亚和印度的重要投资行业,交通运输是俄罗斯联邦、印度尼西亚、哈萨克斯坦和巴基斯坦的重要投资行业。2018—2020年,能源在各国的占比进一步降低,并且仅在5个国家中位列前三,娱乐和科研行业投资则有所上升。

对于新加坡,2005—2018年,物流行业是中国对其投资的第一大行业,但物流占比在2018年以后降低,娱乐行业在近3年的投资份额上升。对于俄罗斯联邦,能源业一直是中国对其直接投资的最主要行业,并且投资份额近几年仍在上升。对于印度尼西亚,金属业长期是中国对其直接投资的最主要行业,并且前三投资行业稳定在金属、能源和交通运输。对于哈萨克斯坦,2018年以前能源投资占比最高,近几年则在交通运输业有了大幅增长。对于马来西亚,能源投资仍然重要,但是近几年比重明显减小,科研行业投资则增长明显,位列投资前三行业。对于印度,金属、能源及科研行业投资占比较高,2019年有一笔10.9亿美元的大额旅游投资使旅游业在2018—2020年的投资占比上升为第三名。对于巴基斯坦,2005—2018年,中国对其直接投资则集中在能源、交通运输业和科研行业。

表8-10 中国对"一带一路"沿线投资前七名国家重点行业 (亿美元)

国家	2005—2020年		2013—2020年		2018—2020年	
	投资	投资行业前三名	投资	投资行业前三名	投资	投资行业前三名
新加坡	369.3	物流(32.66%) 能源(15.95%) 房地产(13.86%)	288	物流(37.5%) 房地产(17.26%) 金融(8.65%)	59.1	娱乐(24.53%) 房地产(17.26%) 能源(5.08%)

续表

国　家	2005—2020 年		2013—2020 年		2018—2020 年	
	投资	投资行业前三名	投资	投资行业前三名	投资	投资行业前三名
俄罗斯联邦	344	能源(67.83%) 农业(7.21%) 金属(7.12%)	219.3	能源(70.59%) 农业(11.31%) 交通运输(6.11%)	56.5	能源(71.50%) 交通运输(9.56%) 科研(8.5%)
印度尼西亚	278.7	金属(40.08%) 能源(31.61%) 交通运输(19.41%)	226.1	金属(38.52%) 能源(30.43%) 交通运输(23.4%)	114.6	金属(45.9%) 交通运输(38.3%) 能源(11.78%)
哈萨克斯坦	192	能源(93.33%) 交通运输(3.7%) 房地产(0.94%)	85.3	能源(88.16%) 交通运输(6.57%) 房地产(2.11%)	7.2	交通运输(77.78%)
马来西亚	191.8	能源(34.83%) 房地产(25.5%) 金属(11.37%)	165.4	能源(40.39%) 房地产(22.79%) 旅游(10.16%)	31	房地产(38.06%) 能源(14.84%) 科研(14.19%)
印度	166.4	金属(16.59%) 能源(9.56%) 科研(8.83%)	146.4	科研(10.04%) 能源(9.49%) 金属(8.95%)	87	科研(13.79%) 金属(13.33%) 旅游(12.53%)
巴基斯坦	165.4	能源(76.6%) 科研(10.16%) 交通运输(9.79%)	138.6	能源(83.62%) 交通运输(11.7%) 科研(1.44%)	36.3	能源(87.60%) 金融(4.96%)

• 数据来源：作者根据美国企业研究所的 CGIT 数据库的统计数据测算，数据库中仅包含 1 亿美元及以上规模对外直接投资数据。在进行行业规模排序时，分类为“其他行业”的并不列入前三名。

八、中国对“一带一路”沿线承包工程额超过对外直接投资额

根据 CGIT 数据库 2003—2020 年数据来看（图 8-7），中国对“一带一路”沿线国家承包工程额长期超过对外直接投资金额，是中国与“一带一路”沿线国家国际合作的主要方式。其中，2005—2009 年，中国对“一带一路”沿线国家直接投资有时略多于工程承包合同金额，但 2009 年以后特别是 2013 年“一带一路”倡议提出以后，对外工程承包金额持续超过对外直接投资金额。2013 年中国对“一带一路”沿线承包工程额是对外直接投资额的 1.38 倍，2020 年则上升到 1.99 倍。

比较中国对“一带一路”沿线国家两种投资方式的长期发展趋势，如图 8-8 和图 8-9 所示，中国对“一带一路”沿线国家直接投资占中国对外直接投资总额的比重从 2005 年 48.4%下降到 2012 年的 14.2%，进而上升到 2020 年的 37.7%，平均占比为 29.4%。中国对“一带一路”沿线国家承

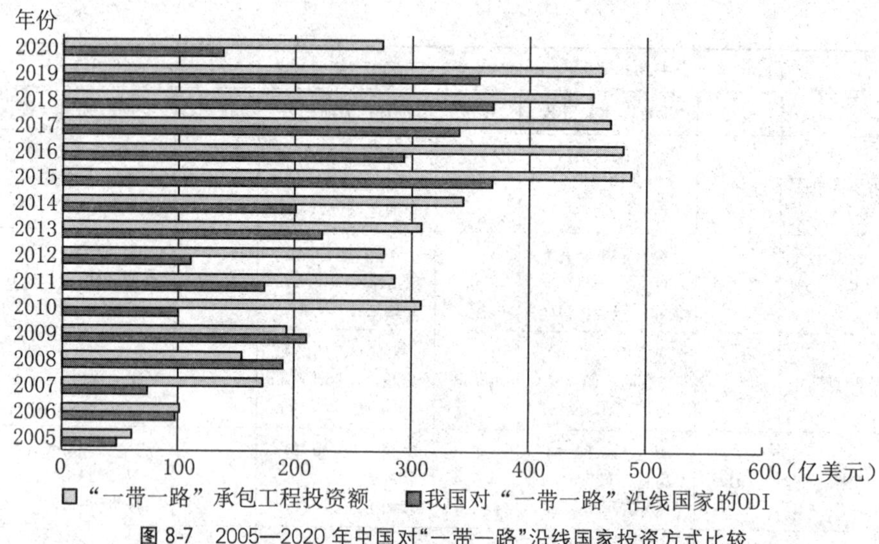

图 8-7 2005—2020 年中国对“一带一路”沿线国家投资方式比较

• 数据来源：作者根据美国企业研究所的 CGIT 数据库的统计数据测算。

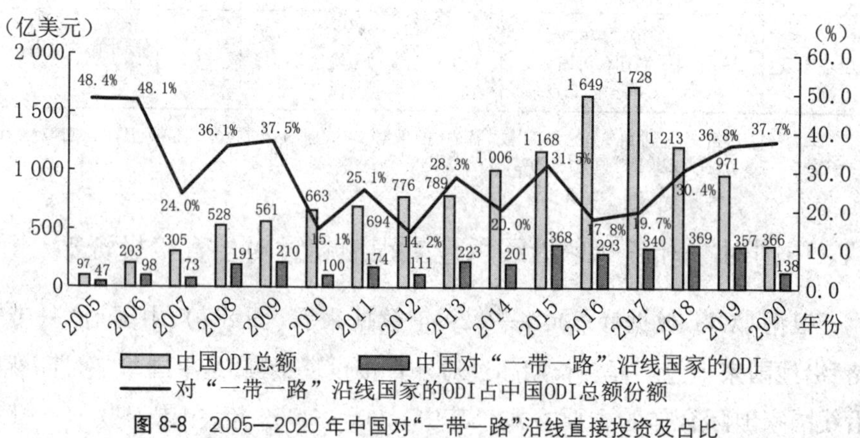

图 8-8 2005—2020 年中国对“一带一路”沿线直接投资及占比

• 数据来源：作者根据美国企业研究所的 CGIT 数据库的统计数据测算。

包工程合同金额占中国对外承包工程总额的比重从 2005 年的 64.4%下降到 2012 年的 48%，进而上升到 2020 年的 69.5%，平均占比为 58.24%，并且所占份额波动比较平稳。进一步表明对外承包工程对推进中国与“一带一路”沿线国家国际合作的重要作用，并且相比对外直接投资更加持续稳定。

根据商务部 2015—2021 年中国承包“一带一路”沿线国家工程的数据来看(图 8-10)，新签合同数量于 2016 年达到峰值 8 158 项后逐步回落，

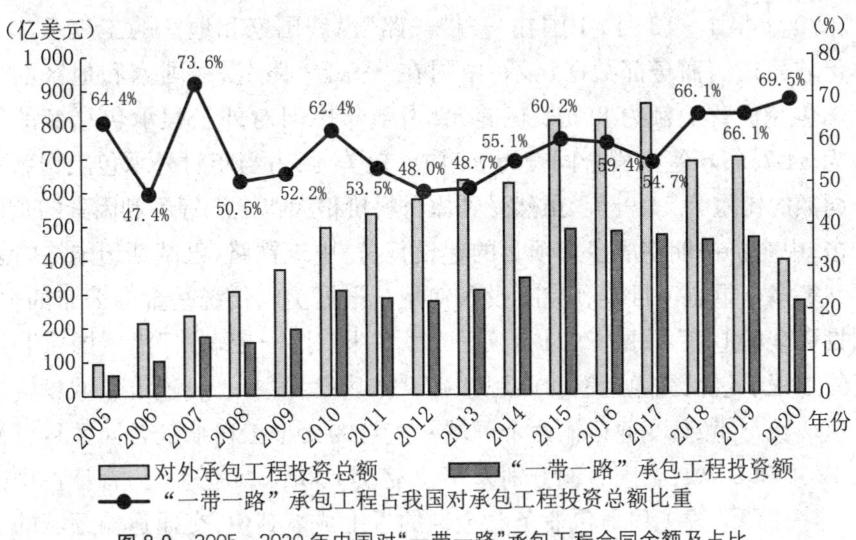

图 8-9　2005—2020 年中国对"一带一路"承包工程合同金额及占比

• 数据来源：作者根据美国企业研究所的 CGIT 数据库的统计数据测算。

在 2020 年跌至近年最低值 5 611 项，而在 2021 年又有所回升达到 6 257 项；新签合同额自 2016 年实现 1 260.3 亿美元后便在 1 200 亿—1 600 亿美元区间内振荡，从 2019 年达到 1 548.9 亿美元后开始小幅下降，2021 年维持在 1 340.4 亿美元。而完成营业额则从 2015 年的 552.6 亿美元开始逐步攀升至 2019 年的 979.8 亿美元后缓慢下行。

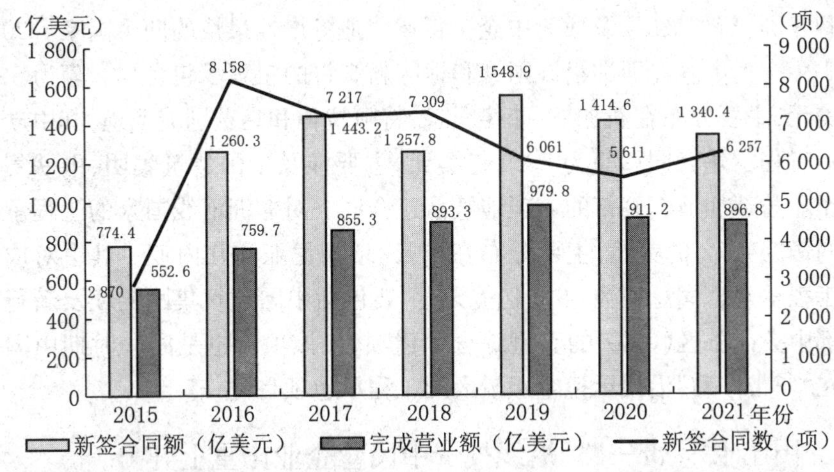

图 8-10　2015—2021 年中国对"一带一路"沿线国家承包工程新签合同及完成营业额

• 数据来源：中国商务部网站。

2021 年 1—12 月，中国在“一带一路”沿线国家和地区的工程承建总体保持稳定。商务部数据显示，中国在“一带一路”沿线国家和地区的工程承包完成营业额为 896.8 亿美元，占当年中国对外工程承包总额的比重为 34.7%；新签工程合同额为 1 340.4 亿美元，占当年对外承包工程新签合同额的比重为 51.9%。虽然受到原材料价格大幅上涨等不利因素的负面冲击，中企仍按期完成多个项目的建设任务，中老铁路、巴基斯坦卡洛特水电站等多个重点项目顺利完工投入使用。根据美国传统基金会公布的《中国投资全球追踪》数据，2021 年 1—6 月，中国对“一带一路”沿线国家和地区的工程承包以交通运输和能源基础设施建设为主，一般建筑领域投资也迅速增长。能源、交通运输两个领域新签订的大型工程承包合同数目分别为 12 项和 20 项，合同金额分别为 37.3 亿美元和 45.5 亿美元，合计占中国“一带一路”沿线工程承包业务总金额的近七成。其中，交通运输领域的工程承包主要涉及地铁和铁路建设，而能源领域的投资主要涉及发电厂、输电线路等电力基础设施建设。值得注意的是，电力投资领域的工程承建主要涉及水力发电以及光伏发电等可再生能源投资项目，不再承建新的燃煤发电这种传统的优势项目。此外，中国在“一带一路”沿线一般建筑领域的工程承包实现了快速增长，从 2020 年同期的 3.9 亿美元迅速增长至 2021 年 6 月的 24.6 亿美元，成为位居交通运输和能源领域之后的第三大工程承包投资行业。

从工程承包区域看，中企对“一带一路”沿线的工程承包主要分布在亚洲和非洲，新加坡、埃及成为中企工程承建业务增速最快的两个国家。2021 年 1—6 月，中企在亚洲沿线国家和地区新签订的工程承包合同金额为 59.3 亿美元，主要分布在新加坡、菲律宾、沙特阿拉伯和乌兹别克斯坦，其中新加坡的工程承建合同总额为 13.9 亿美元，主要涉及中国建筑集团、中铁集团等企业与新加坡新签订的 4 项地铁承建合同。对非洲沿线国家的工程承包合同额为 41.2 亿美元，主要分布在埃及、坦桑尼亚和几内亚。其中对埃及的工程承建合同总额为 19.2 亿美元，主要包括中国建筑集团的埃及新行政首都中央商务区(CBD)的大型综合承建项目，该项目也是同一时期中国企业在“一带一路”沿线承揽金额最大的工程承包项目之一。

九、中国对“一带一路”沿线投资中民营企业比重上升

根据 CGIT 数据库统计，中国对“一带一路”沿线投资的主体企业中，国

有企业仍然占据主导，但是民营企业的比重在持续上升。2006—2020 年，在中国全部的对外直接投资总额中，民营企业投资占比从 2006 年的 1%上升到 2016 年的顶点 47.4%，近几年有些微小的下降，到 2020 年为 37.4%，如图 8-11 所示。

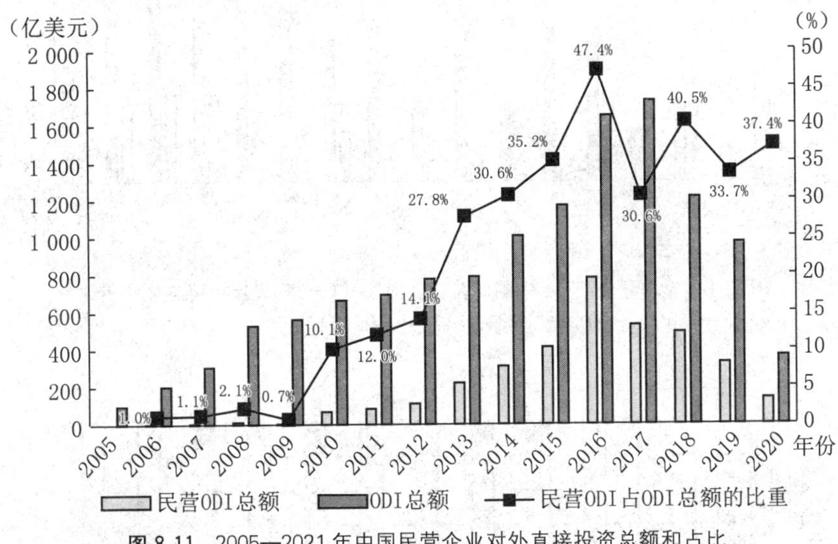

图 8-11 2005—2021 年中国民营企业对外直接投资总额和占比

• 数据来源：作者根据美国企业研究所的 CGIT 数据库的统计数据测算。

在对“一带一路”地区的投资中，2008—2020 年，中国民营企业投资占比上涨趋势明显，如图 8-12 所示，从 2008 年的 2.1%上升到 2020 年的 32.5%。比较中国民营对外直接投资总额及对“一带一路”直接投资的发展趋势，民营企业在“一带一路”投资中占比相对较小，但是增长速度更快。说明中国企业对“一带一路”沿线国家投资还需要政策引导以提高企业的投资意愿。

在中国民营企业对外直接投资的地区分布中，在大多数年份，东南亚仍然是中国民营企业的首要选择地区，如图 8-13 所示。根据 CGIT 数据，2008—2020 年，中国民营企业对东南亚的直接投资占总投资的比重长期位列第一，2013 年达到最大值 92.8%，此后几年呈现下降趋势，平均保持在 60%左右。其次是对南亚及独联体地区的投资，分别保持在 17%及 12%的平均投资份额。中国民营企业在这一时期相对较少的投资地区是

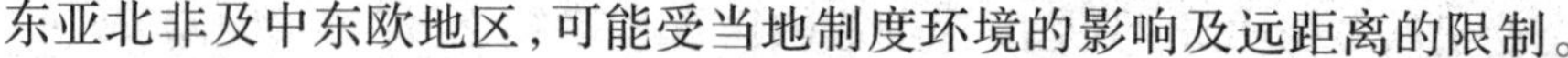
东亚北非及中东欧地区，可能受当地制度环境的影响及远距离的限制。

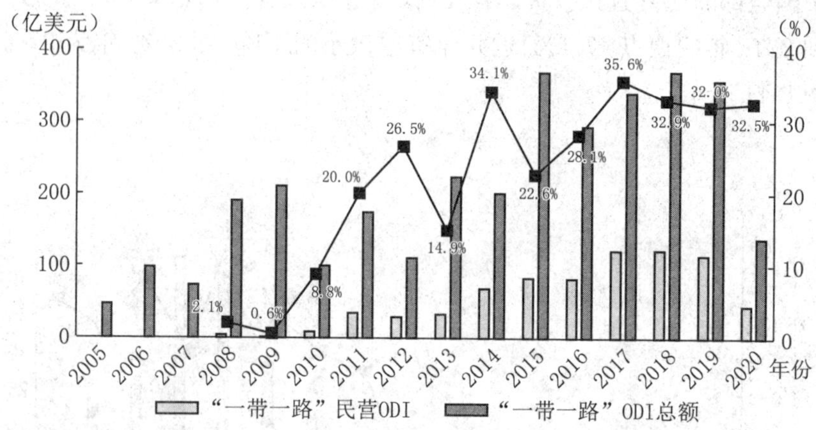

图 8-12　2005—2020 年中国民营企业对"一带一路"直接投资总额和占比

• 数据来源：作者根据美国企业研究所的 CGIT 数据库的统计数据测算。

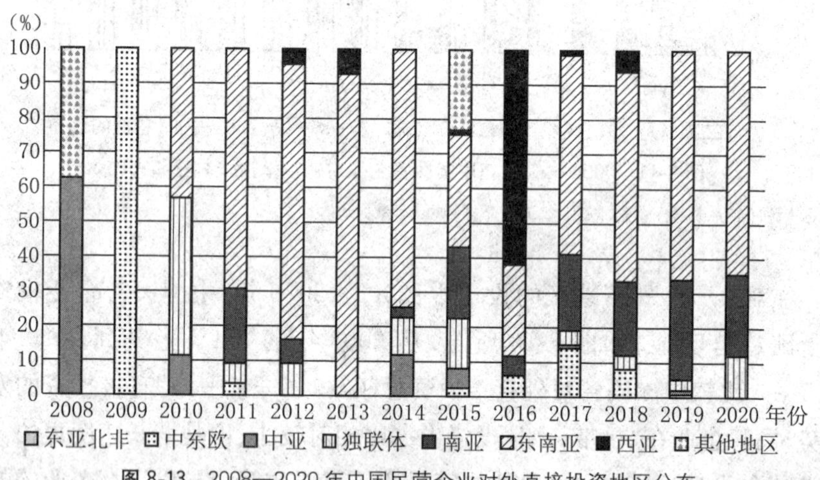

图 8-13　2008—2020 年中国民营企业对外直接投资地区分布

• 数据来源：作者根据美国企业研究所的 CGIT 数据库的统计数据测算。

在中国民营企业对外直接投资的行业分布中（图 8-14），2008—2020 年中国民营企业对外直接投资的行业主要集中在能源（平均占比，下同，21.33%）、交通运输（19.79%）、娱乐（19.57%）、房地产（19.09%）、金属（18.01%）及物流（13.24%）。并且在 2013 年前中国民营企业对前述主要行业的投资集中度较高，2013 年后对各行业投资的差距减少，行业多样性增加。

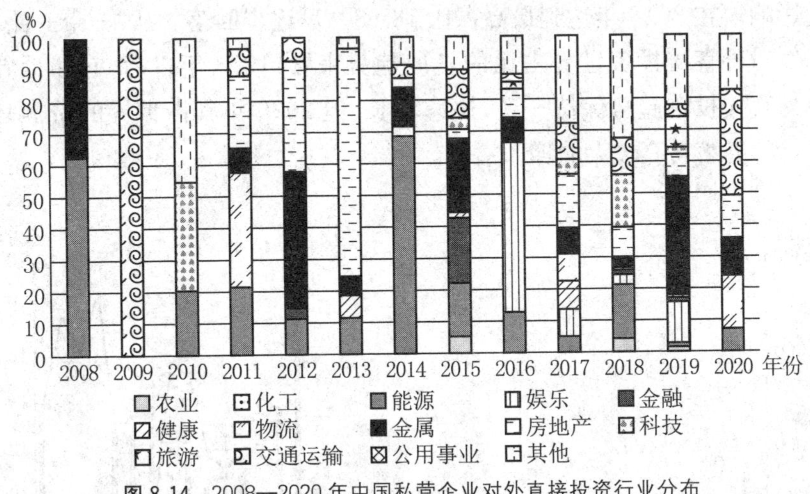

图 8-14 2008—2020 年中国私营企业对外直接投资行业分布

• 数据来源:作者根据美国企业研究所的 CGIT 数据库的统计数据测算。

第二节 中国吸收"一带一路"国家和地区投资的发展趋势

"一带一路"合作倡议的提出不仅为中国企业更好地"走出去"提供了新的动力,也促进了沿线地区对中国的投资合作。2013—2021 年,"一带一路"沿线地区在中国实际投资金额累计超过 1 523.4 亿美元,超过中国累计实际吸收外资比重的 5.6%。目前,"一带一路"沿线国家在华新设企业数量及其比重总体温和上升,2021 年在华投资新设企业 5 312 家,同比增长 24.9%,占中国新设外商投资企业数的 11.1%。"一带一路"沿线国家对华投资行业仍然相对集中,2021 年对华投资金额前 5 位的批发和零售业、制造业、房地产业等行业,占"一带一路"沿线国家对华投资的 80.1%。

一、"一带一路"国家总体对外直接投资占全球份额缓慢上升

联合国贸发会议数据库中世界各国对外直接投资数据显示,1982—2020 年"一带一路"国家总体对外直接投资逐渐上升,占世界总体对外直接投资份额也随之提高(图 8-15)。1982—1998 年,"一带一路"国家总体对外直接投资占全球对外直接投资份额维持在 5%以下。1999 年该数据开始进入上升区间,即便 2008 年受金融危机影响全球 ODI 普遍下降,该数据依然

未受影响。在2018年达到最高占比18.68%后逐步回落。从“一带一路”国家总体对外直接投资世界占比的发展趋势来看,1998年以后,它和世界总体对外直接投资趋势保持一致,快速增长,但2020年其占世界的份额只有14.09%,仍然具有较大的增长潜力。

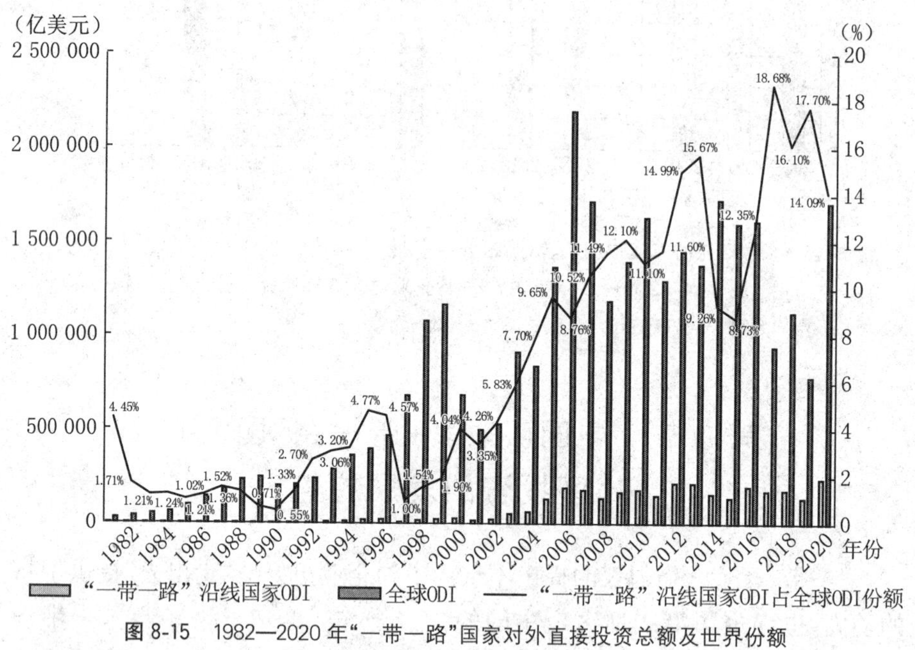

图8-15　1982—2020年“一带一路”国家对外直接投资总额及世界份额

• 数据来源:联合国贸发会议数据库。

二、“一带一路”沿线国家对华实际投资金额及其比重总体触底回升

近年来,中国的外资利用率稳步增长。许多跨国公司对中国巨大的市场潜力、完整的产业体系和稳定的社会环境持乐观态度,中国对外资的吸引力进一步增强。中国的实际外商投资从2013年的1 239.1亿美元增至2021年的1 809.6亿美元(见图8-16)。近年来,中国在基础设施建设、商业环境改善和工作质量提高方面取得了重大进展,对外资的吸引力进一步增强。

在此背景下,“一带一路”沿线国家在中国实际投资金额也累计上升,超过1 523.4亿美元,占中国累计实际吸收外资比重超过5.6%。逐年来看(图8-16),2013年“一带一路”沿线国家对华投资的实际投资金额为86.6

亿美元，占所有国家(地区)实际投资金额的比重为7%。随后，受全球范围内跨国投资普遍下降影响，亚洲发展中国家外资流入普遍下跌，“一带一路”沿线国家对华实际投资金额及其比重在2013—2017年震荡下跌，到2017年下降至54.3亿美元，比重降至4%。2017—2021年，中国连续五年缩减外资准入负面清单，全国和自贸试验区限制措施条目分别缩减至31条、27条，在制造业、采矿业、农业、金融业等领域推出了一系列重大开放措施，吸引更多外资企业来华经营，这使得“一带一路”沿线国家对华投资的实际金额及其占比逐步呈现“触底回升”的趋势。2020年《中华人民共和国外商投资法》正式实施后，“一带一路”沿线国家对华实际投资金额开始出现较大提升。2021年，其对华投资的实际投资金额占总投资的比重为6%左右。

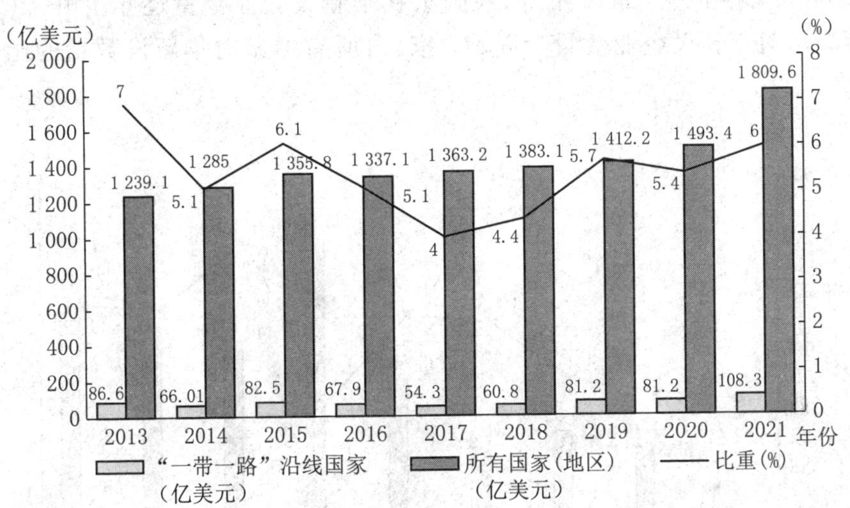

图8-16　2013—2021年“一带一路”沿线国家对华实际投资金额及其比重

• 数据来源：中国商务部历年《中国外资统计公报》。

三、“一带一路”沿线国家在华新设企业数量及其比重总体温和上升

中国自2001年加入WTO以来，进一步对接国际高标准经贸规则，越来越多的跨国公司选择中国进行战略投资和布局。根据2013—2021年《中国外资统计公报》的统计数据(图8-17)，2013年中国逐步从金融危机的影响中摆脱出来，在华新设企业数量达到22 819家，随后温和上涨到2016年的27 908家。在2017—2018年不到两年的时间里，中国开始加大招商力度并先后印发了3个重要文件，提出65条措施促进利用外资。尤其是在

2018 年,中国开始推行实施全国版负面清单(2018 年版)和自由贸易试验区负面清单。在全国版的负面清单(2018 年版)中,中国在 22 个领域推出了开放措施,限制措施缩减了近 25%。由此,国外在华新设企业数量得以迅速提升。即便在 2020 年有所回落,但随着国内经济秩序的快速恢复,以及国内消费市场的优势逐步显现,该数字又迅速回升,2021 年新增在华新设企业数量为 47 647 家。

在此背景下,“一带一路”沿线国家累计在华新设企业数量达到 79 106 家,呈现出逐年温和上升的趋势。从 2013—2021 年,“一带一路”沿线国家在华新设企业数量及其占比来看,2013 年“一带一路”沿线国家新设企业数为 1 661 家,占所有国家(地区)新设企业数的 7.3%。除 2020 年有小幅回落之外,“一带一路”沿线国家在华新设企业数量逐年上升,2021 年新增对华新设企业数量为 5 312 家,占所有国家对华新设数量的比重为 11.1%。

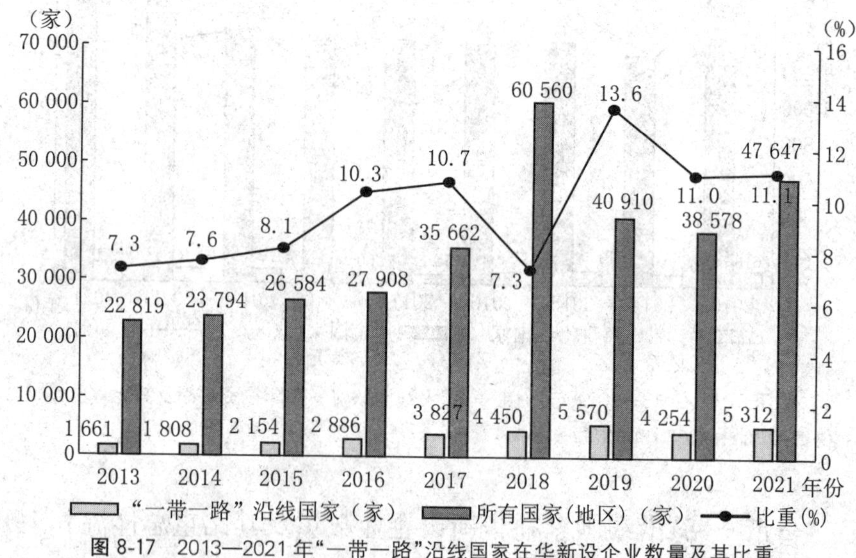

图 8-17　2013—2021 年“一带一路”沿线国家在华新设企业数量及其比重

• 数据来源:中国商务部历年《中国外资统计公报》。

四、东南亚是“一带一路”沿线国家对华投资的主要地区

按照地理位置的划分,我们通常将“一带一路”沿线国家划分为东亚(蒙古)、东南亚(东盟)、西亚、南亚、中亚、独联体国家、中东欧等。综合对华新设企业数和实际投资金额两个指标,“一带一路”沿线国家对华投资的主要

地区是东南亚。东南亚位于亚洲东南部,分中南半岛、马来群岛两部分。域内 11 个国家:越南、老挝、柬埔寨、泰国、缅甸、马来西亚、新加坡、印度尼西亚、文莱、菲律宾、东帝汶。"一带一路"沿线涉及东南亚地区的 11 个国家,GDP 总量达 3.3 万亿美元。据世界银行数据显示,2021 年,中国与东南亚地区双边贸易额达 8 785.83 亿美元,其中,对东南亚地区的出口额为 4 939.5 亿美元,对东南亚地区的进口额为 3 846.33 亿美元。东南亚是中国与"一带一路"沿线国家开展贸易合作的主要区域。根据 2022 年《中国外资统计公报》的统计数据(图 8-18),2021 年,东南亚在华新设企业为 2 144 家,远高于独联体国家、西亚地区、南亚地区的 980 家、940 家、727 家。此外,中东欧地区、中亚地区、非洲国家和东亚地区分别为 245 家、166 家、102 家、19 家。从投资方面来看,2021 年东南亚对华实际投资金额为 105.9 亿美元,远高于西亚地区的 1.8 亿美元。其余地区虽然在华成立了企业,但实际投资金额在 0.2 亿美元以下。

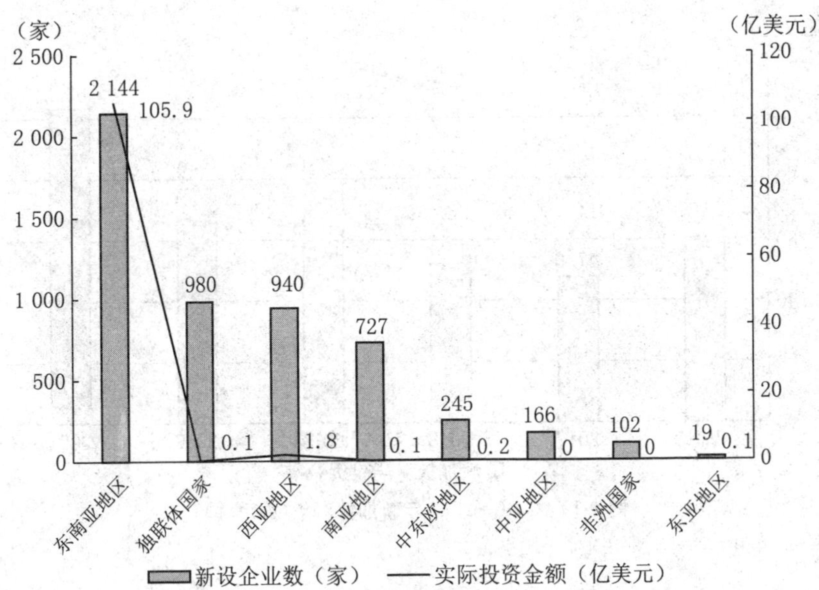

图 8-18 2021 年"一带一路"沿线主要地区在华新设企业数量及其比重

• 数据来源:中国商务部 2022 年《中国外资统计公报》。

五、新加坡是东南亚地区对华投资的最主要国家

根据商务部统计数据,截至 2020 年末,新加坡对外投资目的地主要为中

国大陆、荷兰、印度尼西亚、印度、英国、中国香港地区、澳大利亚、马来西亚等国家和地区。对外直接投资的行业主要为金融保险业、制造业、批发零售业、房地产业、信息通信业、专业科技服务和商务服务业。另据联合国贸发会发布的《2021 年世界投资报告》,2020 年新加坡对外投资流量 323.8 亿美元,截至 2020 年末,新加坡对外直接投资存量 1.2 万亿美元。

新加坡是东南亚对华直接投资规模最大的国家。2016—2017 年,新加坡的对华直接投资呈现出下降趋势,但在 2018 年中美贸易摩擦发生后,新加坡对华直接投资不降反升。2019 年,新加坡以 75.9 亿美元排在东南亚对华直接投资国的首位,同比增长 45.87%。据中方统计,截至 2020 年末,中国累计吸收新加坡投资 1 105.1 亿美元。新加坡对华投资主要项目包括:3 个政府间合作项目即苏州工业园区、天津生态城、中新(重庆)战略性互联互通示范项目,1 个国家级合作项目即广州知识城,以及吉林食品区、新川科技创新园、南京生态科技岛等。

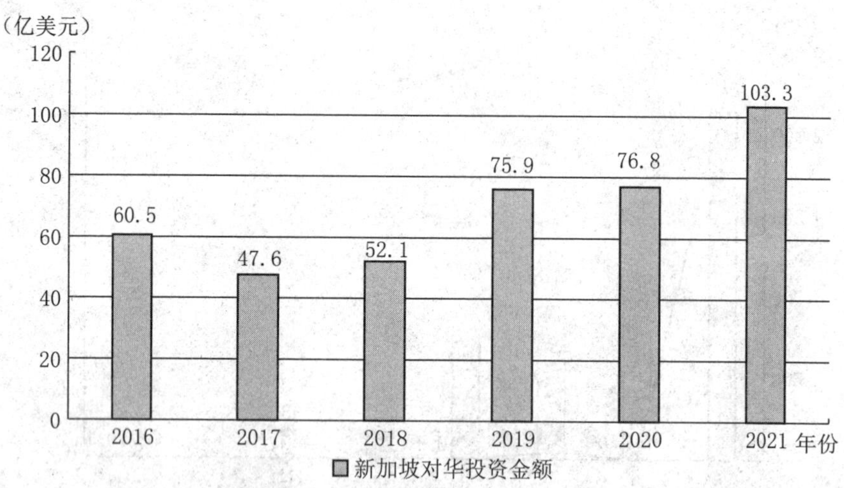

图 8-19　2016—2021 年新加坡对华投资金额

• 数据来源:中国商务部历年《中国外资统计公报》。

新加坡是东南亚各国当中在华新设企业数和实际投资金额最多的国家(图 8-20)。2021 年,新加坡对华新设企业数量为 1 416 家,远高于马来西亚、泰国、印度尼西亚、菲律宾、越南、缅甸、柬埔寨的 366 家、110 家、73 家、65 家、57 家、24 家与 23 家,以及老挝、文莱、东帝汶的 6 家、4 家与 0 家。与此同时,2021 年新加坡对华实际投资金额为 103.3 亿美元,远高于马来西亚、泰国、印度尼西亚的 0.6 亿美元、1.1 亿美元与 0.2 亿美元，以及部分实际投资金额不足 0.1 亿美元的国家。

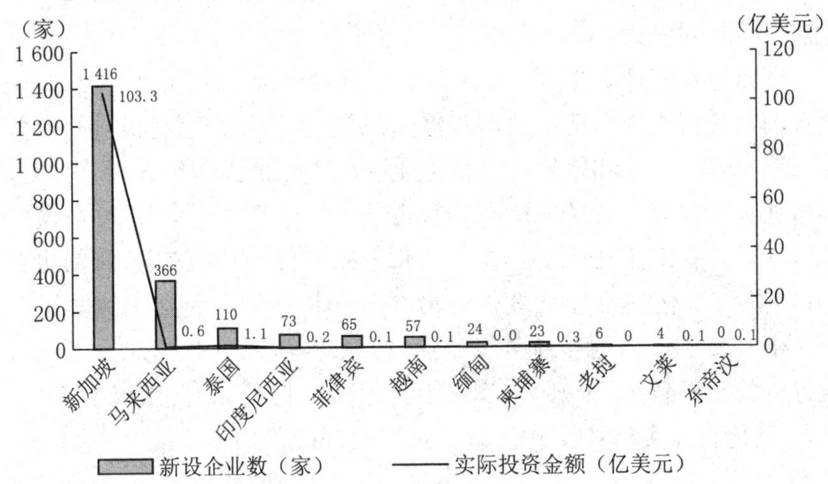

图 8-20　2021 年东南亚 11 国对华投资在华新设企业数量和实际投资金额

• 数据来源：中国商务部历年《中国外资统计公报》。

中新互利合作不断加强。在新加坡中资承包工程企业约 30 家，在房建和地铁建设领域具备相对优势，技术水平、施工质量和安全管理获新方充分认可。2013 年以来，中资企业中标新地铁项目标段位居各国之首。2017 年新加坡最大的房地产开发商和组屋建筑承包商均为中资企业。目前中资企业投标、履约情况良好，在建项目进展顺利。据中国商务部统计，2020 年中国企业在新加坡新签承包工程合同 70 份，新签合同额 47.76 亿美元，完成营业额 23.57 亿美元。累计派出各类劳务人员 16 792 人，年末在新加坡劳务人员 43 580 人。

六、“一带一路”沿线国家对华投资的行业相对集中

虽然乌克兰危机、国际贸易摩擦给中国造成了一定的影响，但中国近年来的表现使外资依然保持着吸引力，外国投资者对在华投资和运营有足够的信心。从产业结构看，当前中国服务业吸引外资水平稳步增长，投资结构不断优化升级。根据商务部的数据来看，截至 2022 年 8 月，全国服务业使用外资 6 621.3 亿元，同比增长 8.7%，占引进外资总额的 74.2%。高新技术产业实际使用外资同比增长 33.6%，其中包括信息服务、电子商务服务和

特殊技术服务，吸引外资同比增长31%。根据中国贸促会《2022年第二季度中国外资营商环境调研报告》，2022年第二季度，91%的受访外国公司打算保持或扩大在华投资和业务规模，而近90%的外国公司对中国市场准入和优惠政策相对满意。

根据商务部统计数据(图8-21)，2021年“一带一路”沿线国家对华投资金额前5位行业分别是批发和零售业，制造业，房地产业，租赁和商务服务业，信息传输、软件和信息技术服务业。在实际投资金额方面，中国批发和零售业吸收投资金额为23.6亿元，占“一带一路”沿线国家对华投资的23.6%。制造业和房地产行业也是“一带一路”沿线国家来华投资的主要方向，分别为22.2亿美元与16.3亿美元，占“一带一路”沿线国家来华投资的20.5%和15%。而租赁和商务服务业，信息传输、软件和信息技术服务业吸收外资的金额较少，分别为15.8亿美元、8.5亿美元，占比仅为14.6%、7.8%。其他行业实际吸收投资21.9亿美元，占比约18.5%。

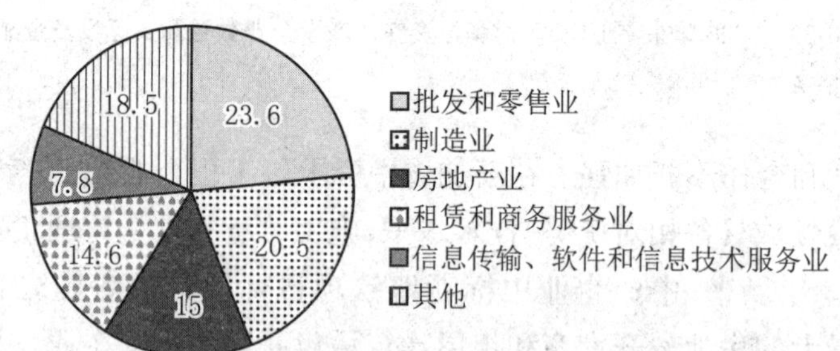

图8-21　2021年“一带一路”沿线国家对华投资主要行业的实际投资金额(%)

• 数据来源：中国商务部历年《中国外资统计公报(2022)》。

《中华人民共和国外商投资法》及实施条例的出台，以及取消外商投资企业设立、变更商务部门审批备案，建立健全外商投资企业投诉工作机制和外商投资服务体系等一系列制度的出台，有力保护了海外投资者合法权益，给外商吃了一颗定心丸。与此同时，中国在市场准入方面空间越来越大。例如，中国在制造业领域基本全面取消了针对外资的限制，在种业等农业领域也放宽了外资准入限制，同时不断扩大了金融、电信、建筑、分销、旅游、交通等服务业领域的开放。在世贸组织服务贸易分类的160个分部门中，中国已开放近120个。

2021年，“一带一路”沿线国家在华投资新设企业5 312家，同比增长24.9%，占中国新设外商投资企业数的11.1%。按照具体行业(图8-22)，有

2 522 家企业投资批发和零售业，占“一带一路”沿线国家在华投资企业总数的 47.5%；有 915 家企业投资租赁和商务服务业，占“一带一路”沿线国家在华投资企业总数的 17.2%；投资信息传输、软件和信息技术服务业的企业有 355 家，占“一带一路”沿线国家在华投资企业总数的 17.2%。此外，投资制造业、房地产业的企业分别为 250 家、40 家，比重为 4.7%、0.8%。

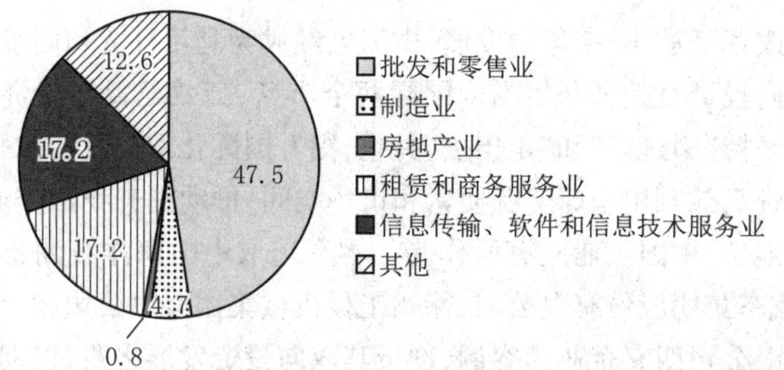

图 8-22　2021 年“一带一路”沿线国家对华投资主要行业的在华新设企业数量(%)

• 数据来源:中国商务部历年《中国外资统计公报(2022)》。

第九章
中国双向投资的发展——案例篇

经过改革开放 40 多年的发展，中国已经成为利用外资和向境外投资的大国。双向投资是整合利用国内国际两个市场、高效配置全球资源的重要途径。要坚持"引进来"和"走出去"并重，提升国际化双向投资水平，以高水平双向投资高效利用全球资源要素和市场空间，推动提升我国产业竞争力、国际分工地位，中国企业应有所作为。本章选取中国海洋石油集团有限公司、上海汽车集团股份有限公司、徐州工程机械集团有限公司和宁波均胜电子股份有限公司四家企业为案例，剖析其双向投资发展之路，以期为中国企业双向投资发展提供经验借鉴。

第一节　中国海油的双向投资发展之路

中国海洋石油集团有限公司(以下简称"中国海油")是 1982 年 2 月 15 日经国务院批准成立的特大型国有企业，是中国最大的海上油气生产运营商，主要业务板块包括油气勘探开发、专业技术服务、炼化与销售、天然气及发电等，并积极发展海上风电等新能源业务。中国海油在 2022 年《财富》世界 500 强中排名第 65 位，2020 年以来连续两年在普氏能源公布的"全球能源企业 250 强"排名中位列前十。中国海油的双向投资发展经历了积极"引进来"到主动"走出去"的合作共赢发展之路。

一、"引进来"促进企业成长

20 世纪 70 年代，中国海洋石油工业几乎一片空白，严重缺乏资金、技术、装备和人才，亟待发展。1978 年 3 月 26 日，中国允许在指定的海域购买外国设备，雇用外国技术人员，用分期付款的方式和所采石油偿还外国投资，来进行我国海上石油资源的开发，这标志着中国海洋石油工业进入对外开放的全新发展阶段。为了与外国石油公司对等合作，1982 年 2 月 15 日，中国海洋石油总公司成立，并于成立后的第二天发布第一轮国际招标公告。

1990 年,南海珠江口盆地第一个对外合作油田惠州 21-1 建成投产,两年后成为中国海上第一个年产百万吨油田。通过“引进来”,中国海油步入了发展的快车道。从成立之初直到 1992 年,中国海油先后向全世界发出四轮招标公告,共与美国、英国、意大利、加拿大、挪威等国家的外国公司签订数十个石油合同、物探协议和联合协议,合同区面积达到 98.13 万平方千米,勘探投资超过 32 亿美元。1996 年,中国海油原油年产量首次突破 1 000 万吨,促进了中国海油石油工业的发展。40 年来中国海油已与来自 21 个国家和地区的 81 家国际石油公司共签订两百多个对外合作石油合同,累计引进外资超过 2 500 亿元人民币。①

二、“走出去”着力全球化发展

改革开放加速了工业化与城镇化的进程,中国能源需求越来越高,石油缺口越来越大。1993 年中国首度成为石油净进口国,当年中国石油对外依存度为 6%,随着经济的高速增长,中国石油对外依存度逐年提高,2015 年首次突破 60%,此后居高不下,中国石油企业迫切需要走出去,以降低原油对外依存度,保障国家能源安全。在经历了 10 年的对外合作后,中国海油的技术、资金、管理、现代企业制度建设与整体实力得到持续提升,为企业“走出去”打下了基础。

1992 年中国海油提出国际化发展方向。1994 年 1 月中国海油迈出了“走出去”的第一步,投资 1 600 万美元收购了美国阿科公司在马六甲海峡区块 32.5%的权益,拥有了第一个海外油田。自此以后,中国海油对外直接投资稳步推进,特别是进入 21 世纪以后,中国海油加大了对外投资的力度(见表 9-1),跨国并购金额和规模增加,成为全球海洋石油领域的重要参与者。在众多对外投资合作中,中国海油收购加拿大尼克森公司尤为引人注目。2013 年 2 月 26 日,中国海油完成收购加拿大尼克森公司的交易,交易总对价约为 151 亿美元。这是当时中国公司完成的最大一笔海外收购,此次收购助力中国海油进入加拿大西部、英国北海、墨西哥湾、尼日利亚、圭亚那等海上油气富集区,一举增加证实储量约 30%、产量 20%。跨国并购

① 石油圈网站.四十年对外开放路!中国海油,归来仍是少年[EB/OL].(2022-02-15).[2023-08-20].http://www.oilsns.com/article/494140.

对中国海油的意义在于快速扩展全球版图，增加储量和产量，使公司持续保持高质量的增长比例，提高中国海油的国际竞争力。

表 9-1 中国海油主要对外投资事项

时 间	典型案例
2022 年 11 月	收购巴西布济乌斯项目 5%的权益，以 10%的权益比例一跃成为该油田作业者巴西国家石油公司的最大合作伙伴
2019 年 11 月	收购巴西深海油田布济乌斯项目 5%的权益
2013 年 11 月	收购巴西海上油田里贝拉项目 10%的权益
2013 年 3 月	斥资约 42 亿美元收购了意大利石油集团埃尼运营的东非天然气区块 20%的权益
2012 年 7 月	以 151 亿美元收购加拿大能源企业尼克森流通中的全部普通股
2012 年 2 月	以 14.67 亿美元收购英国图洛石油公司在乌干达 1、2 和 3A 勘探区各三分之一的权益
2012 年 2 月	以 5.7 亿美元收购切萨皮克公司丹佛—朱尔斯堡盆地及粉河盆地油气项目共 33.3%的权益
2011 年 7 月	以 21 亿美元收购加拿大油砂生产商 OPTI，再度进入北美资源丰富的油砂领域
2010 年 10 月	以 10.8 亿美元购入切萨皮克公司鹰滩页岩油气项目共 33.3%的权益，成功进入美国能源市场
2010 年 3 月	以 31 亿美元入股阿根廷布里达斯 50%权益，将间接持有阿根廷第二大油气勘探与生产商约 20%股权
2008 年 9 月	171 亿元人民币成功收购挪威海上钻井公司
2006 年 1 月	以 22.68 亿美元收购尼日利亚 130 号海上石油开采许可证(OML130) 45%的工作权益
2005 年 4 月	收购加拿大 MEG 能源公司 16.69%的权益，进入油砂领域
2002 年	收购西班牙瑞普索公司在印度尼西亚资产的五大油田部分权益
2002 年	收购澳大利亚西北礁层天然气项目(NWS 天然气项目)的部分上游产品及储量权益、BP 印度尼西亚东固液化天然气项目的部分股权

• 资料来源：根据中国海油官网公开资料整理。

三、双向投资助力能源供应

经过 40 年双向投资发展，中国海油持续优化全球业务布局，努力提高经济产量，积极保障国家能源供应，油气资源产量不断增加(见表 9-2)。早在 2010 年，中国海油实现 5 000 万吨油当量，建成“海上大庆”。目前中国海油已在 6 大洲 45 个国家和地区开展能源合作，建立海外油气生产基地，海外资产超 4 000 亿元，占总资产近 40%，海外油气勘探开发业务涉及 20 多个国家，勘探作业面积近 6 万平方公里。2022 年中国海油全力推进海外产值贡献区建设，在欧洲、墨西哥、远东等地区签署多份海外合同；在巴西优质高效完成海油国际三维地震采集项目；深耕非洲乌干达市场，锁定未来 5 年工作量，开启非洲市场谋篇布局新征程；强化印度尼西亚岸基支持保障，高效推进“深蓝探索”印度尼西亚 MEDCO 项目顺利启动，奠定与印度尼西亚核心客户合作基础。

表 9-2　2010—2021 年中国海油海外油气资源获取情况

年份	原油总产量（万吨）	国内原油产量（万吨）	海外原油产量（万吨）	天然气总产量（亿立方米）	国内天然气产量（亿立方米）	海外天然气产量（亿立方米）
2021	8 186	4 864	3 322	338	226	112
2020	7 729	4 542	3 187	304	199	105
2019	7 916	4 301	3 615	279	173	106
2018	7 406	4 201	3 205	259	143	116
2017	7 551	4 278	3 273	277	160	117
2016	7 697	4 555	3 142	245	129.3	115.7
2015	7 970	4 773	3 197	250	143	107
2014	6 868	3 964	2 904	219	124	95
2013	6 684	3 938	2 746	196	107	89
2012	5 186	3 857	1 329	164	113	51
2011	3 516	2 976	540	121	72	49
2010	3 585	3 055	530	109	66	43

• 数据来源：根据中国海油历年《年度报告》和《可持续发展报告》整理而成。

四、双向投资助力自主创新

海洋石油开发是一国科学技术水平与装备制造能力综合实力的体现。在“引进来”的过程中，中国海油认识到对外合作并不是万能的，只有拥有自己的核心技术，才能在全球海洋石油开发领域拥有一席之地。中国海油坚持合作自营并重，努力提升自营能力，进行技术创新，完成从一个追赶者到同行者、再到行业领跑者的成功蜕变，打开了中国海洋石油工业的新局面。在中国海油发展早期，国外跨国石油巨头是行业的领先者，当时很多人认为中国不可能自主建成世界最先进的深水钻井平台，但中国海油联合国内外顶尖的设计、建造团队建成了“海洋石油 981”，并在技术理论和应用方面实现了突破创新，为世界深水装备的设计建造贡献了中国智慧。2012 年 5 月 9 日“海洋石油 981”深水钻井平台举行开钻仪式。2014 年 8 月 30 日，“海洋石油 981”在南海北部深水区陵水 17-2-1 井测试获得高产油气流。“深海一号”能源站顺利投产，工程规模居世界第四，是迄今我国油气开发史上第一个完整的巨型深水项目。中国海油并未因此停下自主创新的步伐，“深海一号”超深水大气田是我国自主发现的平均水深最深、勘探开发难度最大的海上深水气田。2014年，中国海油在琼东南盆地成功钻获“深海一号”超深水大气田，在开发过程中，项目组创新设计了全球首座10万吨级深水半潜式生产储油平台——“深海一号”能源站，实现了3项世界首创技术以及13项国内首创技术，成为中国海洋工程装备领域的集大成之作，带领中国海洋石油勘探开发能力全面进入1 500米超深水时代。“深海一号”超深水大气田投产后，每年可向粤港琼等地稳定供气30亿立方米，带动周边区域经济发展和能源结构转型，助力“双碳”目标早日实现。2021年6月25日，“深海一号”在海南岛东南陵水海域正式投产，标志着我国海洋石油勘探开发进入“超深水时代”，中国海洋油气开发由此进入世界先进行列。2022年7月15日，位于南海东部海域的亚洲第一深水导管架平台“海基一号”机械完工，整套生产装置具备生产条件。“海基一号”是国内首次在300米级水深海域设计、建造、安装的多功能原油钻采平台，集钻井、生产、生活于一体，总高度达340.5米，总重超4万吨，高度和重量均刷新了我国海上单体原油生产平台纪录。标志着我国深水超大型导管架平台的工程建设成套关键技术创造了亚洲领先水平，对提升我国深海能源开发能力、保障国家能源安全具有重要意义。装备重器助力中国海油成为主业突出、产业链完整、具有国际竞争力的综合型能源公司，也是中国海洋石油工业从依靠对外合作走向独立自主创新的见证。中国海油拥有10多项国际或国内首创技术，申请发明专利20余项，从“引进来”到“走出去”，中国海油实现了浅水全面突破，挺进深水、超深水，引进、消化、吸收、再创新，积极保障国家能源安全。

与此同时，中国海油的专业服务板块也走出国门，在全球范围内提供技术和工程服务。2015年5月，经过4年多时间的建设，中国海油位于澳大利亚昆士兰州的中国海外首个世界级LNG(液化天然气)生产基地柯蒂斯项目建成投产，这也是我国首次参与海外LNG项目上、中、下游全产业链。通过柯蒂斯项目，中国在全球LNG产业链实现了从中下游到上游的拓展，从过去单一的市场买家到市场买家与资源开发并重，此举对提升中国在全球LNG产业中的分工地位具有里程碑意义。在海上油气田工程建设方面，中国海油基本完成东南亚、非洲、欧美、中东四大国际区域网络布局。此外，中国海油还将具有中国海油自主知识产权的新技术新装备输入海外市场，助力亚洲、非洲国家经济发展和社会进步。纵观40年的发展之路，中国海油从“引进来”，请外国石油公司来帮助中国在海上找油，到“走出去”向全球布局，不断进取，为中国经济发展提供了能源保障。

五、跨国央企的海外责任担当

“走出去”后，中国海油积极履行企业社会责任，体现了中国大型央企的海外责任担当。

（一）创造社会经济价值

在跨国经营中，中国海油奉行“共商、共建、共享”的精神，贯彻“双赢”理念，持续加强与当地国家政府、商业合作伙伴、媒体智库等利益相关方的沟通和合作，为东道国创造社会经济价值。

（二）强化安全合规运营

中国海油遵守所在国家和地区的法律法规，坚持以海外廉洁合规为重点，制定集团公司《海外项目中介服务费管理细则》，加强海外项目中介服务费的合规管理，做到防患于未然；加强对出国人员的行前教育，强化海外人员安全管理；组织开展海外合规专题培训，实现合规培训的全覆盖、常态化与规范化，不断提升公司境外合规经营能力。

（三）保护生态系统平衡

中国海油在海外作业中高度重视保护作业区生态环境，积极参与环保组织活动，不断提升环保管理水平，将“环保至上”的价值理念贯彻到日常生产经营中。

（四）打造员工发展平台

中国海油持续优化海外用工体系，坚持对不同国籍、民族、种族、性别、宗教信仰和文化背景的员工一视同仁、平等对待。公司现有海外工作人员5 495人，其中外籍员工4 091人，海外员工本地化率74%。中国海油高度重视当地员工的职业发展，持续为当地员工提供各项培训机会，保证当地员工业务知识水平和操作技能的提升。

（五）带动当地共同发展

中国海油始终重视海外企业当地的发展情况，在推进社区建设、捐赠资金助学、帮助就业发展等方向持续发力，在促进当地经济、教育、社会发展的同时，有效提升了公司的形象和声誉，形成社会贡献项目的长效机制，为当地社区发展积极做贡献。

2022年适逢中国海油成立40周年。经历了40年“双向投资”的发展历程，中国海油进入新的发展征程。中国海油以更开放的姿态融入全球，在开放中共创机遇、共享成果。中国海油聚焦油气主业,加快培育新增长点,努力打造主业突出、产业结构布局合理、一体化协同效应充分发挥的产业链集群。积极顺应能源转型大势,主动应对气候变化,实行绿色低碳战略,加快推进新能源新产业发展,积极打造多能互补的综合能源体系。大力实施“科技创新强基工程”,加大科技体制机制改革力度,加快突破海洋油气等领域战略性、前瞻性关键核心技术,强化创新主体地位,建设人才高地,以高水平科技自立自强,为产业发展赋能,为中国海洋石油事业长远发展提供坚实的科技支撑,努力建设国际一流能源公司,为中国能源安全保驾护航。

第二节 上汽集团的双向投资发展之路

上海汽车集团股份有限公司(以下简称“上汽集团”)是中国三大汽车集团之一,主要从事乘用车、商用车和汽车零部件的生产、销售、开发、投资及相关的汽车服务贸易和金融业务。上汽集团所属主要整车企业包括上汽乘用车分公司、上汽大通、智己汽车、飞凡汽车、上汽大众、上汽通用、上汽通用五菱、南京依维柯、上汽红岩、上海申沃等。2022 年,公司实现整车销售 530.3 万辆,连续 17 年保持全国第一;自主品牌整车销量达到 278.5 万辆,占公司总销量的比重达到 52.5%;新能源汽车销量达到 107.3 万辆,同比增长 46.5%;海外市场销量达到 101.7 万辆,同比增长 45.9%,整车出口连续 7 年保持国内行业第一;公司率先成为中国首个新能源汽车和海外市场年销量“双百万辆”汽车集团。2022 年 8 月,上汽集团名列《财富》杂志世界 500 强第 68 位,在此次上榜的中国汽车企业中继续领跑,这是上汽集团自 2014 年首次入围前一百强以来,连续第 9 年稳居百强名单。上汽集团的双向投资发展经历了从“引进来”“国产化”,到“走出去”的自主创新发展道路。

一、从“引进来”到“国产化”

上汽集团的发展历史可追溯到 1955 年 11 月上海市内燃机配件制造公司成立,当时它的主营业务为汽车零配件。20 世纪 50 年代,上汽集团原有单位相继成功研制汽车、摩托车和拖拉机,实现从修配业向整车制造业转折的历史性突破。20 世纪 60 年代以后,整车分别形成批量生产能力,其中轿车建成中国最大批量生产基地,为该单位的腾飞创造了有利条件。1978 年以来,上汽集团原有单位抓住改革开放机遇,率先走上利用外资、引进技术、加快发展的道路。

1978年6月,国务院批准在上海引进一条轿车装配线。1984年9月,国务院批准上海轿车合资经营项目。为了选择合适的合作伙伴,上海轿车项目组先后与通用、福特、日产、雷诺、标致、雪铁龙和大众共7家汽车公司进行了多次谈判。最终轿车项目组选定了唯一愿意同时提供最新技术和资金支持的德国大众汽车公司。1984年10月10日,中德签署了双方各出资50%组建上海大众汽车有限公司的合资协议。1985年3月21日,上海大众汽车有限公司成立并于同年9月正式开业。合资公司成立后,经过几年的发展,桑塔纳轿车的国产化率仍然不到4%,桑塔纳国产化率过低成为上汽大众首先要解决的问题之一,因此实现桑塔纳零部件国产化成为该企业当时的主要任务。在政府层面,按照中央要求,上海市政府成立了"支援上海大众领导小组"和"桑塔纳国产化横向协调办公室";在企业层面,1988年7月该企业成立了由上汽大众重点零部件供应商、轿车销售公司及相关维修站、大专院校和科研单位等成员组成的"国产化共同体"。在各方共同努力下,1990年,桑塔纳轿车国产化率上升到60%。1996年开始,桑塔纳轿车国产化率达到90%,一些关键零部件相继实现国产化。这一阶段该企业建立了属于自己的整个供应链体系,产品质量和生产效率得到大幅度提高。桑塔纳的国产化进程具有重要意义,不仅帮助该企业在成立初期就建立起了现代化的汽车产业结构,也带动了中国现代汽车工业的发展。自此以后,该企业加快了发展速度。1995年4月20日,该企业二期工程全面竣工投产。1995年11月至1997年12月,该企业相继通过ISO9001质量体系认证及ISO14000环境管理体系认证,成为国内汽车行业第一家通过认证的单位。

2001年,随着中国加入WTO,国外众多知名汽车制造商开始进入中国,轿车也越来越多地进入普通家庭。面对市场变化与竞争,该企业在扩充产品阵营的同时,聚焦提升自主研发能力。在技术层面,从最开始桑塔纳的技术引进,到桑塔纳2000型和帕萨特的联合开发,从桑塔纳3000型中对本土开发的探索,到新帕萨特、辉昂等车型的成功研发,该企业已然走出了一条从引进吸收、联合开发到本土研发的创新道路。2015年上海大众正式更名为上汽大众,开启全新的企业发展篇章。目前上汽大众已形成6大生产基地、9个整车厂、2个动力总成厂、1个电池工厂、1个技术中心的生产布局,累计产量超2 500万辆,员工人数近3万人。

与大众合作的成功让该企业看到了机遇。1995年4月，国务院原则同意该企业建设中高级轿车项目，它开始向更高水平的对外开放进军。经过选择，确定美国通用为中高级轿车项目合作伙伴。1997年6月12日，投入15.2亿美元、当时中美最大的合资项目——上海通用汽车有限公司正式成立。1998年12月17日，上海市一号工程——上海通用建成，创造了23个月建厂出车的“上海速度”。与通用的合作同样非常成功，2000年至2004年，上汽通用总销量较之前翻了一倍，其中大部分就来自上海通用的贡献。经过多年发展，目前上汽通用已拥有别克、雪佛兰、凯迪拉克三大品牌30多个系列的产品阵容，覆盖了从高端豪华车到经济型轿车各梯度市场，以及MPV、SUV、混合动力和电动车等细分市场，拥有浦东金桥、烟台东岳、沈阳北盛和武汉分公司四大生产基地，是中国汽车工业的重要领军企业之一。

在汽车零部件和服务贸易领域，上汽集团也走了开放发展的道路。1988年9月1日，中外合资上海纳铁福传动轴有限公司成立，上汽对外合作开始进入零部件领域，这也是中国第一家汽车零部件合资企业。2000年10月19日，中国第一家汽车销售合资企业——中德合资上海上汽大众销售总公司成立。2002年6月，中国第一家汽车服务贸易合资企业——安吉天地汽车物流有限公司开业。2002年12月18日，中国第一家汽车租赁合资企业——安吉汽车租赁有限公司开业。2004年8月18日，中国第一家汽车金融合资企业——上汽通用汽车金融有限责任公司开业。上汽集团在汽车产业链的主要领域都坚持了开放发展的道路，使自身在资金、技术、管理、品牌、企业制度建设等各方面快速地与国际接轨，推动了它的国际化发展。

二、从“引进来”到“自主创新发展”

在引进外资的过程中，上汽集团在利用外资企业的资金和技术的同时，不忘自主创新发展，走联合开发、自主开发和超前开发的一体发展战略。

联合开发是上汽集团技术创新的基础，即通过合资企业参与国际开发，提升企业技术水平，提升企业品牌知名度。上海大众和德国大众、巴西大众联合开发桑塔纳2000型轿车，开创中国汽车企业参与国际轿车开发之先河。上汽与美国通用合资成立的中国第一家整车合资技术中心——泛亚汽车技术中心有限公司，已经发展成为中国本土开发能力最强的轿车研发中心。公司还与合资企业研发自主品牌，如2009年上汽通用五菱创建合资自主品牌“宝骏”,2010 年上汽通用五菱首款自主品牌轿车宝骏 630 下线。

自主开发是上汽技术创新的关键。上汽集团建设自主品牌有“四条道路”:依靠自身力量自主发展;收购国外企业合作生产;深化战略合作,合资生产;以合资企业创建自主品牌。荣威是上汽集团真正具有完全自主权的品牌,也是真正意义上的自主品牌。它于 2006 年 10 月推出,取意“创新殊荣、威仪四海”。此后荣威品牌发展迅速,其产品覆盖中级车与中高级车市场,2010 年 12 月,荣威 550 荣获中国汽车工业科学技术奖特等奖,“科技化”已经成为荣威汽车的品牌标签。除了荣威外,上汽集团旗下还拥有名爵(MG)品牌。2005 年 7 月,南京汽车集团有限公司成功收购了英国 MG 罗孚汽车公司及其发动机生产分部,开创了中国企业收购国外著名汽车企业的先河,收购合并之后的公司叫南京名爵汽车有限公司。新公司重新整合了原英国名爵罗孚公司和南汽集团的资产与资源,将国际一流的工艺装备、研发设施、整车发动机制造技术、顶尖的技术管理人才以及 MG 品牌集于一身。2007 年 4 月,上海汽车集团有限公司(上汽集团)全面收购了南京汽车集团,因此也成为 MG 品牌的新主人。

超前开发是上汽集团技术创新的绿色之路。早在“十五”期间,上汽集团联合同济大学坚持数年,联合开发燃料电池轿车——“超越系列”,与上海交通大学、华谊集团等合作开发具有自主知识产权的 D6114 二甲醚燃料发动机和我国第一台二甲醚城市客车。2006 年上汽集团进行了创新转型的尝试,转型的着力点一是自主品牌建设,二是新能源汽车产业化。2009 年 5 月,上汽集团明确上汽新能源汽车产业化发展目标。2018 年,上汽集团提出了新四化核心战略:电动化、智能网联化、共享化和国际化。2021 年 9 月,上汽集团提出了上汽新能源汽车发展战略规划:到 2025 年,上汽集团规划在全球实现新能源汽车销量超过 270 万辆,占上汽整车销量的比重不低于 32%。2021 年上汽集团新能源汽车销售 73.3 万辆,同比增长 128.9%,排名国内第一、全球前三,向既定目标稳步推进。

三、从主动“引进来”到积极“走出去”

在“引进来”提升技术水平和管理能力,创立自主品牌的同时,上汽集团全力开拓海外市场,加快提高国际经营能力,以及对全球资源的整合能力。这是上汽集团创新发展的重要环节。首先,通过跨国并购获取先进技术。

2005年上汽集团以6 700万英镑收购了英国罗孚汽车关键技术知识产权，并于收购当年在英国合作成立技术中心，然后于2007年全面收购了该技术中心，该技术完全被上汽集团获得。其次，对外投资设厂拓展海外市场。上汽集团积极推动全球业务布局，在泰国、印度尼西亚和印度建立了三个海外生产制造基地，在巴基斯坦建立了一座工厂。最后，在国外设立创新研发中心整合全球创新资源。在硅谷、特拉维夫和伦敦设立3个创新研发中心，在欧洲、南美、中东、北非和东盟等地设立了多个区域营销服务中心，建成逾1 800个海外营销服务网点，形成欧洲、东盟、南亚、美洲、中东等多个“5万辆级”海外市场。此外，上汽安吉物流开通了4条自有国际航运航线，上汽所辖华域零部件在海外也拥有101个基地。2021年，上汽汽车海外销量达到69.7万辆，同比增长78.9%，整车出口连续6年保持国内行业第一。

纵观上汽集团的双向投资发展历史，在发展初期上汽集团抓住了改革开放的历史机遇，通过合资合作，引进资金与技术，推动国产化，迅速缩短了与世界汽车工业的差距，建成了上海支柱产业。加入世贸组织后，中国汽车工业快速发展，上汽集团抓住全球汽车产业合作与分工的机遇，通过对外投资，加快自主创新，实现跨越式的发展，取得了国内领先地位。进入21世纪后，呼应全球环保的要求，上汽集团及时调整发展战略，在新能源汽车产业领域力争上游，开拓新的发展领域。可以说上汽集团的双向投资发展历史也是中国汽车工业从“引进来”“国产化”到“走出去”，走自主创新发展道路的缩影。放眼未来，上汽集团必将牢牢把握科技进步方向、市场演变格局、行业变革趋势，继续深入推进“电动化、智能网联化、共享化、国际化”的战略，在提升业绩的同时，深入部署推进创新链建设，在全球汽车产业价值链重构的过程中，全力抢占有利地位和制高点，加快推动业务转型升级，向成为具有全球竞争力和影响力的世界一流汽车企业迈进。

第三节　徐工集团的双向投资发展之路

徐州工程机械集团有限公司(以下简称“徐工集团”)是中国工程机械行业规模最大、产品品种与系列最齐全、最具竞争力和影响力的大型国有企业集团。2021年徐工集团位居世界工程机械行业第3位，世界品牌500强第

395位,产品出口全球191个国家和地区。作为中国工程机械最高水平代表者,徐工已建立以徐工研究院为中心,辐射欧洲、美国、巴西等地的全球研发体系。目前,徐工集团拥有有效授权专利4 573项,其中授权发明专利596项,国产首台(套)产品100多项,实现了中国工程机械制造企业从组装到制造再到研发的转变,而这一转变过程中,徐工集团从"引进来"到"走出去",走出了一条自主创新和国际化发展并重的道路。

一、引进外资期待"以市场换技术"

徐工集团的前身可追溯至1943年成立的华兴铁工厂。从起步伊始,徐工集团就走自主创新发展之路,扛起了带领中国工业机械产业迈步发展的大旗。1957年,徐工集团成功试制出第一台塔式起重机,开始涉足工程机械产业。1960年,徐工成功研发中国首台10吨蒸汽压路机;1963年,徐工成功研发中国首台5吨汽车起重机;1976年,徐工成功研发出中国第一台QY16吨全液压汽车起重机;1982年,徐工成功研发中国首台CA25全液压单缸轮振动压路机;1989年徐工成功研发国内第一台高等级沥青摊铺机。徐工填补了中国工程机械领域的多个空白。伴随着中国改革开放事业拉开序幕,徐工集团着力寻求结构上的变革,1989年,徐工集团正式组建成立,成为行业首家集团公司。

呼应改革开放的大浪潮,1994年10月,带着以"市场换技术"的梦想,徐工集团和全球最大的工程机械公司美国卡特彼勒公司组建了中国第一家生产高等级液压挖掘机的合资企业——卡特彼勒(徐州)有限公司。当时徐工集团与卡特彼勒共同投资8 200万美元,持股40%。卡特彼勒一开始就在合资公司中控股,合资公司主要以组装为主,卡特彼勒提供的一些技术主要是一些不关键的零配件,徐工集团难以接触到核心技术,而且合资公司组建以后的前几年一直处于亏损状态。徐工集团对合资公司逐渐失去了信心。与此同时,卡特彼勒却逐渐向合资公司增资扩股,最后徐工集团在合资公司40%股权比例被稀释成15.87%,虽然每年可以分得几千万元的利润,但徐工集团显然没有达到"以市场换技术"的初衷。2006年,卡特彼勒提出独资的要求,希望徐工集团退出合资公司。事实上,卡特彼勒提出独资是有迹可循的,卡特彼勒在海外并购中一向以"控股、控制品牌"著称,按照它的游戏规则,凡是在国外建立的企业必须控股。由于合资公司只生产大中型挖掘机,徐工集团寻找到了发展的空间,集团于2006年决定开始研发小型挖掘机。2007 年,样机被研究出来,徐工确定了大力发展挖掘机的发展战略。具体实施战略是,先从小挖掘机开始,以后进一步过渡到中、大型挖掘机领域。由于挖掘机在国内工程机械行业中具有广阔的市场空间,以及卡特彼勒提出独资要求,2008 年,徐工集团组建自己独资的挖掘机生产企业——徐州徐工挖掘机械有限公司,研发正式从小型挖掘机逐渐向大型挖掘机迈进。2009 年,受金融危机冲击,卡特彼勒全球业务出现大幅下滑,其中欧美地区业务下滑最为严重,而中国地区受冲击最小。与许多其他的跨国公司一样,卡特彼勒逐渐加大对华投资。2010 年 6 月,徐工集团以 6.8 亿元的价格出让卡特彼勒(徐州)有限公司 15.87%的股权。股权转让完成后,徐工集团不再持有该公司的股份,正式从卡特彼勒(徐州)有限公司退出,开始着力打造工程机械的成套生产体系。

徐工集团引进外资的另一个重要事件是凯雷并购徐工,这可以视为徐工集团希望通过外资走国际化发展之路的尝试。徐工集团的发展之路并不平坦。20 世纪 90 年代,受盈利能力下降、内部管理不善等因素的影响,徐工集团几度出现亏损。当时来自湖南的两家企业在工程机械领域脱颖而出,成为徐工集团强有力的竞争对手。面对发展的困境,徐工集团的改制被提上日程。在管理层收购方案被否定后,引进外部投资方成为共识。2005 年 10 月 25 日,徐工集团、美国私募基金——凯雷集团宣布签订协议,凯雷集团以 3.75 亿美元收购徐工机械 85%的股份。在改制推进中,改制是否导致贱卖国有资产成为舆论关注的焦点,引发从监管部门到相关行业、普通民众的广泛关注。为呼应舆论的压力,2006 年和 2007 年,徐工集团和凯雷两度调整交易结构,最终仍未通过审批。2008 年 7 月 23 日,徐工集团和凯雷宣布终止合作。凯雷并购案表明徐工集团依托引进外资进入国际市场的尝试失败。

二、依托跨国并购走自主创新发展之路

在“引进来”的同时,徐工集团自主研发也并未停止:1995 年,徐工成功研发亚洲最大的 160 吨全地面起重机;2000 年,徐工集团成功研发中国第三代装载机的标志性产品 ZL50G; 2002 年,徐工集团成功研发中国首台具有自主知识产权的 QAY25 全地面起重机;2003 年,徐工率先成为中国工程机械行业首家营业收入、销售收入双超百亿的集团;2006 年,徐工重庆工程机械建设基地奠基,徐工面向海内外的战略布局迈出了重要一步;2009 年,

徐工机械整体上市。徐工集团走出了此前因引入凯雷集团合作改制所导致的战略困局，开始将眼光投向海外，坚定地“走出去”，整合全球资源，走上自主创新与国际化发展并重之路。

中国工程机械企业经过多年的发展，已经成为世界上最大的工程机械的交易市场，竞争非常激烈，但还是有新的竞争者相继进入，其中包括国外的一些企业，行业产品主要定位于中低端产品，与跨国巨头相比，技术实力差距较大。行业目前面临最大的困难就是低价竞争，甚至出现价格战，挤压了企业利润空间，显然规模大、成本低已经不能完全适应新的竞争环境。国内企业面临转型升级的要求，亟须突破“大而不强”的发展困境。2008 年，美国次贷危机引发了全球性的金融危机，导致了不少欧美国家工程机械行业的企业陷入困境，这使得这些企业优质资产的市场价格下降，为我国工程机械企业开展跨国并购提供了一个难得的机遇。而中国工程机械行业在自主发展结合引进技术消化吸收的基础上快速发展，已经形成规格系列化、型号多样化、生产规模化、质量标准化等比较竞争优势，具备国际化发展的基础。

面对行业的形势变化，作为中国工程机械行业的领军企业，徐工集团加快了“走出去”的步伐，并购了一些发达国家具有知名品牌和核心技术的企业，整合全球优势资源，依托国际化走自主创新发展之路，促进企业转型升级。自 2010 年开始，徐工集团加快了在欧洲的投资与发展，先后实施了系列跨国并购(表 9-3)。利用欧洲资源高效推动了徐工国际化和自主创新战略的实施。徐工快速占领了产业技术高地。2013 年徐工集团位于德国杜塞尔多夫的徐工欧洲研究中心落成，一批全球高端技术人才汇聚徐工集团。徐工欧洲研发中心的成立使之与之前并购的德国施维英公司等，在研发及运营上形成强有力的战略协同，助推徐工欧洲国际事业全面开拓，在欧洲真正实现研、采、销一体化。

表 9-3 徐工集团主要跨国并购事件

年份	被并购方	并购方特点	对徐工集团的意义
2012	德国施维英公司	世界顶级混凝土机械设备生产商	通过双方的强强联合与优势互补，徐工集团全球混凝土机械业务得到大幅提升，进一步巩固了行业的领导地位。有助于推进施维英公司在德国、美国、奥地利、印度等国制造基地与徐工新建基地的全球化协同，提升徐工基地国际化实力和水平

续表

年份	被并购方	并购方特点	对徐工集团的意义
2011	德国 FT 公司	液压零部件知名制造企业,主要从事液压集成阀块、小型液压泵站和非标液压系统的设计和技术服务	此次收购,是徐工布局全球,突破高端核心零部件制造瓶颈的关键之举
2010	荷兰 AMAC 公司	世界上最早的四个设计并生产负载敏感比例阀的厂家之一,也是荷兰唯一的集设计与生产于一身的液压比例方向控制阀的企业	进一步增强液压零部件制造实力

• 资料来源:根据徐工集团官方网站资料整理。

三、加大对外投资助力国际化发展

除了在欧洲通过跨国并购打造领先的产业高地外,徐工集团加大对外投资力度,构造全球制造高地,助力企业国际化发展。早在 2007 年 9 月,徐工集团在波兰的装配厂就破土动工,经过一年多的建设,2009 年 3 月正式投入使用,这是徐工集团在海外布局和产业化上做的第一次尝试。波兰组装厂的投产,对周边市场起到很好的辐射作用。2013 年,徐工在乌兹别克斯坦的挖掘机合资工厂投产,与波兰、伊朗等地的装配厂一起构成六大海外装配厂。徐工依托全球市场基础,在海外基地建设上,走了一条从 SKD(半散件组装)到 CKD(全散件组装)再到绿地建厂的探索之路。2014 年徐工集团首个海外全资生产基地——徐工巴西制造基地竣工投产。徐工集团早于 2004 年进入巴西市场,成为从巴西引进中国产品的先驱。鉴于市场的认可和增长战略,徐工集团看准在该国建立新工厂的机会,扩大和巩固在拉丁美洲的立足点和市场。该生产基地占地 100 万平方米,有 4 个主要生产棚和 10 多个辅助装置,为零件准备、焊接、机加工、整机组装和喷漆提供了所有必要的条件,年生产能力达到 7 000 台,主要生产起重机、装载机、挖掘机、平地机和压实压路机等五大产品系列。此外,徐工集团还在巴西瓜鲁柳斯市设有拉丁美洲零件中心和服务配送中心,占地 5 万平方米,并设有工厂认可的培训中心。巴西制造基地是徐工集团国际化发展进程中第一个全资的生产基地建设项目,是徐工集团打造的第一个海外成套工程机械制造基地,也是当时我国工业企业在巴西最大的投资项目。该项目的实施有助于进一步提升徐工核心竞争力和国际品牌影响力,加快实施“走出去”战略,推动徐工集团国际化发展。

在全球,徐工集团在扎实稳健的全球市场建设中,已建立 5 个国际研究中心,30个海外子公司,40个海外代表处,15个海外制造基地和工厂,40个大型备件中心,逐步构建形成拥有300多家海外经销商、2 000余个服务终端、6 000余名技术专家、5 000余名营销服务人员,辐射187个国家和地区的庞大高效网络,不断为全球客户提供售前、售中、售后、融资租赁等的一站式、一体化的高效便捷服务。除了在主要发展中国家市场站稳脚跟外,徐工集团对发达国家市场的拓展、布局也不断加快,在美国、加拿大、日本实现小批量主机的突破性进入,改变过去在国际市场上徐工集团主要出口中低端产品,没有技术实力在中高端市场与发达国家跨国公司如卡特彼勒等竞争的形象,开始在中高端市场与跨国巨头同台竞技。

在徐工集团从“引进来”到“走出去”的发展过程中,如果说技术是根,国际化是叶,根深蒂固方能枝繁叶茂,那么跨国并购则是企业加速国际化的跳板。徐工集团通过跨国并购获取先进技术,整合全球资源,努力打造以徐工为核心的全球工程机械产业价值链,并占据产业价值链的高端位置,实现产业转型升级。对于急于获得技术、资源,打开国际市场的中国工程机械企业来说,跨国技术并购是从外部获取先进技术的有效途径之一。跨国并购可以让徐工获得目标公司的先进技术、领先的研发机构和优秀的研发团队,节省公司的研发成本,实现公司战略上质的飞跃。自2012年开始,ET110步履式山地挖掘机、全球最大吨位的全地面起重机XCA5000、全球最大的DE400矿用自卸车、4 000吨级履带式起重机、700吨级液压挖掘机、超级起重机XCA500L8等一系列代表中国乃至全球先进水平的产品问世,徐工集团已经成为中国工程机械行业规模最大、产品品种与系列最齐全、最具竞争力和影响力的大型企业集团,在全球工程机械行业奠定了地位。

第四节　均胜电子的跨国并购之路

宁波均胜电子股份有限公司(以下简称“均胜电子”)是一家全球汽车电子与汽车安全顶级供应商,总部位处中国浙江省宁波市,主要致力于智能座舱、智能驾驶、新能源管理和汽车安全系统等的研发与制造,在全球汽车电子和汽车安全市场居于领先地位。公司在全球设有超过70个主要工厂,拥有员工超过4万人,在全球汽车主要出产国设有3个核心研发中心。公司业务架构分为智能汽车技术研究院、新能源研究院、汽车电子事业部与汽车安全事业部,并于全球各汽车主要出产国设有配套工厂。与本章其他企业不同，均胜电子的重点是通过跨国并购积极“走出去”，最终实现了企业跨越式发展。

一、发展困境亟待破局之旅

均胜电子成立于2004年，主要以汽车功能件为主业起步。2006年，公司开始为大众、通用、福特供货。随后几年，公司面临业内同质化竞争、缺乏长期发展战略支撑等问题。为实现可持续发展，公司投入几千万进行研发，但收效甚微，至此，均胜电子靠自主研发进军汽车电子配件领域的计划受挫。从行业背景来看，过去十几年，国内汽车市场的快速扩张带动了零部件产业的大发展，涌现了众多汽车零部件企业，均胜电子即其中一员。但环顾整个汽配产业，高端零部件市场被少数几家国际大型汽车零部件供应商所垄断，国内汽车零部件企业生产的产品主要集中在技术附加值低和资源消耗类产品上，处于价值链低端，面临着高端产品无竞争力、低端产品劳动力成本趋高的双重压力。相比之下，海外众多本土配套的零部件企业拥有技术和客户资源，因此通过跨国并购直接从国际成熟市场获得技术和人才、突破行业壁垒是我国零部件企业实现产业升级的捷径。均胜电子虽然也曾投入大量资金进行研发，试图提升企业技术水平，但成效并不大，面临的发展困境表明均胜电子亟待转型升级。

二、跨国并购助力价值链跃升

2009年，均胜电子确定了通过跨国并购方式实现转型升级的战略目标，并实施了一系列跨国并购活动（表9-4）。

表9-4 均胜电子主要跨国并购事件

年份	并购企业	并购价格	主营产品或业务	并购企业代表客户
2011	德国普瑞	16亿元	汽车空调控制系统、iDrive/MMI系统、中控、仪表、方向盘按键控制、刹车片感应、变速箱挡位感应、行车电脑主控模块、电子燃油泵控制、转向控制、汽车内外饰件、功能件	宝马、奔驰、大众等全球前十大汽车公司
2014	德国IMA	1 430万欧元	致力于工业机器人研发、制造和集成，主要产品为工业机器人系统及自动化产品	客户包括汽车、电子、医疗和快速消费品领域的一线跨国集团
2014	德国QUIN	9 000万欧元	德国高端方向盘总成与内饰功能件总成	奔驰、宝马、奥迪

续表

年份	并购企业	并购价格	主营产品或业务	并购企业代表客户
2016	美国 KSS	9.2 亿美元	安全气囊，为全球第四大安全气囊公司	大部分主流车企
2016	德国 TS	1.8 亿欧元	德国车载信息系统供应商，从事汽车行业模块化信息系统开发和供应、导航辅助驾驶和智能车联的业务	大众、奔驰
2016	美国 EVANA	1 950 万美元	美国工业机器人与自动化系统厂商	天合、MAGNA、ALERE/ALCON
2018	日本高田资产（PSAN 业务除外）	15.88 亿美元	汽车安全系统	几乎所有日系汽车，以及宝马、奔驰、大众、福特、通用等欧美厂商

• 资料来源：作者根据公司官网及公开资料整理。

均胜电子跨国并购之旅始于 2011 年。得益于 2008 年全球金融危机后的机遇，2011 年均胜电子并购德国普瑞 75％的股份，2012 年收购剩余的 25％股份。作为汽车零部件行业的“隐形冠军”，德国普瑞主营产品电池管理系统和驾驶员控制系统，用户涵盖宝马、奔驰、劳斯莱斯等多家高端汽车生产商，拥有大量汽车电子发明专利，这些技术和客户资源正是均胜电子缺乏的。100％并购普瑞股权使得均胜获得了 100 多项专利，增加了 500 多名研发人员，获得了高水平技术研发团队、世界领先的技术硬件和知识产权，具备了汽车电子的产品研发、模具、工装设计和加工能力及产品检测能力，在新能源汽车电子领域居于世界领先地位。技术共享更是助力均胜突破了汽车电子技术的壁垒，技术水平上了新台阶。普瑞在均胜电子的跨越式发展中，是极为重要的战略要道。普瑞之后，均胜电子又并购了 3 家德国企业。毫无疑问，普瑞作为均胜电子通往国际市场的桥头堡，发挥了至关重要的作用。

并购普瑞的成功让均胜电子受到极大鼓舞，均胜电子更加坚定地推行跨国并购战略。2014 年，均胜电子先后并购两家德国企业 IMA 和 QUIN。IMA 专注于工业机器人的研发、制造、集成和销售，在工业机器人细分市场处于全球领先地位。均胜电子战略框架中曾明确提出，以德国普瑞的创新自动化生产线为基础，发展工业机器人项目，在细分领域做到技术和市场全球双领先。本次收购正是上述持续发展战略实施的关键步骤。QUIN 是德国高端方向盘总成与内饰功能件总成供应商，其客户包括奔驰、宝马、奥迪等，在所在行业细分市场，排名全球领先。均胜电子收购 QUIN 进一步完善公司产业链上智能驾驶领域的体系建设，确立公司在汽车 HMI（人机交互）

解决方案提供领域的行业地位。至此,均胜通过并购,形成了电池管理系统、驾驶员控制系统、自动化生产线三大核心业务,分别涉及新能源车、智能驾驶、机器人三个领域。为了能引进德国先进的技术到中国,在2014年8月,均胜电子投资1.5亿元人民币,注册设立全资子公司宁波均胜普瑞工业自动化及机器人有限公司。经过资源优化整合,均胜电子已经拥有比较全面的工业自动化及机器人领域的高端核心技术,包括工业机器人与自动化装备、机械电子设备、大型工业自动化系统生产线的咨询、研发、制造以及相关的售后服务;信息技术与网络系统研发,技术咨询、服务及转让;机械电子设备及配件销售,自营和代理货物及技术进出口等。这些都是工业机器人领域最前沿的先进技术,能为汽车零部件、电子、医疗、消费品等领域众多世界500强企业服务。

在跨国并购领域,均胜电子走得更远。2016年,均胜电子收购了两家总部分别位于美国和德国的汽车零部件行业巨头:美国的KSS公司和德国的TS公司。作为安全气囊、安全带和方向盘等汽车安全系统和其关键零部件的设计、开发及制造领域的全球领先者,KSS的产品已广泛用于全球60多个客户超过300种轿车车型,其32个销售、工程和生产分支机构遍布全球,为全球领先的汽车安全系统供应商之一。借助对KSS的收购,均胜成功进入汽车安全领域,完善公司在汽车安全的全球化布局。TS汽车业务研发及生产在车载娱乐系统、车载导航系统、车联网以及信息处理领域拥有创新类产品及软件解决方案。作为汽车工业的一级供应商,该公司是知名汽车厂商特别是大众集团的导航系统的发展伙伴,已有多年的经验。这次全球并购进一步完善了均胜电子在智能驾驶领域的布局,尤其是在主动安全、汽车信息系统方面。一系列并购的完成,标志着均胜电子在汽车安全、智能、环保领域的全球战略布局的持续实施和完善。在2016年对KSS和TS完成交割后,均胜电子立即展开大规模整合。公司帮助KSS和TS筹建并扩张中国区的研发中心,特别增加了在前瞻领域的投入,力求将全球技术和中国市场相结合,使协同效应逐步显现,全球研发资源得到有效利用。

日本高田资产是一家全球领先的汽车安全系统制造商,其主要产品包括汽车安全带、安全气囊系统、方向盘、主动安全电子产品及其他非汽车类安全产品。高田从1960年开始进入汽车安全领域生产汽车安全带,并逐渐将业务扩大到其他汽车安全类产品,如安全气囊、方向盘等。高田与日本、北美和欧洲主要的汽车厂商如宝马、奔驰、大众、福特、通用、丰田、本田和尼桑等都有长期稳定的合作关系。2016年高田因安全气囊可能存在缺陷，发生汽车行业历史上最大的召回事件，陷入严重危机。2016年通过收购安全零件制造公司KSS，均胜电子已进入汽车安全制造领域，如果能收购高田，均胜电子有望一跃成为全球汽车安全气囊的最大生产商，将改变世界汽车安全零部件产业格局。历经近两年时间的努力，2018年4月，均胜电子旗下子公司均胜安全系统(JSS)成功收购日本高田资产。这次收购改变了中国汽车零部件企业在国际市场的地位。均胜电子也真正成为全球汽车安全领域的巨头，全球市场份额占到第二位，在安全气囊、安全带、集成式安全系统和智能方向盘等安全系统和其关键零部件的设计、开发及制造方面，均胜处于全球领先水平，产品广泛用于全球60多个客户超过300种轿车车型。公司经过多年的发展，储备了大量专利，为后续产品和系统研发奠定良好基础，这些都成为均胜在汽车安全领域强劲的创新优势。

提升"中国制造"在全球产业中的话语权，一直是均胜电子追求的目标。汽车电子一直是欧、美、日等发达国家垄断的领域。为了改变这一状况，均胜电子通过国际并购寻求突破之路。在追求汽车产品"更安全""更智能"和"更环保"战略的推动下，2011年至今，均胜电子公司先后收购了德国普瑞、德国QUIN、美国KSS以及日本高田资产(PSAN业务除外)等，通过这些国际并购，均胜电子实现了技术转型升级、产业国际化和资本平台突破三大飞跃。通过系列跨国并购运作，均胜电子技术水平得到极大提升。在智能座舱、智能驾驶、新能源管理和汽车安全等领域，均胜电子拥有大量专利与技术储备，具备完整的产品硬件设计、软件开发和数据处理能力。公司在亚洲、欧洲和美洲均设有核心研发中心，工程技术和研发人员超过4 800人，在全球拥有超5 000项专利，掌握汽车安全和汽车电子领域的核心技术。此外，均胜电子已与芯片厂商、通信企业和互联网公司等技术链供应商开展全方位多层次合作，共同推进前沿专利技术的商业化和产业化。

汽车产业发展日新月异，智能驾驶、无人驾驶、互联网、车联网、新能源汽车等浪潮都在改变着这一产业的业态。严峻的竞争环境向身处其中的中国企业提出挑战，而均胜电子的跨国并购之路则为中国企业提升技术水平、实现产业升级提供了可行模式。均胜电子成立之初仅是一个普通的生产后视镜等缺乏技术含量产品的汽车配件企业，通过一系列跨国并购，均胜电子成功进入汽车电子配件领域，并致力于智能驾驶系统、汽车安全系统、工业自动化及机器人、新能源汽车动力管理系统以及高端汽车功能件总成等的研发与制造，成功地向产业链高端跃升，成长为全球化的汽车零部件顶级供应商，成功实现了产业转型升级。

第五节　结　语

综合分析中国海油、上汽集团、徐工集团和均胜电子四家企业的案例可以看出，这四家企业都是积极参与改革开放，在开放中成长的企业。深入分析其双向投资发展之路，对其他企业具有借鉴意义。

中国海油最初成立的目的是与外国石油公司对等合作，“引进来”是中国海油打开中国海洋石油工业发展的突破口，中国海油通过与国外先进企业的合作得以成长。这也奠定了中国海油走自主创新之路的基础。具备了技术、资金和管理的条件，中国海油才有实力“走出去”，持续深化对外合作，优化全球业务布局，与其他国家和地区开展能源合作，建立海外油气生产基地，与国际能源跨国巨头同台竞争，提升中国海洋石油工业的竞争力。上汽集团引进外资后，以桑塔纳轿车的国产化为契机，不仅提升了自身技术水平，也带动了中国汽车产业链的成长。面对中国汽车市场激烈的竞争，上汽集团聚焦提升自主研发能力，走出了一条从引进吸收、联合开发到本土研发并创立自主品牌的创新道路。同时，上汽集团并未满足于国内市场的成功，积极地“走出去”，通过跨国并购获取国外先进技术，建立创新研发中心，在国外投资设厂，积极扩大国际市场，在全球汽车市场拥有一席之地。徐工集团曾因“以市场换技术”的初衷引进外资，但结果不尽如人意，这让企业认识到自主创新的重要性。徐工集团抓住机遇，积极“走出去”，通过一系列的并购，快速整合全球创新资源，提高研发能力，提升技术水平，成长为全球工程机械领域著名企业。均胜电子早期虽然没有引进外资合作，但在全球化市场中成为跨国汽车制造商的供应商，进入其供应链。这让公司认识到价值链低端锁定对企业成长的障碍，从而促使企业坚定地“走出去”。回溯均胜电子的历史不难发现，均胜电子每一次飞跃式的发展背后都有跨国并购作支撑。通过跨国并购，均胜电子获取了目标企业的品牌、渠道和客户资源。更重要的是，通过并购，均胜电子获取了大量的专利技术，并快速进入原来依靠自身研发力量短期无法进入的新业务领域，助力企业从产业价值链的低端向中高端跃进，实现了企业转型升级和全球化发展的目标。这四家企业中，前三家企业是“引进来”与“走出去”并重，均胜电子侧重“走出去”，但最终殊途同归,即通过双向投资的发展,整合全球资源,走自主创新之路,提升技术水平,创立自主品牌,融入全球市场。企业获得发展,有利于国内产业结构升级,提升我国相关产业在国际分工中的地位。这正是中国企业发展高水平双向投资的意义所在。期待未来有更多中国企业以双向投资为着力点,整合全球要素,尤其是全球高端要素为企业所用。期待更多企业脱颖而出,成长为世界一流企业。

第十章
营商环境与中国跨国公司的发展现状分析

为进一步提升我国开放水平，做好引外资稳外资工作，2021 年以来，中国政府由点及面，在北京、上海等 6 个城市建立营商环境创新措施试点，并将相关经验推广复制，此外，也在知识产权保护领域出台多部法律法规，本章概述了这些措施和努力，并从美国中国商会、中国欧盟商会等机构的年度调查中，了解在华外资企业的感受和反馈。此外，本章还对中国跨国公司对外直接投资的成绩和特点做出概括，对全球数字经济、绿色经济发展趋势，全球贸易投资规则重构，以及发达国家贸易保护主义抬头对我国跨国企业未来发展的影响进行了分析。

第一节　改善营商环境新措施与企业感受

2021 年以来，为进一步提升营商环境，增强对外资企业的吸引力，稳定在华外资企业的经营信心，中国政府选取北京、上海、深圳等 6 个重点城市，对标最高标准、最高水平，试点营商环境创新措施，并于 2022 年 10 月在全国范围内复制推广。此外，为鼓励外资企业增加在华研发创新投入，中国也密集出台了从知识产权顶层设计到具体执行的制度、规章等一系列知识产权领域规则，并设立了海南自由贸易港知识产权法院和中国知识产权保护中心。可以看到，这些措施在提升中国开放水平，吸引外资、稳定信心方面发挥了重要作用。不过，我们也需要看到，在监管环境透明度与可预测性、知识产权保护、市场准入、国民待遇等方面，我们仍有改进空间。

一、由点及面推进营商环境创新工作

由点及面推进营商环境创新工作包括以下两项内容。

(一)开展营商环境创新试点工作

为鼓励有条件的地方进一步瞄准最高标准、最高水平开展先行先试,加快构建与国际通行规则相衔接的营商环境制度体系,持续优化市场化、法治化、国际化营商环境,2021 年 11 月国务院印发《关于开展营商环境创新试点工作的意见》(以下简称《意见》)。[①]《意见》从十个方面明确了开展营商环境创新试点的重点任务:一是进一步破除区域分割和地方保护等不合理限制;二是健全更加开放透明、规范高效的市场主体准入和退出机制;三是持续提升投资和建设便利度;四是更好支持市场主体创新发展;五是持续提升跨境贸易便利化水平;六是优化外商投资和国际人才服务管理;七是维护公平竞争秩序;八是进一步加强和创新监管;九是依法保护各类市场主体产权和合法权益;十是优化经常性涉企服务。《意见》提出的主要目标是:经过三至五年的创新试点,试点城市营商环境国际竞争力跃居全球前列,政府治理效能全面提升,在全球范围内集聚和配置各类资源要素能力明显增强,市场主体活跃度和发展质量显著提高,率先建成市场化、法治化、国际化的一流营商环境,形成一系列可复制、可推广的制度创新成果,为全国营商环境建设作出重要示范。

综合考虑经济体量、市场主体数量、改革基础条件等后,北京、上海、重庆、杭州、广州、深圳获选试点城市,各试点城市的实施及完成情况如下。

北京 2022 年印发《培育和激发市场主体活力持续优化营商环境实施方案》和《关于开展北京市营商环境创新试点工作的实施方案》。这是北京市连续第 5 次集中出台一批优化营商环境改革举措,被称为“1+1” 5.0 版改革,也即“创新+活力=北京营商环境 5.0 版改革”。截至 2022 年 8 月 17 日,北京市 2022 年国家营商环境创新试点城市建设任务已基本完成,营商环境 5.0 版改革 299 项任务完成 83%。[②]

上海 2021 年 12 月印发《营商环境创新试点实施方案》,力争用 3—5 年时间,推动上海营商环境国际竞争力跃居世界前列。2022 年上海各区以创新试点方案为抓手,制定了一系列政策措施,如杨浦区为助力市场主体纾困解难,升级优化营商环境 5.0 版行动方案,制定《对标最高标准、最好水平,

---

① 国务院关于开展营商环境创新试点工作的意见[EB/OL].(2021-11-25)[2021-12-5]. https://www.gov.cn/zhengce/zhengceku/2021-11/25/content_5653257.htm.

② 北京市营商环境 5.0 版改革 299 项任务已完成 83%[EB/OL].(2022-8-17)[2022-9-26]. https://fgw.beijing.gov.cn/gzdt/fgzs/mtbdx/dsxw/202208/t20220818_2795332.htm.

持续推进杨浦营商环境改革创新的行动计划》,推出150项改革创新任务和10大特色服务品牌。[①]

重庆2022年1月以来先后印发《营商环境创新试点实施方案》等政策文件,持续深化营商环境创新试点和成渝地区双城经济圈营商环境建设,进一步助力市场主体纾困解难,更大程度激发市场活力和发展内生动力,提升群众办事创业的便利度、满意度和获得感。[②]

杭州2022年印发《国家营商环境创新试点实施方案》,形成“1个总体方案+153个专项方案”改革体系架构,用一系列实打实的举措释放惠企利民红利。[③]在落实101项国家改革事项基础上新增52项特色改革事项,蓄力打造国内最优、国际一流营商环境,在电子证照、“互联网+监管”、综合执法、政务服务等领域,打造多项“硬核”成果。

广州2022年实施《建设国家营商环境创新试点城市实施方案》,启动营商环境5.0改革,以“激发活力”为主线,将制度创新和制度供给作为关键,更大力度利企便民。注重面向全体市场主体,着力构建更有效率的企业全生命周期服务体系,通过“一企一策、一项一策”帮助企业解决困难问题。

深圳2022年印发《建设营商环境创新试点城市实施方案》,正式开启优化营商环境5.0版改革。从营造竞争有序的市场环境、打造公正透明的法治环境、构建国际接轨的开放环境、打造高效便利的政务环境等四方面提出12个领域的任务内容,并明确了要落地实施200项具体改革事项。[④]此外,深圳还聚焦强化要素新供给、对接国际新规则、培育优质新主体三大主攻方向,提出99项“自选动作”改革任务,确保把深圳“敢为人先”的首创精神落实到位。

(二)复制推广营商环境创新改革举措

2022年10月31日,国务院办公厅发布《关于复制推广营商环境创新试点改革举措的通知》,决定在全国范围内复制推广一批营商环境创新试点

① 对标最高标准、最好水平持续推进杨浦营商环境改革创新的行动计划[EB/OL].(2022-8-16)[2022-9-19]. https://www.shyp.gov.cn/yp-zwgk/zwgk/buffersInformation/details?id=1e159e89-1d7c-4f36-a92d-cafd33fb1bfc.

② 重庆市人民政府关于印发重庆市营商环境创新试点实施方案的通知[EB/OL].(2022-1-1)[2022-4-3]. http://www.cq.gov.cn/zwgk/zfxxgkml/szfwj/xzgfxwj/szf/202201/t20220127_10347935.html.

③ 杭州市人民政府关于印发杭州市国家营商环境创新试点实施方案的通知[EB/OL].(2022-2-28)[2022-3-17]. https://www.hangzhou.gov.cn/art/2022/2/28/art_1229622536_7397.html.

④ 深圳市人民政府关于印发市建设营商环境创新试点城市实施方案的通知[EB/OL].(2022-4-29)[2022-5-28]. https://fgw.sz.gov.cn/zwgk/zcjzcjd/zc/content/post_9745609.html.

改革举措,以进一步扩大改革效果,推动全国营商环境整体改善。复制推广的改革举措包括9个方面内容:一是进一步破除区域分割和地方保护等不合理限制(4项);二是健全更加开放透明、规范高效的市场主体准入和退出机制(9项);三是持续提升投资和建设便利度(7项);四是更好支持市场主体创新发展(2项);五是持续提升跨境贸易便利化水平(5项);六是维护公平竞争秩序(3项);七是进一步加强和创新监管(5项);八是依法保护各类市场主体产权和合法权益(2项);九是优化经常性涉企服务(13项)。

二、面向创新推动知识产权保护水平进一步提升

面向创新推动知识产权保护水平进一步提升包括以下方面内容。

(一)知识产权领域顶层设计

知识产权领域顶层设计包括以下重要文件。

1.《知识产权强国建设纲要(2021—2035年)》

2021年9月22日,中共中央、国务院印发了《知识产权强国建设纲要(2021—2035年)》(以下简称"纲要")。该纲要下发至各地区各部门,要求结合实际贯彻落实。

该纲要提出两个发展目标:一是到2025年,知识产权强国建设取得明显成效,知识产权保护更加严格,社会满意度达到并保持较高水平,知识产权市场价值进一步凸显,品牌竞争力大幅提升,专利密集型产业增加值占GDP比重达到13%,版权产业增加值占GDP比重达到7.5%,知识产权使用费年进出口总额达到3 500亿元,每万人口高价值发明专利拥有量达到12件(上述指标均为预期性指标);二是到2035年,中国知识产权综合竞争力跻身世界前列,知识产权制度系统完备,知识产权促进创新创业蓬勃发展,全社会知识产权文化自觉基本形成,全方位、多层次参与知识产权全球治理的国际合作格局基本形成,中国特色、世界水平的知识产权强国基本建成。

2.《"十四五"国家知识产权保护和运用规划》

2021年12月28日,国务院印发《"十四五"国家知识产权保护和运用规划》,该文件规划统筹安排了5个方面的14项重点任务、15个专项工程,需统筹推进、一体落实。

一是保护创新的理念,全面加强知识产权保护。提高知识产权工作法治化水平,完善知识产权法律政策体系,统筹推进相关法律法规的修改完

善,健全新领域新业态知识产权保护制度。加强知识产权源头保护,健全高质量创造支持政策,提高知识产权审查质量和效率,强化知识产权申请注册质量监管,更好统筹推进知识产权司法保护、行政保护和社会协同保护,更好发挥知识产权制度激励创新的基本保障作用。

二是坚持服务现代化经济体系建设的目标,不断提高知识产权转移转化成效。完善知识产权转移转化体制机制,推进国有知识产权权益分配改革,优化知识产权运营服务体系,促进产业知识产权协同运用。提高创新主体知识产权管理效能,大力培育专利密集型产业,实施商标品牌建设工程,推动版权产业创新发展,充分发挥知识产权转移转化促进实体经济高质量发展的作用。

三是以人民为中心,大力提升知识产权服务水平。完善知识产权公共服务体系,推动知识产权公共服务标准化,加强知识产权信息化、智能化基础设施建设,加强知识产权信息传播利用。促进知识产权服务业健康发展,引导知识产权服务向专业化和高水平发展,促进知识产权服务业与区域产业融合发展,促进创新成果更好惠及人民。

四是坚持人类命运共同体理念,全方位加强知识产权国际合作。主动参与全球知识产权治理,积极参与完善知识产权国际规则体系,积极参与新领域新业态知识产权国际规则与标准制定。提升知识产权国际合作水平,加强知识产权国际合作机制建设,便利中国市场主体知识产权海外获权,加强知识产权海外维权援助工作,服务开放型经济发展。

五是坚持固本强基的工作思路,持续推进知识产权人才队伍建设和文化建设。完善知识产权人才评价体系,优化知识产权人才发展环境,加大知识产权人才培养力度,提升知识产权人才能力水平,大力培养知识产权国际化人才。加强知识产权文化建设,构建知识产权大宣传格局,实施知识产权普及教育工程,传播知识产权文化理念,增强全社会尊重和保护知识产权的意识。

(二)知识产权领域最新相关立法及法律法规修订

知识产权领域最新相关立法及法律法规修订包括以下内容。

1.《市场监督管理严重违法失信名单管理办法》

2021 年 8 月 1 日,市场监管总局公布《市场监督管理严重违法失信名单管理办法》,规定:对故意侵犯知识产权;提交非正常专利申请、恶意商标注册申请损害社会公共利益;从事严重违法专利、商标代理行为,列入严重违法失信名单，通过国家企业信用信息公示系统公示，并对违法失信行为人实施合理管理惩罚。

市场监督管理部门应当按照规定将严重违法失信名单信息与其他有关部门共享，依照法律、行政法规和中共中央、国务院政策文件实施联合惩戒。

其中，对被列入严重违法失信名单的当事人而言，其行政许可、资质、资格的审查，参与政府采购项目、工程招投标等都将受到严重影响。

2.《最高人民法院关于知识产权侵权诉讼中被告以原告滥用权利为由请求赔偿合理开支问题的批复》

该司法解释于2021年6月3日施行。最高院于其中明确，在知识产权侵权诉讼中，被告提交证据证明原告的起诉构成法律规定的滥用权利损害其合法权益，依法请求原告赔偿其因该诉讼所支付的合理的律师费、交通费、食宿费等开支的，人民法院依法予以支持。被告也可以另行起诉请求原告赔偿上述合理开支。

3.《最高人民法院关于审理侵害知识产权民事案件适用惩罚性赔偿的解释》

《最高人民法院关于审理侵害知识产权民事案件适用惩罚性赔偿的解释》自2021年3月3日起施行，对知识产权民事案件中惩罚性赔偿的适用范围，故意、情节严重的认定，计算基数、倍数的确定等作出了具体规定。

首先是厘清“故意”和“恶意”之间的关系。《民法典》规定惩罚性赔偿主观要件为“故意”，《商标法》第六十三条第一款、《反不正当竞争法》第十七条第三款规定为“恶意”。该解释条款确定“故意”和“恶意”的含义应当是一致的。

其次是情节严重的认定标准。情节严重是惩罚性赔偿的构成要件之一，主要针对行为人的手段方式及其造成的后果等客观方面，一般不涉及行为人的主观状态。

最后是明确惩罚性赔偿基数的计算方式。关于惩罚性赔偿基数的计算方式，《专利法》第七十一条、《著作权法》第五十四条、《商标法》第六十三条、《反不正当竞争法》第十七条、《种子法》第七十三条都作出了明确规定。《著作权法》和《专利法》未规定计算基数的先后次序，《商标法》《反不正当竞争法》和《种子法》规定了先后次序。此外，不同法律对惩罚性赔偿是否包括合理开支的规定亦存在不一致之处。为此，该解释条款第五条规定“法律另有规定的，依照其规定”，是指不同案件类型分别适用所对应的部门法。

4.《刑法修正案(十一)》

2020 年 12 月 26 日第十三届全国人民代表大会常务委员会第二十四次会议通过中华人民共和国《刑法修正案(十一)》,自 2021 年 3 月 1 日起施行。本次刑法修正案强化知识产权保护力度,从严打击知识产权犯罪。

一是修改知识产权犯罪的法定刑。除假冒专利罪外,其他侵犯知识产权犯罪均删除管制、拘役。所有知识产权犯罪均由有期徒刑作为量刑起点。在具体侵犯知识产权犯罪的行为中,相同的犯罪情节,由原来量刑在三年以下或三至七年,延长至五年以下或三至十年。

二是假冒注册商标罪新增“服务商标”。《刑法修正案(十一)》第二百一十三条将服务商标纳入保护范围。服务商标是指提供服务的经营者为将自己提供的服务与他人提供的服务相区别而使用的标志。与商品商标一样,服务商标可以由文字、图形、字母、数字、三维标志、声音和颜色构成,以及上述要素的组合而构成。原有的刑法假冒注册商标罪,仅保护商品商标,并未包含服务商标。此次修改,将服务商标放到与商品商标同等刑法保护的地位。

三是侵犯著作权罪扩大保护范围,进一步保护著作权有关权利人。《刑法修正案(十一)》第二百一十七条扩大了处罚范围,由原来的“侵犯著作权”扩大至“侵犯著作权或者与著作权有关的权利”,明确规定了“未经许可,通过信息网络向公众传播其文字作品、音乐、美术、视听作品、计算机软件、录音录像及法律、行政法规规定的其他作品的行为”属于刑法犯罪行为,需要承担刑事责任。同时保护表演者权利,规定“未经表演者许可,复制发行录有其表演的录音录像制品,或者通过信息网络向公众传播其表演的行为”属于侵犯著作权违法犯罪行为。此外还惩罚规避或破坏著作权技术措施的行为。

四是刑法处罚的侵犯商业秘密犯罪行为类型增加。中美谈判达成的经贸协议约定,中国应加入构成侵犯商业秘密的其他行为,尤其是“电子侵入、违反或诱导违反不披露秘密信息或意图保密的信息的义务”,对此,这次《刑法修正案(十一)》第二百一十九条的修改中有所规定。

原有的刑法仅规定“盗窃、利诱、胁迫或者其他不正当手段”获取商业秘密的,构成侵犯商业秘密罪。而《刑法修正案(十一)》第二百一十九条删除了“利诱”,新增以“贿赂、欺诈、电子侵入”行为获取权利人的商业秘密的,构成犯罪。

五是增加商业间谍罪。《刑法修正案(十一)》新增第二百一十九条之一，规定“为境外的机构、组织、人员窃取、刺探、收买、非法提供商业秘密的，处五年以下有期徒刑，并处或者单处罚金；情节严重的，处五年以上有期徒刑，并处罚金”。

5.《外国专利代理机构在华设立常驻代表机构管理办法（征求意见稿）》

为了落实《专利代理条例》第二十九条的规定，为外国专利代理机构在华设立常驻代表机构提供规范、便利、友好、透明的制度环境，国家知识产权局于 2021 年 10 月 26 日公布《外国专利代理机构在华设立常驻代表机构管理办法（征求意见稿）》。

该管理办法规定外国专利代理机构可以依法在中国境内设立从事与该外国专利代理机构业务有关专利服务活动的办事机构。

此外，国务院在同意在全面深化服务贸易创新发展试点地区暂时调整实施有关行政法规和国务院文件规定的批复中，允许取得中国政府颁发的外国人永久居留证且具有其他国家专利代理资格的外国人，参加专利代理师资格考试，成绩合格者由国务院专利行政部门颁发专利代理师资格证。

6.《专利权质押登记办法》

国家知识产权局 2021 年 11 月 15 日公布修订后的《专利权质押登记办法》，其主要修改如下：

一是当事人可以选择以承诺方式办理专利权质押登记相关手续，无须提交身份证明、变更证明、注销证明等证明材料。对于虚假承诺的，将按照相关规定采取相应的失信惩戒措施（第七条、第十三条、第十四条、第二十条）。

二是对于原来的办法中专利权已被启动无效宣告申请程序的情形不予登记的规定，改为当事人被告知后仍声明愿意接受风险、继续办理无效宣告申请的情况下，允许办理登记。根据《民法典》最新规定，对于质押合同约定在债务履行期届满质权人未受清偿时、专利权归质权人所有的情形，允许办理质押登记。对于请求办理质押登记的实用新型有同样的发明创造已于同日申请发明专利的，当事人被告知后仍声明愿意接受风险、继续办理的情况下，允许办理登记（第十一条）。

三是国家知识产权局办理专利权质押登记手续的审查期限由原规定的 7 个工作日缩减至 5 个工作日，网上申请审查期限进一步缩减至 2 个工作日（第十条）。

四是明确当事人可以以互联网在线方式办理。同时，明确规定专利权质押登记材料的查阅或复制程序及要求，方便当事人查询质押登记相关文件（第十六条）。专利权质押期间，国家知识产权局应该及时通知质权人的情形，新增专利权属发生任何纠纷或被采取保全措施的情况，以便将专利权可能丧失的预警信息及时告知质权人（第十九条）。

7.《药品专利纠纷早期解决机制实施办法（试行）》

2021 年 7 月 14 日，国家药监局、国家知识产权局颁布《药品专利纠纷早期解决机制实施办法（试行）》。该办法为当事人在相关药品上市审评审批环节提供相关专利纠纷解决的机制，保护药品专利权人合法权益，降低仿制药上市后专利侵权风险，主要内容包括申请和信息公开制度、专利权登记制度、仿制药专利声明制度、司法链接和行政链接制度、批准等待期制度、药品审评审批分类处理制度、首仿药市场独占期制度等。

（三）知识产权保护相关新设机构

知识产权保护相关新设机构包括以下两个机构。

1. 海南自由贸易港知识产权法院

海南省是中国最大的经济特区、最大的自由贸易试验区和唯一的自由贸易港。2020 年 6 月 1 日，中共中央、国务院正式公布《海南自由贸易港建设总体方案》，海南岛将实现“零关税”、低税率，减少企业税和个人所得税，吸引高知识人才和公司的进入，同时推出各种优惠政策，将海南岛建设成为以贸易自由便利和投资自由便利为重点的自由贸易港。

作为海南自由贸易港建设中知识产权领域司法保障的机构，2020 年 12 月 26 日第十三届全国人大常委会第二十四次会议，表决通过了关于设立海南自由贸易港知识产权法院的决定。海南自由贸易港知识产权法院于 2020 年 12 月 31 日正式揭牌办公，负责管辖以下案件：一是海南省有关专利、技术秘密、计算机软件、植物新品种、集成电路布图设计，涉及驰名商标认定及垄断纠纷等专业性、技术性较强的第一审知识产权民事、行政案件；二是前项规定以外的由海南省的中级人民法院管辖的第一审知识产权民事、行政和刑事案件；三是海南省基层人民法院第一审知识产权民事、行政和刑事判决、裁定的上诉、抗诉案件；四是最高人民法院确定由其管辖的其他案件。

2. 中国知识产权保护中心

2020 年国家知识产权局发布《关于深化知识产权领域“放管服”改革营造良好营商环境的实施意见》，其中提及要加大对知识产权保护中心建设的支持力度。在优势产业集聚区布局、建设一批知识产权保护中心,提供快速审查、快速确权、快速维权"一站式"纠纷解决方案。

截至2021年11月,全国已设立54家知识产权保护中心,主要业务包括快速预审服务主体备案、专利申请预审服务、专利确权预审服务(复审无效等)、专利快速维权、专利权评价报告预审服务、协同保护、专利导航运营等。目前知识产权保护中心的预审服务已经渐入佳境,极大地缩短了专利审查时间。在2021年8月6日,国家知识产权局启动专利复审无效案件多模式审理试点工作,加强快速确权业务拓展。中国(北京)、中国(上海浦东)、中国(南京)、中国(浙江)四家知识产权保护中心承担试点工作,在一年试点期内,将开通专利复审无效案件优先审查通道,开展专利无效案件远程视频审理,推进专利确权案件与行政裁决案件联合审理等工作。

三、改善营商环境新措施的企业感受与未来挑战

伴随全球经济高通胀、俄乌冲突等因素的影响,全球跨境投资环境面临巨大不确定性和下行压力。中美关系、美联储持续加息及拜登政府一系列旨在吸引制造业回流的政策措施,都对我国引外资、稳外资造成了更多困难,对营商环境政策创新提出了更高要求。

(一)在华外资企业投资信心

2021年至2022年,我国政府在改善营商环境上推出的诸多举措,对

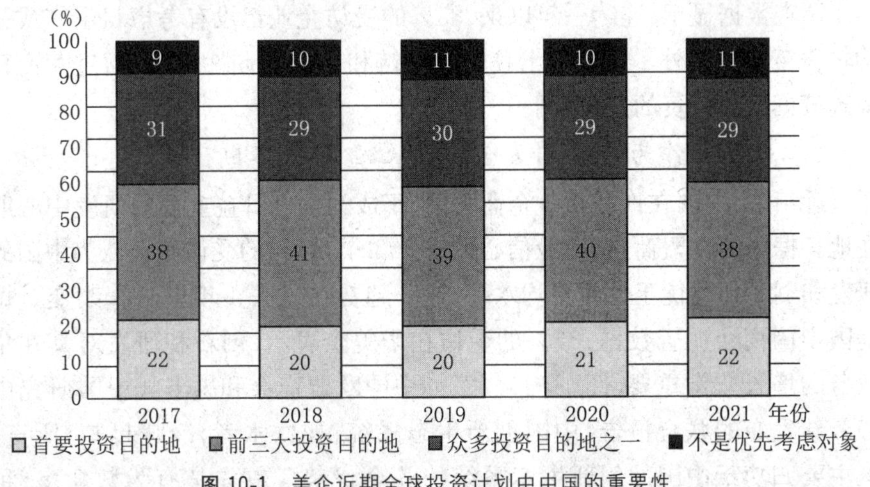

图10-1　美企近期全球投资计划中中国的重要性

•数据来源:美国中国商会《2022年中国商业环境调查报告》。

稳定外商预期，提升外商投资信心，起到了很大作用。据美国中国商会的《中国商业环境调查报告 2022》显示，2017 年以来，将中国视为全球范围内排名前三的投资目的国之一的美国企业，始终稳定在 60%左右的比例(图 10-1)。

美国中国商会 2021 年调查显示，大多数在华美资企业将在 2022 年增加在华业务投资，但同时，也有 42%的受访企业表示，投资增幅为 11%—20%(图 10-2)。

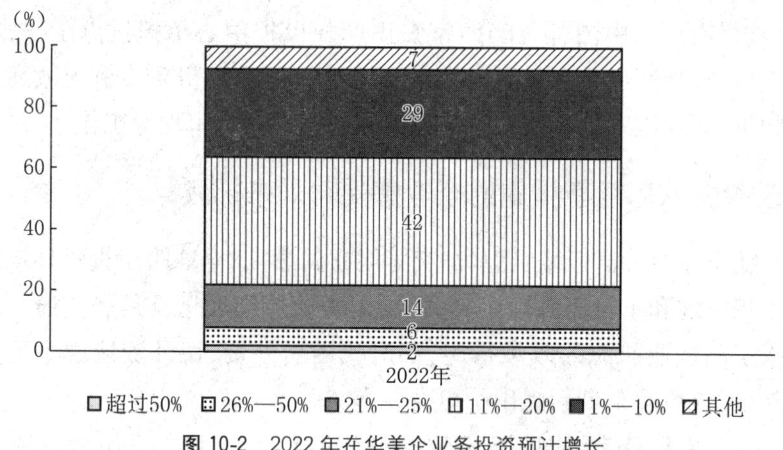

图 10-2　2022 年在华美企业务投资预计增长

• 数据来源：美国中国商会《2022 年中国商业环境调查报告》。

调查数据显示，连续三年以来，83%的受访企业都没有考虑将生产或采购转移至中国境外。这显示出我国供应链和市场的韧性，以及通过营商环境政策创新稳外资的成效(图 10-3)。

(二) 我国作为外企研发创新中心重要性不断上升

近年来，中国在许多欧美企业眼中，正成为一个日益重要的研发中心所在地。据中国欧盟商会《商业信心调查 2022》，40%的受访企业认为中国的研发和创新环境优于世界平均水平，这一趋势在过去 4 年里从未改变。据美国中国商会调查数据，82%的受访在华美企表示，创新和研发对其在华业务的增长非常重要(图 10-4)。正如中国欧盟商会和墨卡托中国研究中心最新发布的联合报告《中国创新生态系统：如饮水者，冷暖自知》所言，这主要归功于中国的创新生态系统的几个优势。首先是有为数众多、种类丰富的合作伙伴，其中既有老牌的全国领军企业，也有新锐的初创企业，更有资深的科学家和研究人员，它们组成了中国充满活力的创新生态系统。市场规模、研发成果的快速商业应用及对创新产品的市场需求，也是中国的优势。①

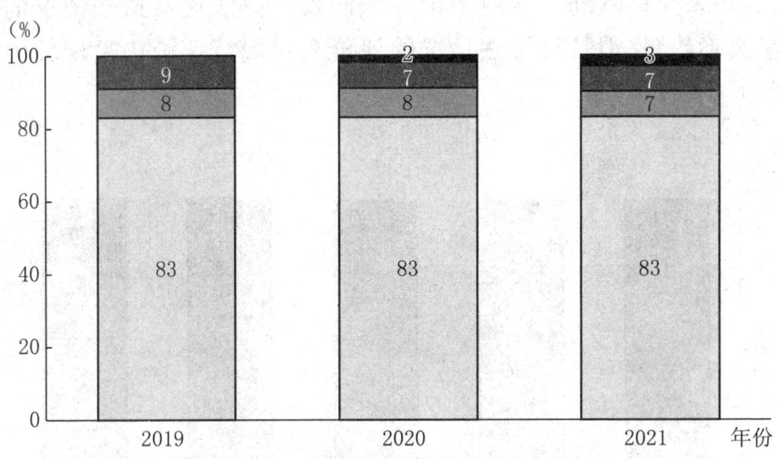

图 10-3　在华美企是否有计划将生产或采购转移到中国以外的地方

• 数据来源：美国中国商会《2022 年中国商业环境调查报告》。

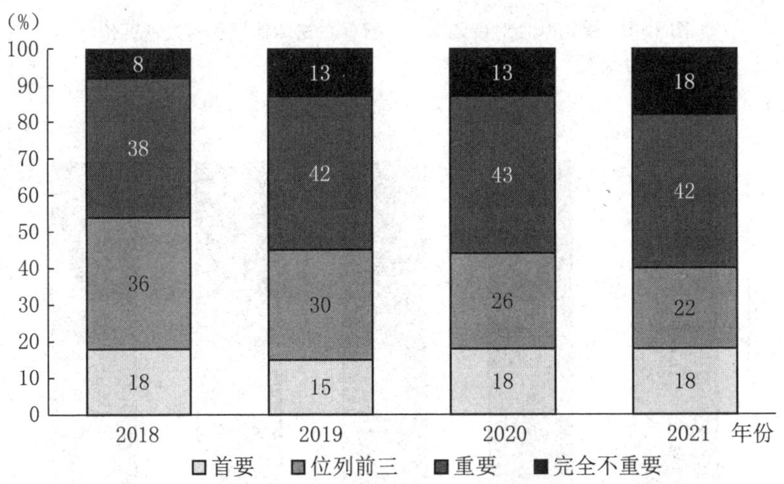

图 10-4　受访欧企创新和研发对在华业务未来增长的重要性

• 数据来源：美国中国商会《2022 年中国商业环境调查报告》。

① 中国欧盟商会. 中国创新生态系统：如饮水者，冷暖自知[DB/OL]. (2022-6-8)[2022-6-8]. https://www.europeanchamber.com.cn/en/publications-innovation-report.

知识产权保护对于激励跨国企业增加在华研发创新领域投资至关重要，对于中国知识产权保护制度的评价，涉及法律法规等的有效性和执法的有效性两方面。根据中国欧盟商会《商业信心调查 2022》的数据，整体而言，近年来受访欧洲企业对中国知识产权法律法规及执法情况的评价始终呈改善趋势，但是对执法情况的评价与对规范评价仍呈现较大的差距（图 10-5、10-6）。

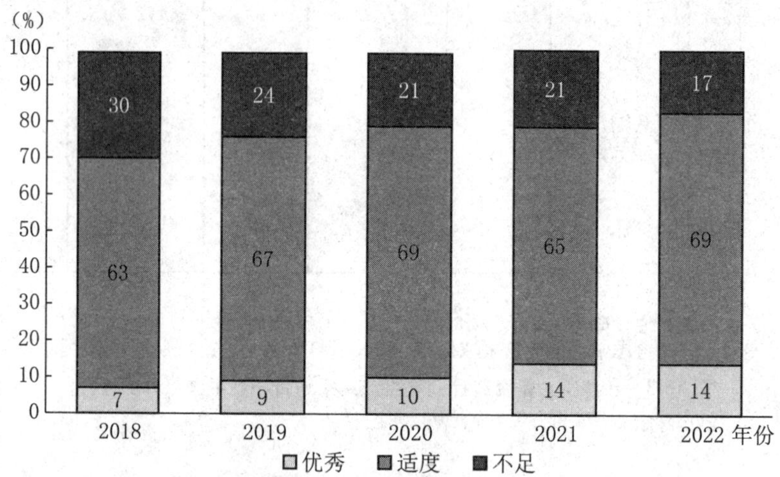

图 10-5 受访欧企对中国知识产权保护法律法规的有效性评价

• 数据来源：中国欧盟商会《商业信心调查 2022》。

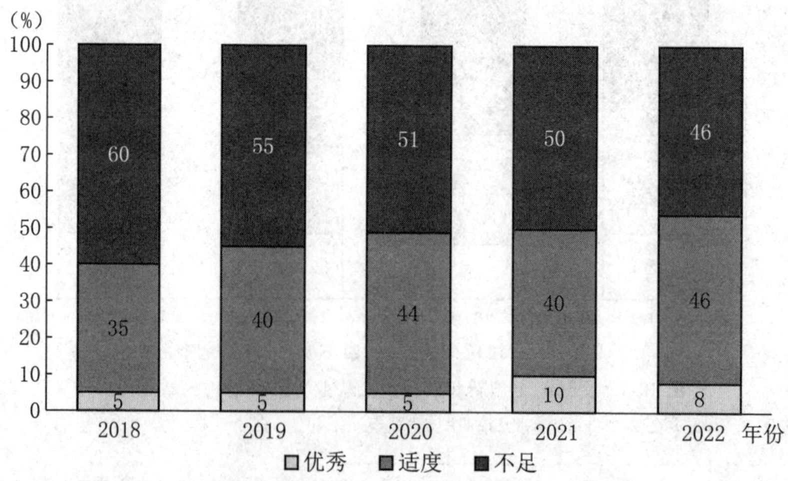

图 10-6 受访欧企对中国知识产权法律法规执行情况的评价

• 数据来源：中国欧盟商会《商业信心调查 2022》。

2022 年,受访企业对执法情况的正面评价首次超过 50%,这虽然是值得肯定的进步,但也应看到仍有高达 46%的受访企业对执法情况做出负面评价,说明这方面仍存在很大的改善空间。

(三) 营商环境创新下一步努力方向

根据不同机构进行的相关调研,2022 年,在华欧美企业认为面临的主要挑战包括监管环境透明度与可预测性、知识产权保护、市场准入、国民待遇等方面(图 10-7)。

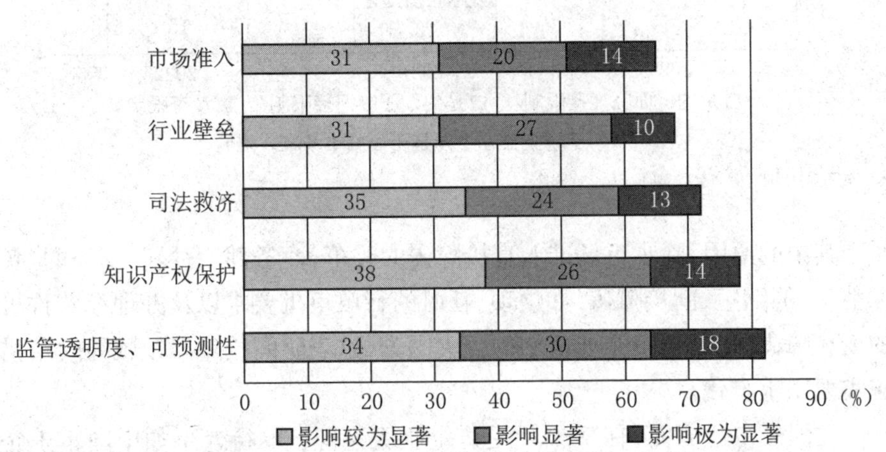

图 10-7　中国监管政策的不同方面对外资企业提高投资水平的影响

• 数据来源:美国中国商会《2022 年中国商业环境调查报告》。

法规模棱两可以及市场准入限制是困扰多个行业的重大挑战,其他一些挑战则是行业所特有的。例如,许可要求/注册程序对专业服务、汽车、教育等行业的企业来说并不是大问题,但对医疗器械、石油化工、信息技术和电信行业来说却是一个重要的问题。海关监管对一些行业并无大碍,但对需要进口重要货物或零件的行业来说,问题却很突出,例如运输和物流、机械、食品和饮料,以及航空航天等行业。

市场准入方面,在华外企感受是小幅改善,仍有巨大改善空间。根据中国欧盟商会《商业信心调查 2022》的数据,过去几年来,在华欧盟企业感受到所在行业对自身开放程度显著提升的占比从 2015 年的 7%提升至 2022 年的 13%,但比起认为没有变化甚至倒退的 57%的占比,仍存在很大的不足(图 10-8)。

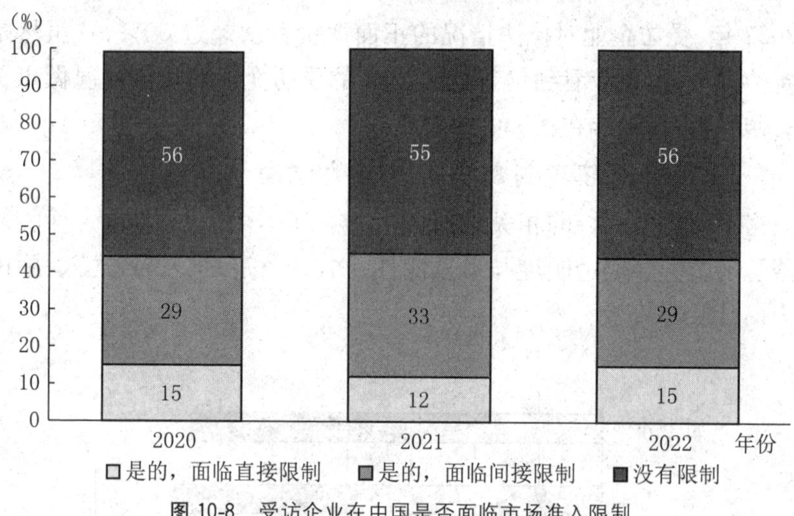

图 10-8 受访企业在中国是否面临市场准入限制

• 数据来源：中国欧盟商会《商业信心调查 2022》。

其中的原因，除了市场准入直接障碍的改革，商务部、发展改革委的“负面清单”的缩短，间接障碍（如烦琐、耗时的行政审批要求以及办理经营许可的变相障碍）仍是更多企业面临的巨大困难，这表明间接障碍领域的改革措施需要跟上步伐。

在国民待遇方面，有 36％的受访企业认为自己的待遇不如中国本土企业。待遇差别主要体现在市场准入、与政府沟通渠道、获得补贴的机会、公共采购等方面。以补贴为例，25％的受访企业表示在获得补贴方面受到过区别对待。这一比例较前一年增加 2 个百分点。其中，医疗器械行业的变化尤为明显，表示在获得补贴方面受到区别对待的企业数量同比增长了 28％。此外，外资企业在获得研发补贴方面也面临障碍。其中包括获取拨款和补贴的申请信息/程序不透明或不清晰；外资企业面临本土企业无须应对的行政挑战；不公开发布支持计划，只告知当地企业；以及明文规定支持政策不适用于外资企业等。①

随着《网络安全法》《中国数据保护法》《个人信息保护法》的相继生效，在如何满足网络与数据安全法规要求方面，许多受访企业认为面临不确定性。特别是关于跨境数据传输立法，超过一半受访企业认为面临挑战，其中

① 中国欧盟商会.中国创新生态系统：如饮水者，冷暖自知[DB/OL].（2022-6-8）[2022-6-8]. https://www.europeanchamber.com.cn/en/publications-innovation-report.

有24%的企业认为信息技术基础设施的技术要求法规不明确(24%),有23%的企业认为从中国到总部和全球其他地点的数据传输受到严重影响。因此相关法律条文的概念、原则与执行等亟待明确(图10-9)。

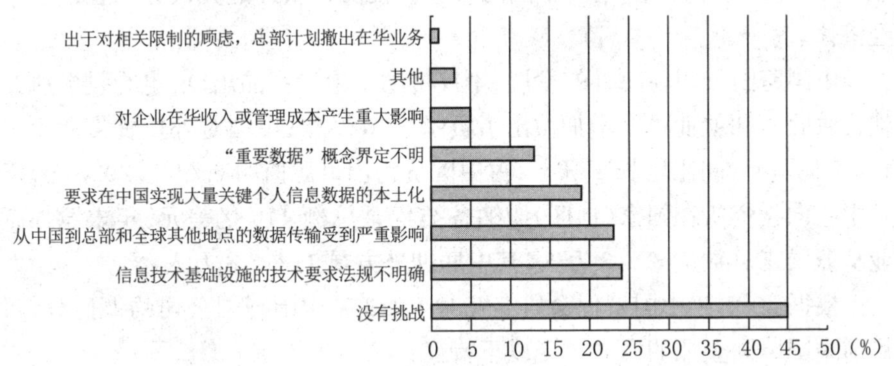

图10-9 在跨境数据传输方面,受访公司面临的主要挑战

• 数据来源:中国德国商会《前路艰辛——商业信心调查2022/2023》。

第二节 中国跨国公司的发展现状分析

2020年以来,全球跨境直接投资经历了从萎缩到复苏的历程,中国跨国公司对外投资则在其中实现了增长。本节对中国跨国公司海外投资的特点做出总结,并对未来全球数字经济、绿色经济发展、贸易投资规则重构,以及发达国家贸易保护主义抬头给中国跨国公司未来发展带来的机遇与挑战做出分析。

一、中国跨国公司发展现状

2020年,在全球对外直接投资流量下降35%,发达经济体对外直接投资流量下降58%的大背景下,中国对外直接投资流量实现增长,达到1 537亿美元,同比增长5%,流量规模首次位居全球第一,占全球份额的比例达到20.2%。2021年,在全球对外直接投资复苏的背景下,全年对外非金融类直接投资额7 332亿元人民币,比上年下降3.5%,折1 136亿美元,增长3.2%,其中,对“一带一路”沿线国家非金融类直接投资额203亿美元,增长14.1%。2022年,全年对外非金融类直接投资额7 859亿元人民币,比上年增长7.2%,折1 169亿美元,增长2.8%,其中,对“一带一路”沿线国家非金融类直接投资额 1 410.5 亿元人民币，增长 7.7%，折 210 亿美元，增长 3.3%。

从存量来看，截至 2021 年末，中国对外直接投资存量 2.79 万亿美元，较 2002 年末增长 92.4 倍。中国对外直接投资存量的近九成分布在发展中经济体。

中国跨国公司在海外的发展，不仅带动了中国产品出口，也为投资所在地税收收入和就业机会增加做出了贡献。2020 年，中国对外投资带动出口 1 737 亿美元，同比增长 48.8%，占中国货物出口总值的 6.7%。2020 年，境外中企向投资所在国家(地区)缴纳各类税金总额 445 亿美元，年末境外企业从业员工总数达 361.3 万人，其中雇佣外方员工 218.8 万人。

根据 2021 年中国贸促会研究院对 1 013 家中国跨国公司的调研分析，目前中国跨国企业的发展呈现以下特征：

一是开拓海外市场、提升品牌国际知名度、降低生产经营成本是企业对外投资最主要目的。企业(准备)开展对外投资的前 3 个主要目的依次是：开拓海外市场(69.3%，较上年回落 5.6 个百分点)、提升品牌国际知名度(36.8%，较上年扩大 4.1 个百分点)、降低生产经营成本(32.1%，较上年扩大 9.9 个百分点)。

二是近半数企业 2020 年度对外投资收益率增加或不变。39%的企业对外投资收益率增加，6.8%的企业对外投资收益率不变，54.2%的企业对外投资收益率降低。

三是约七成企业国际化水平有待提高。从海外销售额占比看，2/3 以上的企业占 11.3%，较上年扩大 3.3 个百分点；1/3 以下的企业占 65.8%，回落 4 个百分点(图 10-10)。从海外资产占比看，2/3 以上的企业占 11.2%，较上年扩大 3.3 个百分点；1/3 以下的企业占 65.8%，回落 4 个百分点。从海外员工占比看，2/3 以上的企业仅占 5.8%，1/3 以下的企业接近 80%。

四是超六成企业对外投资为小额项目。63.1%的企业对外投资额低于 100 万美元，较上年回落 3.9 个百分点；2.9%的企业对外投资额超过 1 亿美元，较上年回落 0.9 个百分点。

五是超半数企业对外投资优先选择制造业。企业(准备)对外投资优先选择的前 5 类行业依次是：制造业(50.6%，较上年扩大 5.9 个百分点)，批发和零售业(27.1%，回落 3.8 个百分点)，信息传输、软件和信息技术服务

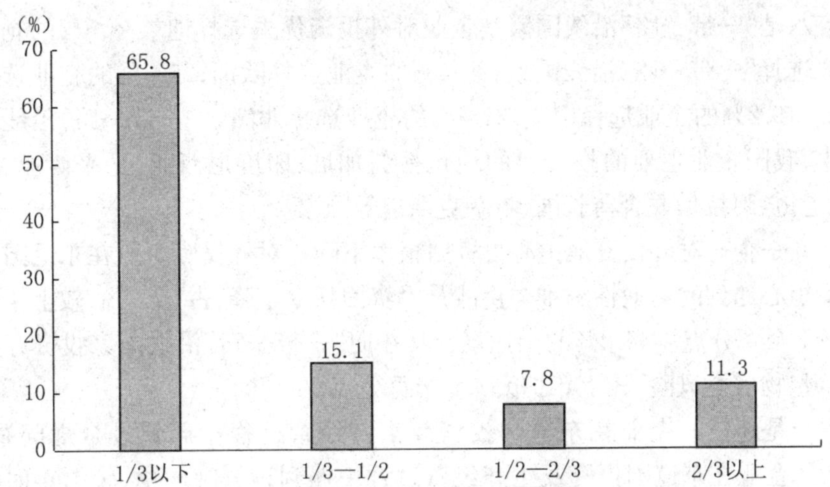

图 10-10　受访企业海外销售额占总销售额比重

• 数据来源:中国贸促会研究院《中国企业对外投资现状及意向调查报告(2021 年版)》。

业(13.2%,扩大 3.9 个百分点),农业(10.4%,扩大 1.3 个百分点),租赁和商务服务业(9.6%,上升 2.5 个百分点)。

六是企业对外投资对我国出口贸易既有较强促进作用也有一定替代作用。33.1%的企业在开展对外投资后增加了对东道国出口贸易额,27.5%的企业出口贸易额不变,仅 9.1%的企业减少了出口贸易额(图 10-11)。

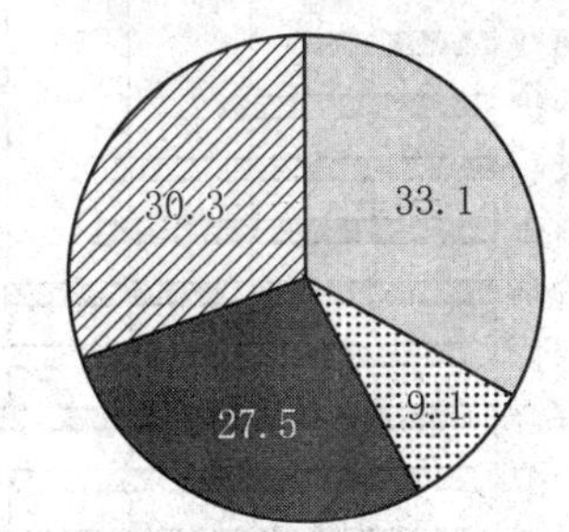

图 10-11　企业对外投资对出口贸易的影响(%)

• 数据来源:中国贸促会研究院《中国企业对外投资现状及意向调查报告(2021 年版)》。

七是企业所属行业产业链布局相对稳定。84.2%的企业所属行业产业链未有向国外迁移意向,83.0%的企业表示其所属行业在海外产业链未有向国内迁移意向。

八是“一带一路”沿线国家是企业对外投资优先选择地。79.5%的企业优先选择“一带一路”沿线国家,20.4%的企业选择欧洲,25.5%的企业选择北美,19.2%的企业选择南美,21.8%的企业选择非洲。“一带一路”沿线国家中,我国企业主要的投资目的地包括新加坡、印度尼西亚、马来西亚、越南、老挝、阿拉伯联合酋长国、哈萨克斯坦等国家。

九是企业对外投资最担心投资回报率下降。对外投资企业在东道国投资最担心遇到的商业性困难与挑战是投资回报率下降,占52.2%,较上年扩大2.1个百分点。44.8%的企业表示其在向“一带一路”沿线国家投资存在人、财、物安全风险,较上年扩大4.5个百分点。

十是超三成企业在东道国投资及生产经营过程中遇到过合规问题。32.8%企业在东道国投资及生产经营过程中遇到过合规问题,较上年回落3.4个百分点。遭遇的主要合规问题依次是:市场准入限制(57.4%)、劳工权利保护(48.1%)、税务审查(45.0%)、环境保护(41.1%)、外汇管制(40.3%)(图10-12)。40.4%的企业有独立合规部门,较上年扩大7.2个百分点;19.3%的企业没有独立合规部门,但有专职合规人员,回落4.8个百分点;21.5%的企业有兼职合规人员,回落0.9个百分点。

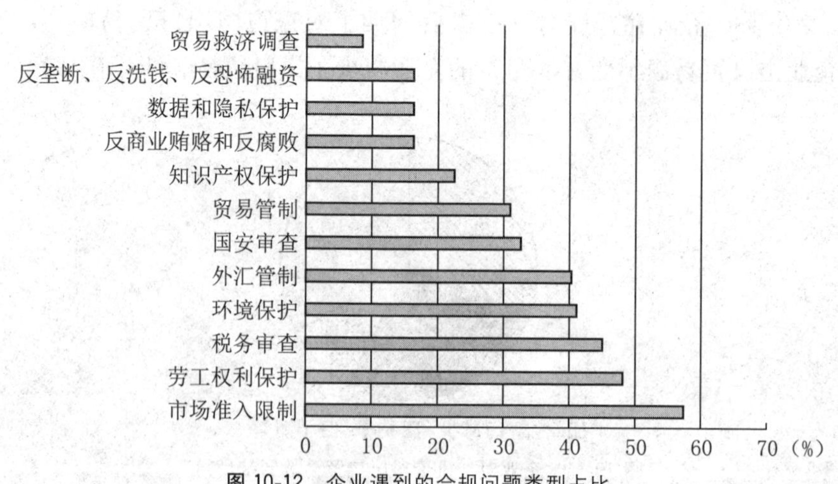

图10-12 企业遇到的合规问题类型占比

• 数据来源:中国贸促会研究院《中国企业对外投资现状及意向调查报告(2021年版)》。

二、机遇与挑战并存——中国跨国公司前景分析

中国跨国公司前景分析包括以下三方面内容。

（一）全球绿色经济与数字经济发展趋势为我国相关产业跨国企业发展提供市场机遇

根据全球数字经济与绿色经济发展的趋势，2021 年商务部先后出台《对外投资合作绿色发展工作指引》以及《数字经济对外投资合作工作指引》，为相关企业走出去提供政策指引。前者就对外投资合作过程中推动绿色生产和运营、建设绿色基础设施、打造绿色境外经贸合作区等进行了指引；后者提出积极融入数字经济全球产业链，加快推进数字基础设施建设，推动传统产业数字化转型，建设数字化境外经贸合作区。绿色经济领域，中国政府与美国政府先后发表《中美应对气候危机联合声明》与《中美关于在 21 世纪 20 年代强化气候行动的格拉斯哥联合宣言》。绿色低碳合作是中国跨国企业与投资目的地国的重要潜在合作领域。数字经济领域，中国政府在全球数字治理研讨会上提出了《全球数据安全倡议》，并积极参与数字经济国际合作，向数字经济伙伴关系（DEPA）递交加入申请。

近年来，大数据、云计算、人工智能、区块链等技术推动数字经济快速发展，数字经济领域的全球投资合作正在兴起，数字经济领域的许多中国企业作为数字经济领域拥有较强国际竞争力的参与者，也在数字经济的全球投资合作中日益起到重要作用。在数字经济发展趋势下，中国跨国企业“走出去”重点关注光缆、宽带网络、卫星通信、5G 网络、人工智能、大数据中心、云计算等新型数字基础设施建设，关注传统基础设施的数字化、网络化、智能化改造。

在气候变化日渐成为全球治理重要议程的今天，全球各国在基础设施、绿色低碳领域存在巨大建设缺口。中国企业在新能源汽车、储能、光伏发电等绿色低碳产业领域拥有不同程度的技术优势，在相关领域面临很大的市场机会。以宁德时代公司为例，2020 年以来，宁德时代相继投资澳大利亚锂矿上游厂商，并在德国建设电池生产基地和智能制造技术研发中心，对产业上游资源控制能力、海外生产能力和研发能力进行布局。

（二）新一轮国际经贸规则重塑为中国企业“走出去”提供制度红利

以《区域全面经济伙伴关系协定》（RCEP）为例，该协定已于 2022 年 1 月 1 日生效，RCEP 共有 15 个会员国，包括东盟 10 国和中国、日本、韩国、澳大利亚、新西兰，总人口达 22.7 亿，GDP 达 26 万亿美元，出口总额达 5.2

万亿美元，均占全球总量约35%。这是全球最大的自由贸易协定，也是一个全面、现代、高质量的自由贸易协定。负面清单加国民待遇的RCEP外资管理模式，将有助于中国企业更便利地在RCEP区域内投资布局，降低生产成本。

仅RCEP原产地规则一例，就可为中国企业带来四方面好处：一是建立了一套统一的区域原产地规则，实现了“车同轨、书同文”的效果，大大减轻以往不同自贸协定原产地规则的“意大利面条碗”效应，降低了企业的合规成本，企业只要掌握RCEP的原产地规则，便可使自己的产品在其他14个成员国内尽享RCEP的优惠关税税率；二是产品原产地判定采用了“税则归类改变或者区域价值成分”的选择性规则设计模式，企业可以根据产品特性自行决定原产地判定方式，提高了企业利用协定关税优惠的自主性和便利性；三是原产地累积规则使得产品的原产地价值成分可在15个成员国之间进行累积，更容易满足区域价值成分40%的增值要求，累积规则赋予企业在原材料零部件采购、产业链布局等方面更大的灵活性，为企业带来贸易效应、产业合作效应和投资效应，从而进一步深化我国与其他成员国之间的产业链、供应链和价值链的融合；四是程序性规则包括经核准的出口商声明、原产地电子信息交换系统、第三方发票机制、低值货物原产地证明的豁免等制度性安排，大大提高了企业的贸易便利化程度。同时，产品原产地的预裁定制度和快速通关安排等海关程序也可大幅缩短企业物流交付时间，降低综合成本，有利于货物在RCEP区域内流动，减轻企业负担。

除此之外，中国申请加入CPTPP协议，CPTPP协议作为高标准自贸协定，在应对当前国际经贸的新趋势方面有较大的优势，不仅在数字经济和数字贸易领域达成了共识并制定了规则，对全球争议比较大的知识产权、劳工权益，以及竞争中立等议题也实现了规则制定。此类协定的加入和生效，将从投资准入、投资便利和投资保护的角度，为中国跨国企业带来红利。

（三）发达国家保护主义、单边主义抬头，不利于企业对外投资

2021年，不利于投资的措施所占比例达到历史最高水平(42%)，由于监管或政治原因而被撤回的单项价值超过5 000万美元的并购交易数量与前一年持平，仍为14笔，但总价值翻了两番，超过470亿美元。

发达国家大多推出或加强了基于国家安全标准的投资审查制度，或延长了2020年以来为保护战略性公司不被外国收购而采取的临时制度。因此，为了国家安全而对外国直接投资进行审查的国家总数达到了36个。这

些国家合计占全球外国直接投资流入量的 63%以及存量的 70%。①

以美国为例，美国在 2018 年就通过《外国投资风险审查现代化法案》(FIRRMA)，2020 年 1 月 13 日，美国财政部发布《关于外国人在美国进行特定投资的规定》和《关于外国人在美国进行有关不动产特定交易的规定》，作为 FIRRMA 的实施细则，这两个规定进一步扩大了美国外国投资委员会的审查范围，这标志着美国外商投资政策的进一步缩紧。2020 年 11 月，美国前总统特朗普以“国家安全”为由签发一项行政命令，要求投资者退出“与中国军方有关联的中国公司”，2021 年 1 月，特朗普签署命令，以“保护美国公民的隐私和数据安全”为由禁止与蚂蚁集团旗下支付宝和腾讯的数字钱包等 8 款中国应用交易。

欧盟对待外国投资的态度也趋于保守。2019 年欧盟出台《欧盟外资审查框架条例》，该条例确立了关于外商对欧盟直接投资的审查框架，允许欧盟委员会审查“影响欧盟利益”的特定投资并向投资涉及的成员国出具无约束力的意见。根据该条例，成员国可以阻止涉及关键基础设施、关键技术、关键原材料和敏感信息的外资收购。这可能导致一些成员国引入新的外商投资审查制度或扩大现有制度的范围。

英国政府于 2021 年修订了《国家安全和投资法案》，该法案针对特定行业的交易引入强制申报制度，尤其当标的活跃于包括先进材料、高端机器人、人工智能、民用核能、通信和计算机硬件在内的 17 个重点行业时。

---

① 联合国贸易和发展会议.世界投资报告 2022[DB/OL].(2022-6-9)[2022-9-8].https://unctad.org/system/files/official-document/wir2022_overview_en.pdf.

参考文献

[1] Ahn, JaeBin and Amit K. Khandelwal, Shang-Jin Wei. The Role of Intermediaries in Facilitating Trade[J]. Journal of International Economics, 2011, 84(5):73-85.

[2] Akhtaruzzaman, M., Berg N. and Lien D. Confucius Institutes and FDI Flows from China to Africa[J]. China Economic Review, 2017(44): 241-252.

[3] Anwar, Syed Tariq. FDI Regimes, Investment Screening Process, and Institutional Frameworks: China versus Others in Global Business[J]. Journal of World Trade, 2012, 46(4):213-248.

[4] Caballero, J. A. Do Surges in International Capital Inflows Influence the Likelihood of Banking Crises? [J]. The Economic Journal, 2016, 126(591):281-316.

[5] Davis, C., Fuchs A. and Johnson K. State Control and The Effects of Foreign Relations on Bilateral Trade[J]. Journal of Conflict Resolution, 2019, 63(2):405-438.

[6] Dikova, D., Panibratov A. and Veselova A. Investment Motives, Ownership Advantages and Institutional Distance: An Examination of Russian Cross-border Acquisitions[J]. International Business Review, 2019, 28(4): 625-637.

[7] Egger, Peter and Douglas Nelson. Foreign Partners and Finance Constraints: The Case of Chinese Firms[J]. The World Economy, 2011, 34(5): 687-706.

[8] Feenstra, Robert C. and Shang-jin Wei. China's Growing Role in World Trade[M]. University of Chicago Press, NBER Conference Report, 2010.

[9] Ghosh, A. R., Ostry, J. D., and Qureshi, M. S. Exchange Rate Management and Crisis Susceptibility: A Reassessment. IMF Economic Review, 2015, 63(1):238-276.

[10] Ghosh, Madanmohan and Weimin Wang. Canada and U. S. Outward FDI and Exports: Are China and India Special? [J]. The International Trade Journal, 2011, 25(4):465-512.

[11] Harding T, Javorcik B S. Investment Promotion and FDI Inflows: Quality Matters[J]. CESifo Economic Studies, 2013, 59(2):337-359.

[12] Huang, Yasheng and Heiwai Tang. FDI Policies in China and India: Evidence from Firm Surveys[J]. The World Economy, 2012, 35(1):91-105.

[13] Ilan Alon, Julian Chang, Marc Fetscherin, Christoph Lattemann and John R. Mclntyre. China Rules: Globalization and Political Transformation [M]. Palgrave Macmillan Press, 2009.

[14] Lahiri, H., Ghosh, A., and Ghosh, C. India's Recent Macroeconomic Performance and Foreign Capital Inflows[J]. Contemporary Issues and Ideas in Social Sciences, 2015, 7:1-53.

[15] Li, J., Li P. and Wang B. The Liability of Opaqueness: State Ownership and the Likelihood of Deal Completion in International Acquisitions by Chinese Firms[J]. Strategic Management Journal, 2019, 40(2):303-327.

[16] Magud, N. E., Reinhart, C. M., and Vesperoni, E. R. Capital Inflows, Exchange Rate Flexibility and Credit Booms[J]. Review of Development Economics, 2014, 18(3):415-430.

[17] Mah, Jais and Sunyoung Noh. A Comparative Analysis of the Patterns of Japanese and Korean Foreign Direct Investment in China[J]. The Journal of World Investment &Trade, 2012, 13(2):309-324.

[18] Nolan, Peter. Globalisation and Industrial Policy: The Case of China, The World Economy[J]. Vol. 37, Iss. 6, 2014, pp. 747-764.

[19] Pandya, Sonal Sharadkumar. Trading Spaces: The Political Economy of Foreign Direct Investment Regulation[D]. Harvard University PhD. Dissertation, 2008.

[20] Pica, Giovanni and José V. Rodríguez Mora. Who's Afraid of A Globalized World? Foreign Direct Investments, Local Knowledge and Allocation of Talents[J]. Journal of International Economics, 2011, 85(9):86-101.

[21] Ramirez, Miguel D. Is Foreign Direct Investment Productive in the

Latin America Case? A Panel Co-integration Analysis[J]. The International Trade Journal, 2011, 25(1):35-73.

[22] Sauvant, Karl P. and Lisa E. Sachs. The Effect of Treaties on Foreign Direct Investment: Bilateral Investment Treaties Double Taxation Treaties, and Investment Flows, edited, Oxford University Press, 2009.

[23] Witt, M. A. and A. Lewin. Outward Foreign Direct Investment as Escape Response to Home Country Institutional Contraints[J]. Journal of International Business Studies, 2007, 38(4):579-594.

[24] WTO. Investment Facilitation for Development in the WTO[R]. 2023.

[25] Wu, M.. Digital Trade-Related Provisions in Regional Trade Agreements: Existing Models and Lessons for the Multilateral Trade System[M]. ICTSD, 2017.

[26] Zimny, Zbigniew and Hamed El-kady.. The Role of Internation Investment Agreements in Attacting Foreign Direct Investment to Developing Countries, UNCTAD series on International investment policies for development, published by United Nations, 2009.

[27] 蔡伟毅,孙传旺,陈珉昊.东道国恐怖活动、中国对外直接投资及其区位偏好转移[J].经济学(季刊),2023, 23(3).

[28] 陈爱贞,陈凤兰.中国与“一带一路”主要国家产业链供应链竞合:基础、发展与对策[J].厦门大学学报(哲学社会科学版),2022, 72(6).

[29] 陈继勇,胡艺.中国互利共赢的对外开放战略[M].社会科学文献出版社,2014.

[30] 陈享光,汤龙.实体企业金融化对其 OFDI 的影响研究[J].世界经济研究,2022, 342(8).

[31] 陈翼然,张亚蕊,张瑞,苏涛永. 开发区政策的升级与叠加对创新的作用效果研究[J]. 中国软科学,2021,(10).

[32] 陈峥嵘.国内证券业“走出去”:上市券商跨境业务扩容[J].金融市场研究,2018(8).

[33] 崔卫杰.制度型开放的特点及推进策略[J].开放导报,2020(4).

[34] 崔卫杰.自贸区高质量发展的多维度思考[J].开放导报,2022(2).

[35] 董琪.我国境外经贸合作区的建设与发展研究[D].2009(12).

[36] 杜国臣,徐哲潇,尹政平.我国自贸试验区建设的总体态势及未来重点发展方向[J].经济纵横,2020(2).

[37] 樊纲.制度改变中国[M].中信出版社,2014.

[38] 付娇,李婧,贾洪文,黄银洲. 中国西部地区开发区及产业时空变化特征[J]. 干旱区地理,2020, 43(4).

[39] 郜志雄,卢进勇. 数字连接对投资发展路径理论的影响与修正:中国的经验[J]. 亚太经济,2020,(1).

[40] 黄晓燕,陈李强.中国 OFDI 能提升东道国与中国的价值链关联吗?——基于前后向关联视角[J].南方经济,2023(7).

[41] 黄远浙,钟昌标,叶劲松.双向直接投资内外联动对企业创新的影响研究[J].国际贸易问题,2023(5).

[42] 金琳.上汽集团:进一步向高端化、绿色化、智能化转型升级[J].上海国资,2023(2).

[43] 李宏兵,刘早云,陈岩.双向投资、双向技术溢出与中国企业创新[J].中国科技论坛,2019(2).

[44] 李磊,邢羽丰.外商直接投资、劳动力市场与个体教育投资决策——来自中国的证据[J].南开经济研究,2023(4).

[45] 李阳.上汽集团自主品牌建设策略优化研究[D].华东师范大学,2022.

[46] 李耀尧,白玉芹. 中国开发区模式与区域经济高质量发展——以若干国家级开发区发展演变分析为例[J]. 经济论坛,2022(9).

[47] 李豫新,王帅龙."双循环"下中国双向 FDI 协调发展与产业结构升级[J].统计与决策,2023, 39(7).

[48] 刘桂平.中国普惠金融典型案例[M].中国金融出版社,2021(10).

[49] 刘洪愧."一带一路"境外经贸合作区赋能新发展格局的逻辑与思路[J].改革,2022(2).

[50] 刘建丽. 新中国利用外资 70 年:历程、效应与主要经验[J]. 管理世界, 2019, 35(11).

[51] 刘建丽.大变局下中国工业利用外资的态势、风险与"十四五"政策着力点[J].改革,2020, 320(10).

[52] 刘伟忠,欧阳君君.开发区管理与服务转型研究[M].南京: 南京大学出版社,2014.

[53] 刘晓宁,陈晓倩.中韩经贸合作30年:特征事实、机遇挑战与策略选择[J].国际贸易,2022(12).

[54] 刘晓宁.双循环新发展格局下自贸试验区创新发展的思路与路径选择[J].理论学刊,2021(5).

[55] 刘作奎.欧盟互联互通政策的“泛安全化”及中欧合作[J].理论学刊,2022(1).

[56] 路红艳,林梦,李睿哲.“双循环”新发展格局下我国利用外资的新方向及政策建议[J].国际贸易,2022, 484(4).

[57] 马理,何云.“走出去”与“引进来”:银行业对外开放的风险效应[J].财经科学,2020(1).

[58] 门洪华. 中国对外开放战略(1978—2018年)[M].上海人民出版社,2018.

[59] 蒙奕铭,曲海慧,高文书.“一带一路”倡议下东道国人力资本对中国OFDI的影响研究[J].中国软科学,2022(10).

[60] 庞中英. 全球治理的中国角色[M]. 北京:人民出版社, 2016.

[61] 裴长洪,崔卫杰,赵忠秀,盛斌,韩剑,裴桂芬.中国自由贸易试验区建设十周年:回顾与展望[J].国际经济合作,2023(4).

[62] 权衡.对外开放四十年实践创新与新时代开放型经济新发展[J].世界经济研究,2018(9).

[63] 沈玉良. 建设开放度最高的自由贸易试验区[M].上海: 上海人民出版社,2015.

[64] 宋玉洁,乔翠霞.中国制造业OFDI的国内价值链质量效应:兼论效率与稳定性[J].世界经济研究,2022, 339(5).

[65] 孙黎,常添惠.东道国数字经济发展能否促进中国企业对外直接投资——基于微观企业的实证研究[J].国际商务(对外经济贸易大学学报),2023, 212(3).

[66] 谭秀洪,周罡.全国自贸试验区建设阶段性特征[J].中国外资,2022(7).

[67] 唐拥军,戴炳钦,简兆权,范志明,胡品平.“一带一路”背景下境外工业园区商业模式动态更新路径: 基于中国——印度尼西亚经贸合作区的案例研究[J].世界经济研究,2021(11).

[68] 田毕飞,李彤. 中国城市工业数字化能否促进FDI流入[J]. 国际

经贸探索,2022, 38(12).

[69] 王惠平,赵蓓文,沈玉良主编. 海南蓝皮书:海南自由贸易港发展报告(2022)[M].社会科学文献出版社,2022.

[70] 王倩,谢玲玲.中国自贸试验区建设吸引了外商直接投资流入吗?——来自216个地级市的面板数据考察[J].技术经济,2022, 41(7).

[71] 王如萍,张焕明.数字化转型与企业对外直接投资——创新能力和交易成本的中介作用[J].财贸研究,2023, 34(5).

[72] 王文,蔡彤娟."后疫情时代"中国对外直接投资分析——与发达国家比较的视角[J].亚太经济,2022, 233(4).

[73] 王旭阳,肖金成,张燕燕.我国自贸试验区发展态势、制约因素与未来展望[J].改革,2020(3).

[74] 王绪瑾,王浩帆.改革开放以来中国保险业发展的回顾与展望[J].北京工商大学学报(社会科学版),2020, 35(2).

[75] 王智新,王辰筱,朱文卿等.新发展格局下城市数字金融对外商直接投资的影响——来自我国256个地级及以上城市的经验证据[J].统计研究,2023, 40(3).

[76] 肖雯.中国境外经贸合作区的发展研究——以浙江省的境外合作区为例[D].2014(5).

[77] 薛澜,魏少军,李燕等.美国《芯片与科学法》及其影响分析[J].国际经济评论,2022(6).

[78] 严兵,谢心荻,张禹.境外经贸合作区贸易效应评估——基于东道国视角[J].中国工业经济,2021(7).

[79] 杨博飞,朱晟君,高菠阳.基于文献视角的海外对华投资和中国对外投资的比较[J].经济地理,2021, 41(5).

[80] 杨栋旭,于津平.东道国外商投资壁垒与中国企业大型对外投资——基于投资边际、模式与成败三重视角[J].国际经贸探索,2022, 38(5).

[81] 杨仁发,刘纯彬. 中国生产性服务业FDI影响因素实证研究[J].国际贸易问题, 2012(11).

[82] 于津平,刘依凡.新发展格局下"一带一路"建设的推进策略[J].江苏社会科学,2023(2).

[83] 于水东.中海油能源投资开发板块国际化发展策略研究[D].中国

石油大学(北京),2021.

[84] 苑希,孟寒,祁欣.共建“一带一路”十周年:成就、经验与展望[J].国际贸易,2023(4).

[85] 詹晓宁,欧阳永福. 数字经济下全球投资的新趋势与中国利用外资的新战略[J]. 管理世界, 2018, 34(3).

[86] 张丹.自贸试验区对推动制度型开放的主要成效、面临障碍及建议[J].对外经贸实务,2020(3).

[87] 张浩.我国保险业对外开放历程回顾与经验总结[J].河北金融,2022(1).

[88] 张季风.中日经贸关系:“危”“机”并存,前景可期[J].东北亚学刊,2022(2).

[89] 张相伟,龙小宁.“一带一路”倡议下境外经贸合作区和对外直接投资[J].山东大学学报(哲学社会科学版),2022(4).

[90] 张幼文.自贸区试验的战略内涵与理论意义[J].世界经济研究,2016(7).

[91] 张幼文.自贸区试验与开放型经济体制建设[J].学术月刊,2014(1).

[92] 张幼文等.强国策——中国开放型经济发展的国际战略[M].人民出版社,2013.

[93] 张中元.国际投资协定中“经济实质”条款对直接投资的影响[J].世界经济研究,2021(11).

[94] 赵蓓文.制度型开放与中国参与全球经济治理的政策实践[J].世界经济研究,2021(5).

[95] 赵蓓文等. 双向投资中的战略协同[M].人民出版社,2019.

[96] 赵红军.“一带一路”倡议的经济学研究新进展[J].中国社会科学评价,2022(4).

[97] 赵民,王启轩. 我国“开发区”的缘起、演进及新时代的治理策略探讨[J]. 城市规划学刊,2021(6).

[98] 赵忠秀.中国对外开放与全球价值链升级[M].广东经济出版社,2019.

[99] 甄杰,任浩,唐开翼. 中国产业园区持续发展:历程、形态与逻辑[J]. 城市规划学刊,2022(1).

[100] 郅曼琳,范祚军,王鹏宇.投资合作对中国与东盟国家全球价值

链地位的影响[J].统计与决策,2022, 38(23).

[101] 中共海南省委自由贸易港工作委员会办公室编. 海南自由贸易港建设白皮书(2021.06—2022.05)[R]. 2022.

[102] 中国商务部国际贸易经济合作研究院,联合国开发计划署驻华代表处. 中国"一带一路"境外经贸合作区助力可持续发展报告[M]. 2019(4).

[103] 中国商务部国际贸易经济合作研究院、联合国开发计划署驻华代表处.中国"一带一路"境外经贸合作区助力可持续发展报告——基于经济、社会、环境框架的分析和实用指南[R]. 2019(4).

[104] 中华人民共和国商务部, 国家统计局, 国家外汇管理局. 2021年度中国对外直接投资统计公报[R]. 北京,2022.

[105] 中华人民共和国商务部. 中国外商投资报告[R]. 2022.

[106] 中华人民共和国商务部. 中国外资统计公报[R]. 2021.

[107] 周密.双向投资推动中国融入世界中国外汇[J]. 2021(12).

[108] 竺彩华,李光辉,白光裕.中国建设自由贸易港的目标定位及相关建议[J].国际贸易,2018(3).

后 记

2018 年底,中共中央提出要推动由商品和要素流动型开放向规则等制度型开放转变。2020 年,中共中央提出构建“双循环”新发展格局。“双循环”新发展格局的提出,从制度型开放的视角对中国建设更高水平开放型经济新体制提出了新要求。

上海社会科学院世界经济研究所成立于 1978 年,是全国世界经济领域最重要的研究机构之一。世界经济研究所以世界经济与国际关系两大学科为主轴,将世界经济研究与国际关系研究、世界经济研究与中国对外开放研究相结合,注重研究的综合性、整体性,提高研究成果的理论性、战略性与对策性。在学科建设的基础理论方面和对外开放的战略研究方面形成了一批被同行广泛认可的较有影响的成果。

就本书而言,上海社会科学院世界经济研究所长期跟踪研究国内外国际投资领域的理论与实践,尤其是与中国“引进来”和“走出去”相关的双向投资的发展。“双循环”新发展格局下,本所组织研究团队进行集体攻关,就新发展格局下中国的双向投资进行分析。因此,本书是全所多名科研人员在长期积累基础上共同撰写的一本专著。本书经过全所多次集体讨论,确定了书名、主题与内容,并让本所的研究生也参与进来,其中部分内容由本所研究生参与撰写。它也是上海社会科学院第二轮创新工程“世界经济”团队的系列成果之一。本书的具体分工如下:第一章,赵蓓文;第二章,刘芳;第三章,郭娟娟;第四章,徐徕;第五章,第一节,赵蓓文、方臣,第二节,赵蓓文、吕蓬林;第六章,吕文洁;第七章,第一节,赵蓓文、周佳颖,第二节,赵蓓文、钟心语;第八章,严婷;第九章,李珮璘;第十章,胡德勤。全书由赵蓓文研究员拟定总体框架和写作思路,并负责统稿、删减、补充、调整和最终定稿。李晗萍承担全书的格式整理工作。

本书在撰写过程中得到诸多学术界前辈、同行的支持和帮助。正是在前辈们的引导下,本所的学科研究才得以不断绵延,在此一并予以感谢!

赵蓓文

2023 年 8 月于上海社会科学院

图书在版编目(CIP)数据

“双循环”新发展格局下中国双向投资的发展 / 赵蓓文等著 .— 上海 ：上海社会科学院出版社，2024
ISBN 978-7-5520-4338-9

Ⅰ. ①双… Ⅱ. ①赵… Ⅲ. ①投资—研究—中国
Ⅳ. ①F832.48

中国国家版本馆 CIP 数据核字(2024)第 053818 号

“双循环”新发展格局下中国双向投资的发展

著　　者: 赵蓓文 等
责任编辑: 王　勤
封面设计: 朱忠诚
出版发行: 上海社会科学院出版社
上海顺昌路 622 号　邮编 200025
电话总机 021-63315947　销售热线 021-53063735
https://cbs.sass.org.cn　E-mail: sassp@sassp.cn
照　　排: 南京理工出版信息技术有限公司
印　　刷: 上海新文印刷厂有限公司
开　　本: 710 毫米×1010 毫米　1/16
印　　张: 15.5
字　　数: 260 千
版　　次: 2024 年 5 月第 1 版　2024 年 5 月第 1 次印刷

ISBN 978-7-5520-4338-9/F·763　定价: 88.00 元